Anton Schulte/Sabine Langenbach
Mensch Anton
Über das Leben und Wirken
vom Gründer des Missionswerks
„Neues Leben"

Anton Schulte/Sabine Langenbach

Mensch
Anton

Über das Leben und Wirken
vom Gründer des Missionswerks
„Neues Leben"

Anton Schulte/Sabine Langenbach
Mensch Anton
Über das Leben und Wirken vom Gründer des Missionswerks „Neues Leben"

Die Autobiografie von Anton Schulte erschien zuletzt bei SCM Hänssler,
Holzgerlingen, unter dem Titel „Nur ein kleiner Dicker ... aber ein großer Gott"

Bestell Nr. 271.157
ISBN 978-3-86353-157-7

1. überarbeitete Auflage
© 2015 Christliche Verlagsgesellschaft Dillenburg
www.cv-dillenburg.de
Satz und Covergestaltung: Christliche Verlagsgesellschaft Dillenburg
Umschlagmotive: © primopiano/Shutterstock.com (Bretterwand);
privat (Foto von Anton Schulte);
Druck: GGP Media GmbH, Pößneck
Printed in Germany

Inhalt

Ein Wort zuvor
Vorwort von Markus Pfeil
11

**Teil 1
Autobiografie**

*„Sind Sie derselbe Anton Schulte,
den ich in einem amerikanischen Holzfällerlager
kennengelernt habe?"*
Statt einer Einführung
16

Müllergeselle, RAD-Mann, Fallschirmjäger, Kriegsgefangener
Die Vorgeschichte
22

Als Landarbeiter in Schottland
Die Umkehr zu Christus
36

Ein Christ tut seine ersten Schritte
Glaubenserfahrungen zwischen Kuhstall und Gemeinde
55

Trümmerfelder und Stolpersteine
Erste Erfahrungen im Nachkriegsdeutschland
69

Zeltdiakon und Bibelschüler mit Hindernissen
Die ersten evangelistischen Gehversuche
89

Als Zeltmeister bei „Jugend für Christus"
Ich bleibe Bibelschüler mit „Nebenaufträgen"
116

Westerwald, mal gar nicht kalt
Der kleine Evangelist findet seine Ergänzung
131

„Stell dein Radio an!"
Die Anfänge der evangelistischen Rundfunkarbeit
in Deutschland
152

Von Duisburg nach Wien
Als Evangelist im deutschen Sprachraum unterwegs
166

Trautes Heim, doch oft allein
Die Schwierigkeiten im Familienleben
eines Evangelisten
186

Wer informiert ist, kann besser beten und leichter glauben
Zeitschrift und Broschüre
als Ergänzung der evangelistischen Predigt
192

Eine Wiese am Waldrand, darauf ein Haus
Die Entstehung des *Neues-Leben*-Zentrums
200

Die „grünen" Freizeitjahre
Die Urlaubswelle rollt
213

Freud und Leid
Auch ein Evangelist muss kämpfen
218

Eine Mutter und ihre Kinder
Die Entstehung der Neues-Leben-Gruppe
227

Grüße von der Vulkaninsel Lanzarote
Ein kurzer Rückblick über die letzten Jahre
237

Ein Dankeschön
... von Heidi Schulte
250

Teil 2
Der Mensch Anton
Wissenswertes und Interviews

Vorwort von Sabine Langenbach
„Gott baut sein Reich mit ganz normalen Menschen."
254

Paula Plöger über Anton Schulte
„Für Anton war die Familie immer sehr wichtig."
258

Willi Buchwald über Anton Schulte
„Antons Vertrauen auf Gott
habe ich immer bewundert."
265

Horst Marquardt über Anton Schulte
„Er war ein treuer Kämpfer."
270

Herbert Müller über Anton Schulte
„Anton nahm sich selbst nicht so wichtig."
275

Helmfried Riecker über Anton Schulte
„Er wusste: Jesus ist bei mir."
283

Heinz-Dieter Schäfer über Anton Schulte
„Seine Mitarbeiter lagen ihm sehr am Herzen."
288

Hansjürgen Kitzinger über Anton Schulte
„Anton hat behutsam kritisiert."
296

Peter Strauch über Anton Schulte
„Er war natürlich. Er war echt."
301

Jürgen Mette über Anton Schulte
„Antons Lebensbeispiel fand ich inspirierend."
304

Manfred Siebald über Anton Schulte
„Anton war ein Mensch mit ganz großem Horizont.'"
307

Margit Grab-Heider über Anton Schulte
„Was Anton wollte, musste auch umgesetzt werden."
312

Peter, Jutta, Wilfried und Doris Schulte über Anton Schulte
„Wir konnten uns immer auf ihn verlassen."
317

Heidi Schulte über Anton Schulte
„Anton war ein Mann schneller Entschlüsse."
330

Anhang
Lieblingsrezepte von Anton Schulte

Rezept 1
Cabra-Linsengericht
347

Rezept 2
Lammkeule
349

Ein Wort zuvor

Vorwort von Markus Pfeil

Autsch, das saß! Ich hatte gerade begonnen, als junger Nachwuchsevangelist bei *Neues Leben* zu arbeiten, als mich Anton Schulte (wie er es so oft in den darauffolgenden Jahren tun sollte) fragte, wie es mir eigentlich so ginge. Ich klagte über die Menge an Arbeit und meine momentane Erschöpfung und schüttete mein Herz bei ihm aus. Geduldig hörte er mir zu und legte dann mit chirurgischer Präzision den Finger genau auf den wunden Punkt: „Du betest zu wenig", stellte er freundlich, aber ohne Umschweife fest. Das war nicht die Antwort, die ich erwartet hatte, und dementsprechend tief fühlte ich mich getroffen, ja, fast ein wenig verärgert. Doch als ich länger darüber nachdachte, dämmerte mir: Anton hatte recht.

Wenn Anton Schulte eins war, dann das: ein Mann des Gebets. Ich persönlich glaube, dass genau darin einer der Gründe für seinen fruchtbaren Dienst, aber auch für seine Weisheit und sein gutes Urteilsvermögen verborgen lag. Einmal kamen wir während einer längeren Autofahrt über das Thema „Gebet" ins Gespräch, und dabei erwähnte er fast nebenbei, dass kaum eine Viertelstunde am Tag verginge, in der er nicht mit Jesus reden würde. Ich war sprachlos. Dieser Mann redete mit Gott – hundert Mal am Tag, über alles, einfach so! Und zum ersten Mal ahnte ich, was der Apostel Paulus gemeint haben könnte, als er die Gemeinde in seinem Brief an die Thessalonicher dazu aufforderte, „ohne Unterlass" zu beten. Was für eine Freiheit! Das Feuer in mir war entzündet.

Aber zurück auf Anfang. Ich erinnere mich noch gut, wie und wo mir Anton Schulte das erste Mal „begegnete": Es waren die frühen 70er-Jahre und ich saß in einem kleinen hessischen Dorf vor unserem großen Röhrenradio im Wohnzimmer und lauschte mit einigen Freunden der „Fröhlichen Kinderstunde" mit Ruth Frey und Anton Schulte. Die frohen Lieder und die spannenden Geschichten von Familie Gutermuth zogen uns in ihren Bann. Einige Jahre später – ich war mittlerweile ein begeisterter Vereinsfußballer – machte mich ein Freund auf die christliche Sportorganisation *Sportler ruft Sportler* aufmerksam, die unter dem Dach *Neues Leben* beheimatet war. Und so kam es, dass ich 1980 zum ersten Mal das Neues-Leben-Zentrum in Wölmersen besuchte. Von Anfang an genoss ich die offene, liebevolle Atmosphäre und die Wertschätzung, die jeder Gast hier erfuhr. Als ehrenamtlicher Mitarbeiter von *Sportler ruft Sportler* führte mein Weg bald immer häufiger nach Wölmersen, und es dauerte nicht lange, bis ich mich entschloss, im *Neues-Leben*-Zentrum meinen Zivildienst zu absolvieren.

Eine meiner Aufgaben als „Zivi" bestand darin, Anton Schulte zu seinen Predigtdiensten zu begleiten, und bei einer dieser häufig stundenlangen Autofahrten war es zu eben jenem Gebetsgespräch gekommen, das in seiner Art so bezeichnend für ihn war: Anton Schulte war ein wohltuend normaler Zeitgenosse – ausgestattet mit einer besonders großen Portion Gottvertrauen. Überhaupt beeindruckte mich seine natürliche und von tiefem Vertrauen geprägte Freundschaft zu Jesus – etwas, das ich so befreiend-persönlich bisher noch nicht erlebt hatte. Auch seine klare und im guten Sinn einfache Art des Verkündigens gefiel mir. Anton war ein freundlicher und interessierter Mensch, ohne jeglichen frommen Dünkel, der anderen stets auf Augenhöhe begegnete, allen voran seinen Zuhörern. In seinen Predigten nahm er die Menschen gerne mit auf Reisen – und das manchmal so ausladend, dass ich dachte: *Jetzt schweift er aber weit ab! Hoffentlich findet er wieder zurück!* Was er natürlich jedes Mal tat, während er den Kern seiner Botschaft gewohnt wunderbar auf den Punkt brachte. Wenn ich heute als Evangelist in Deutschland unterwegs bin, passiert es immer noch, dass Menschen mir sagen: „Ich habe bei Anton Schulte zum Glauben an Jesus Christus gefunden."

1985 wurde Anton dann ganz offiziell mein Lehrer. Ich war Studierender am damals frisch gegründeten *Neues-Leben*-Seminar, dem heutigen *Theologischen Seminar Rheinland,* an dem er das Fach „Evangelistik" unterrichtete. Ich erinnere mich noch gut daran, wie lebensnah er die Jesus-Geschichten erzählte und uns dabei erklärte, wie liebevoll und doch zielgerichtet Jesus stets mit den

Menschen gesprochen hat. Vor allem aber konnten wir Anton die Dynamik des Evangeliums abspüren. Nie wurde er müde zu betonen, dass die Botschaft von Jesus Christus etwas ist, das man nicht für sich behalten kann und das mit großer Freude weitergesagt werden muss. Diese Leidenschaft für Jesus Christus und sein Werk prägten sein Leben und seine Verkündigung bis zuletzt.

Noch heute sprechen wir als Mitarbeiter manchmal von der „*Neues-Leben*-DNA", die Anton uns hinterlassen und die uns alle geprägt hat: seine Liebe zu Gott und seine große Menschenfreundlichkeit. Diesem Vorbild und Erbe wissen wir uns von Herzen auch in Zukunft verpflichtet.

Markus Pfeil
Bereichsleiter Evangelisation *Neues Leben*

Teil 1
Autobiografie

*Ein kleiner Dicker
... aber ein großer Gott*

"Sind Sie derselbe Anton Schulte, den ich in einem amerikanischen Holzfällerlager kennengelernt habe?"

Statt einer Einführung

Der Sommer 1964 war noch das, was man damals unter einem Sommer verstand. In Württemberg jedenfalls waren die Julitage heiß. Auf den Fildern, südwestlich von Stuttgart, hatten wir zwei Missionszelte so zusammengebaut, dass eine Halle entstand, die etwa 2.000 Menschen Platz bot. Die evangelische Kirchengemeinde in Ruit, die Landeskirchliche Gemeinschaft und benachbarte freikirchliche Gemeinden hatten mich zu dieser Evangelisation eingeladen. Ich war damals 39, und ich konnte mir nichts Schöneres vorstellen, als so vielen Menschen wie nur irgend möglich zu sagen, wo die eigentliche Wurzel ihrer Lebensprobleme lag, und ihnen Mut zu machen, es auch mit diesem Jesus zu wagen.

Und an den Abenden kamen sie: mit Bussen und Privatautos aus der ganzen Umgebung. Am Ende der 14 Tage füllten sie das Zelt bis auf den letzten Platz. Und manch einer war darunter, der schon jahrelang keine Kirche mehr von innen gesehen hatte, der sich aber von seinem Nachbarn hatte einladen und mitnehmen lassen. Die Zahl der Menschen, die sich in diesen Tagen entschlossen, ihr Leben Jesus Christus anzuvertrauen, wuchs ständig. Und im gleichen Ausmaß stieg die Bereitschaft der Christen, sich mit dieser Zeltmission zu identifizieren. „Das ist unser Zelt und unsere Arbeit", sagten sie.

Die Tage waren angefüllt mit seelsorgerlichen Gesprächen, mit der Aufnahme von Rundfunkansprachen für unsere wöchentliche Rundfunksendung über Radio Luxemburg, und dazu kamen jene Spannungen und Kämpfe, aus denen ein Evangelist während eines solchen Einsatzes praktisch nie entlassen wird: Welche Themen sollte ich für die Abendansprachen wählen, wie ausführlich sie behandeln, welche Beispiele verwenden? Welches war in dieser Situation die geeignetste und wirksamste Weise, den Menschen die Gelegenheit zu einem seelsorgerlichen Gespräch anzubieten, um ihre Entscheidung für Christus festzumachen?

Zum Abschluss der Evangelisation – inzwischen hatten bei uns die Schulferien begonnen – kam auch meine Frau mit unseren beiden Söhnen Peter und Wilfried nach Ruit. Sie waren damals 11 und 9 Jahre alt, und wir haben immer jede Gelegenheit wahrgenommen, um als Familie zusammen zu sein. Eines der großen Probleme im Leben eines Evangelisten ist ja die häufige Trennung von der Familie. Briefe und Telefongespräche können das einfach nicht wettmachen. Also hatte ich in der Herberge zwei Doppelzimmer reserviert, auf das eine Blumen, auf das andere eine große Schale mit Obst gestellt, und als Hermine dann endlich ankam, konnten die beiden

Buben kaum verstehen, dass ich nicht alle drei gleichzeitig in die Arme nehmen konnte.

Außerdem brachte mir meine Frau einen Brief mit. Ein Mann aus der Nähe von Ansbach fragte darin: „Sind Sie derselbe Anton Schulte, den ich während der Kriegsgefangenschaft in einem amerikanischen Holzfällerlager kennengelernt habe?" Und dann fuhr er fort: „Ich kenne einen Anton Schulte, der spricht an jedem Mittwochmorgen in einer evangelistischen Sendung über Radio Luxemburg. Ich höre seine Sendungen jetzt schon viele Jahre. Aber ich habe gegen Ende des Zweiten Weltkrieges in amerikanischer Kriegsgefangenschaft auch einen Anton Schulte kennengelernt: in dem Holzfällerlager *Red Bridge* in der Nähe von Cane in Pennsylvania. Bisher bin ich nie auf die Idee gekommen, diese beiden miteinander in Verbindung zu bringen. Aber jetzt habe ich Ihr Foto gesehen, und nun muss ich Sie doch fragen: ‚Sind Sie derselbe Anton Schulte oder nicht?'"

Ich schrieb zurück: „Ich bin derselbe Anton Schulte, aber in meinem Leben hat sich vieles geändert. In einem Brief kann ich Dir das nicht erklären. Auf der Rückfahrt von der Zeltmission, die ich gerade durchführe, besuche ich Dich und erzähle Dir alles."

Am Montagmorgen, als das Zelt bereits abgebaut wurde, packte ich dann meine Familie ins Auto, und wir fuhren quer durch Schwaben in Richtung Nürnberg. Dies sollte ein freier Tag sein, an dem wir miteinander Schönes sehen und uns freuen wollten. Wir kamen an den Nordausläufern der Schwäbischen Alb mit ihren Kreidefelsen vorüber, passierten schmucke Dörfer mit ihren rot bedachten Häusern.

Dann kamen wir nach Franken. Jeder Ort, der etwas auf sich hält, weist hier einen historischen Marktbrunnen auf, der den idyllischen, von Fachwerkhäusern umgebenen Marktplatz ziert. Fantastisch Freilichttheater könnte man hier spielen oder vor dieser Kulisse eine evangelistische Freiveranstaltung durchführen. Aber richtig, heute wollte ich mich ja ganz meiner Familie widmen.

Ich hatte meinen Überlegungen mit Mühe Einhalt geboten, da begann meine Frau zu fragen, ob den Menschen hier das Evangelium auch klar verkündigt worden sei und wie es in den schmucken Städtchen und malerischen Dörfern wohl mit dem geistlichen Leben stünde.

So ist das nun mal bei Evangelisten. Auch an freien Tagen begleiten einen die Fragen, die mit Beruf und Berufung entscheidend verknüpft sind. Auch hier ergeht es Evangelisten nicht besser als anderen Leuten. Wenn man alte Kirchen besichtigt, die darin aufgestellten Kunstwerke bewundert, dann fragt man unwillkürlich, was von dem Glauben, der die Vorfahren Dome und Kunstwerke schaffen ließ, denn bis in unsere Zeit übrig geblieben ist. Gibt es hier entschiedene Christen? Leben sie so, dass ihre Nachbarn sie nach dem Grund ihres Glaubens fragen? Wird das Evangelium so gepredigt, dass jeder eine Chance erhält, sein Leben Christus anzuvertrauen?

Schließlich erreichten wir die mittelfränkische Stadt Ansbach. Auf dem Stadttor hatte, hoch oben auf einem Wagenrad, ein Storch sein Nest. Wir fuhren unter dem Stadttor hindurch und erfragten den Weg zu dem Dorf, in dem mein Kriegskamerad zusammen mit seiner Frau einen Aussiedlerhof bewirtschaftete.

Das gab ein freudiges Wiedersehen! Wir waren zwar ein paar Jahre älter geworden, aber er war im Grunde derselbe geblieben, als den ich ihn kannte. Wie vieles hatte sich dagegen bei mir verändert!

Georg Niedermüller war von Jugend an ein überzeugter Christ gewesen. Auch hier gehörte er der Landeskirchlichen Gemeinschaft an. Ich hatte gedacht, wir würden uns an diesem Abend im kleinen Kreis unterhalten, aber schon kurz nach unserer Ankunft eröffnete er mir: „Weißt du, als ich im Dorf erzählte, dass du kommen würdest, musste ich für 20:00 Uhr eine Versammlung ansetzen. Hier kennen dich viele Menschen durch deine Rundfunkvorträge. Eine Frau, die früher nichts vom Glauben wissen wollte und nie in der Kirche zu sehen war, besuchte eines Tages unsere Bibelstunde. Als sich das mehrmals wiederholte, fragten wir sie vorsichtig nach dem Grund. Da erzählte sie, dass sie deine Sendungen gehört, deinen Bibelfernkurs bestellt und durchgearbeitet habe. Daraufhin habe sie ihr Leben Christus anvertraut. ‚Und jetzt will ich auch dort hingehen, wo die Bibel gelesen wird', erklärte sie. Sie wird heute Abend ebenfalls kommen und einige Nachbarn mitbringen."

Schließlich kamen sie nicht nur aus dem Ort, sondern auch aus dem Nachbardorf. Eine Diakonisse hatte sich einen Trecker geliehen und brachte eine ganze Fuhre voll Menschen mit.

Es war ein heißer Tag gewesen, und auch am Abend war es schwül. Die große Küche war voll von Menschen. Auf dem weißen Tisch, vor dem ich saß, häuften sich die Fliegenleichen, die der Petroleumlampe zu nahe gekommen waren. Wir sangen ein Lied, ich sprach ein

Dankgebet. Dann begann ich, meinem Kriegskameraden und seinen Gästen zu erzählen, wie es dazu gekommen war, dass ich zwar noch derselbe Anton Schulte, aber eigentlich doch nicht mehr derselbe war. Ich war ein anderer geworden, weil Gott mich verändert hatte.

EVANGELISATION UNTER FREIEM HIMMEL IN STUTTGART

*Müllergeselle, RAD-Mann,
Fallschirmjäger, Kriegsgefangener*

Die Vorgeschichte

Zum ersten Mal war ich Georg Niedermüller im Sommer 1946 in einem der vielen Holzfällerlager begegnet, die man für deutsche Kriegsgefangene in den USA eingerichtet hatte. Im Lager *Red Bridge* befanden sich etwa 200 Männer, die zu je 50 in einer Holzbaracke untergebracht waren. An jedem Werktagsmorgen, nach dem Zählappell, brachten uns Lkw in ein großes Waldgebiet. Dort wurden wir in kleine Gruppen eingeteilt, erhielten Handsägen, Äxte und Keile. Wir hatten ein bestimmtes Tagessoll zu erfüllen.

Um 17:00 Uhr fuhren wir ins Lager zurück und um 18:00 Uhr gab es Abendessen. Anschließend konnte jeder machen, was er wollte. Die einen spielten Karten, andere wurden nicht müde, sich gegenseitig ihre „Heldentaten" zu erzählen, die sie im Krieg vollbracht haben wollten. Die meisten beteiligten sich an irgendwelchen Diskussionsgruppen. Jetzt konnte man ja wieder offen seine Meinung sagen, ohne Furcht über die unterschiedlichsten

Lebensauffassungen, über politische und wirtschaftliche Zukunftsaussichten miteinander reden.

Einige Ingenieure befassten sich mit der Frage, wie man aus dem Schutt der deutschen Städte neues Baumaterial gewinnen könnte. Andere Lagerinsassen besuchten Vorträge über amerikanische Geschichte und amerikanische Rechtskunde oder Englischkurse in verschiedenen Lehrstufen. Es gab eine Art kleine Volkshochschule im Lager. Außerdem hatte uns der CVJM eine stattliche Bibliothek zur Verfügung gestellt, in der ich mich bald heimisch fühlte.

Gelegentlich besuchten uns evangelische oder katholische Geistliche. Aber nach der Ankündigung des ersten Gottesdienstes erschienen nur drei Mann. Daraufhin ging der Pfarrer beim nächsten Mal von Baracke zu Baracke und lud jeden einzeln zum Gottesdienst ein. Nun kamen zwar einige mehr, aber die meisten Kriegsgefangenen standen allem, was Staat und Kirche hieß, mit gleicher Skepsis, wenn nicht Verbitterung, gegenüber.

Ich selbst bezeichnete mich damals als Atheist. Ich wollte nicht an die Existenz eines Gottes glauben. Aber das Bekenntnis zum Atheismus entspricht ja auch einer Art Glaubensaussage, denn es setzt voraus, dass man die These, dass es keinen Gott gibt, für wahr hält. Und damit hatte ich ebenfalls meine Schwierigkeiten.

An Gott, so meinte ich, könnte ich nach alldem, was ich erlebt hatte, nicht mehr glauben. Aber die Nichtexistenz Gottes konsequent zu vertreten fiel mir genauso schwer. Je sicherer sich meine Freunde in der Annahme wähnten, dass es keinen Gott geben könne, umso kritischer fragte ich zurück: Wodurch ist dann die Welt entstanden? Aus dem Nichts kommt doch nichts. Wer

ANTON SCHULTE
ALS SCHULJUNGE

hat die physikalischen Gesetze festgesetzt? Der Zufall kann doch weder Ordnung noch Harmonie hervorbringen. Wenn es aber einen ordnenden Faktor in der Welt gibt, wer hat ihn dann geschaffen oder wer verbirgt sich dahinter? Ist es am Ende doch eine Art Gott oder was immer wir darunter verstehen?

Am meisten beschäftigte mich die Frage nach dem Sinn des Lebens. Gerade in diesem Lager bot sich mir viel Zeit und Gelegenheit, die Werke der großen Philosophen und ihre Auffassungen kennenzulernen. Dabei stellte ich fest, dass es auch bei ihnen weit mehr offene Fragen als Antworten gab und dass ihr Leben nicht selten zu ihren philosophischen Thesen im Widerspruch stand. Im Grunde war ich also kein überzeugter Atheist, aber als Christ konnte ich mich schon gar nicht bezeichnen. Eher neigte ich noch zum Agnostizismus, denn ich versuchte, die Gottesfrage auszuklammern. Aber es gelang mir nicht, und ich kam, ob ich wollte oder nicht, immer wieder darauf zurück.

Mit diesen Problemen schlug ich mich auch an jenem Abend herum, als ich Georg Niedermüller traf. In der Turnhalle lief ein Film. Und da das nur selten vorkam, war das Lager wie leer gefegt. Mir stand der Sinn nicht nach Kino, denn ich hatte wenige Tage vorher die erste Nachricht aus der Heimat erhalten. Aus den 25 Worten auf dem Antworttelegramm, das über den Vatikan vermittelt worden war, ging hervor, dass mein Vater in den letzten Kriegstagen bei einem Bombenangriff umgekommen war. Dass mein Bruder Josef gefallen war, wusste ich, aber nun galt auch Heinrich als in Russland vermisst.

So schlenderte ich in trübe Gedanken versunken an der Essensbaracke entlang und kam zum Küchentrakt. Dort saß, in einem windgeschützten Winkel, auf einer selbst gezimmerten Bank und an einem selbst fabrizierten Tisch, Georg. Auf der Tischplatte lagen eine Bibel und ein Liederbuch mit religiösen Liedern. Später erklärte er mir, dass es sich um ein Reichsliederbuch handelte.

Mich beeindruckte zunächst, dass es ihm gelungen war, beide Bücher durch die Gefangennahme und die zahlreichen Filzungen hindurchzuretten. Noch mehr aber staunte ich, als er mir erklärte, dass er von dem Film drüben in der Turnhalle und all den Diskussionen im Lager nicht allzu viel halte. Er habe mehr davon, wenn er am Abend einen Abschnitt aus der Bibel und den Text eines geistlichen Liedes lese.

„Und du?", fragte er. „Warum bist du nicht im Film?" Daraufhin erzählte ich ihm von den schlechten Nachrichten, die ich von zu Hause erhalten hatte. Wir sprachen über den Krieg und über den Tod, dem wir alle oft genug ins Auge geschaut hatten. Und wie von selbst kamen wir schließlich auf die Frage nach Gott, ob mit dem Tod alles aus sei; wenn nicht – was danach folge. Wir sprachen über Sünde, Schuld und Vergebung, diskutierten über katholische und evangelische Beichtformen. Ich machte aus meinem Zweifel an all diesen Dingen keinen Hehl. Meine Meinung, dass es, nach alldem, was wir erlebt hatten, einen gerechten und liebenden Gott nicht geben könne, vertrat ich so massiv, dass Georg sich 18 Jahre später noch gut daran erinnern konnte.

Dabei waren meine Eltern fromme, tiefgläubige Menschen. Meine Mutter hatte ihre Eltern früh verloren und war in einem Waisenhaus in Essen-Steele aufgewachsen. Ihre gute Erziehung verdankte sie der Anstellung im Haushalt eines Landrichters. Sie war auf eine konservative Art tieffromm. Über Gott und die Kirche gab es für sie keine Diskussion. Die geistlichen Herren hatten studiert und mussten es wissen. Den Anordnungen von Kirche und Staat hatte man sich zu fügen; so wenigstens dachte sie, als ich ein Kind war.

Vater war dagegen liberaler. Er mied die Kirche in unserem Pfarrbezirk, weil der dortige Pfarrer in seine Predigten parteipolitische Ansichten einflocht. Auch an der Kirche als Institution hatte er manche Zweifel, aber die Sache mit Gott war für ihn klar. Als Junge hatte ich oft Gelegenheit zu beobachten, wie er zu seinem christlichen Glauben stand, wenn Vertreter der NSDAP Hetzkampagnen gegen die Kirche veranstalteten. Aus christlicher Überzeugung weigerte sich mein Vater, mit „Heil Hitler!" zu grüßen. Er trat der Partei nicht bei, und als man ihn später wegen Schwarzschlachtung zu neun Monaten Gefängnis verurteilte, bestand der eigentliche Grund für die Inhaftierung darin, dass er es abgelehnt hatte, sich der Partei anzuschließen. Aber das ereignete sich erst während des Krieges, als ich nicht mehr zu Hause war.

Während meiner Kindheit hatte ich nichts anderes als eine kleine heile Welt kennengelernt. Meine Eltern verstanden es geschickt, ihre wirtschaftlichen Sorgen – die bei acht Kindern fast zwangsläufig auftreten mussten – vor allem vor uns Jüngeren zu verbergen. Im Übrigen war mein Vater ein unternehmungslustiger Mann. Er hatte Gärtner werden wollen, aber die dazu notwendige Lehre hätten die Eltern bezahlen müssen. So wurde er als ältester Sohn auf die Zeche geschickt, um mit seinem Lohn zum Familienunterhalt beizutragen.

Doch sobald er das Elternhaus verlassen und geheiratet hatte, versuchte er sich in nicht weniger als 17 verschiedenen Nebenberufen, um das Einkommen seiner Familie aufzubessern. Er probierte es unter anderem mit Schweine- und Hühnerzucht, arbeitete als Schuster und als Friseur, betrieb eine Gartenwirtschaft und einen Samenhandel.

Die wirtschaftliche Situation in den 20er-Jahren war katastrophal. Während der zweiten Inflationswelle und der großen Arbeitslosigkeit auf den Zechen bestand die Möglichkeit, frühzeitig Invalidenrente zu beantragen. Mein Vater machte davon Gebrauch und konnte sich nun voll der kleinen Gärtnerei widmen, die er neben seinem Beruf als Bergmann aufgebaut hatte, und sie vergrößern. War er vorher mit der Handkarre zum Wochenmarkt gezogen, so besaß er nun Pferd und Wagen.

Mutter übernahm den Samenhandel, und so kam mein Vater trotz wirtschaftlicher Rezession und Massenarbeitslosigkeit zur Erfüllung seines Jugendtraumes: Er besaß eine eigene Gärtnerei. Das Haus und die Gartenanlagen am Rand der Stadtteiche, damals noch von Wiesen und Feldern umgeben, hatte er kurz vor der Inflation für 21.000 Mark gekauft und konnte mit dem nächsten Wochenlohn alles bezahlen. So hatte die Inflation den Wert des Geldes herabgesetzt. Zwar musste er später eine Ausgleichszahlung leisten, denoch war er auf diese Weise – durch einen für ihn glücklichen Umstand – zu Haus und Gärtnerei gekommen. Die große Arbeitslosigkeit begünstigte den Schritt zur Selbstständigkeit. Eine kleine Rente und der grenzenlose Optimismus meines Vaters waren die Basis: Mit der Gärtnerei ging es aufwärts.

Von den 40 Parteien, die man damals wählen konnte, gab mein Vater seine Stimme keiner christlichen. Er bevorzugte eine kleine bürgerliche Partei, die die Interessen der Arbeiter und Bauern vertrat. 1933, als Hindenburg Hitler das Amt des Reichskanzlers übertrug, besuchte ich die zweite Schulklasse. Langsam, aber stetig, veränderte sich auch meine Welt.

In der Schule hörten wir mittels des Volksempfängers eine Ansprache von Hitler. Ich verstand nichts davon, aber es war eine lange und lautstarke Rede. Auf dem Heimweg prügelten wir uns. Es ging darum, wer für und wer gegen Hitler war. Ich weiß nicht mehr genau, auf welcher Seite ich stand, aber ich habe kräftig mitgeprügelt und auch selbst einige blaue Flecken kassiert.

Als ich erschöpft in heimatlichen Gefilden Frieden suchte, sah ich an der Wand unseres Hauses ein großes, grünes Plakat. Es war noch feucht und musste eben erst angeklebt worden sein. Ich nahm eine Latte und riss es ab. Entsetzt sprang mein ältester Bruder auf mich zu und schrie mich an: „Bist du verrückt? Meinst du, wir wollen ins Gefängnis?"

Ich verstand die Welt nicht mehr. Bis dahin hatte mein Vater, wenn eine Partei Plakate an unser Haus klebte, immer gesagt: „Reiß das Zeug runter!" Mit einem Mal sollte das nicht mehr gelten?

Hier und dort standen Leute in kleinen Gruppen zusammen und sprachen leise miteinander; ich bekam so viel mit, dass mehrere Männer aus unserem Stadtteil plötzlich abgeholt worden seien; von wem, wie und wozu, das blieb für mich im Dunkeln. Über dem Ganzen lag irgendwie eine unheimliche Spannung. Vor allem waren es Kommunisten, die man festgenommen hatte. Aber warum und was mit ihnen geschah, darauf konnte ich mir als Kind keinen Reim machen. Später hörte ich dann wohl den Begriff „Konzentrationslager", aber das Wort besagt ja nicht viel, wenn man den Sachverhalt nicht kennt.

Eines Tages war auch ein guter Freund meines Vaters verschwunden. Die Leute erzählten, man habe ihn eingesperrt, weil er Witze über Hermann Göring erzählt habe. Aber nach einigen Wochen war er wieder zu Hause. Ich hörte mit, wie er zu Vater sagte: „Heinrich, ich erzähle dir nichts davon – nicht wo ich war und auch nicht was ich erlebt habe, denn da möchte ich nie wieder hin. Und wenn ich dir was erzählen würde, wäre ich wahrscheinlich bald wieder dort." Das war alles. Aber es war deutlich.

Als ich neun oder zehn Jahre alt war, bekamen alle Kinder, die zum „Jungvolk" (der nationalsozialistischen Jugendorganisation) gehörten, samstags schulfrei. Wer nicht dazugehörte, musste zur Schule gehen und lernen. Das fand ich blöd. Aber meine Eltern erklärten kategorisch: „Du bist in einer christlichen Jungschar, und deshalb gehst du nicht zum Jungvolk. Beiden Gruppen kann man nicht gleichzeitig angehören."

Auf meine Frage, warum das denn nicht ginge, erhielt ich keine klare Antwort. In der Schule musste ich in jener Zeit einen Aufsatz schreiben zum Thema „Warum ich nicht im Jungvolk bin". Mir fiel keine gescheite Antwort ein. Am vernünftigsten erschien mir noch der Satz: „Weil meine Eltern dagegen sind." Ich kann meinem Lehrer nur nachträglich danken, dass er diesen Aufsatz vernichtet hat, denn er hätte meine Eltern in arge Schwierigkeiten bringen können.

Eine Zeit lang liebte mein Vater es, im Familienkreis heftig gegen Hitler – und vor allem gegen Rosenberg – zu opponieren. Aber das hatte schon seit Längerem aufgehört. Politische Witze erzählte man sich nur unter guten Freunden. Und auch in der Kirche äußerte man sich nur noch so verklausuliert, dass ich als Kind nicht verstehen konnte, was an der neuen Zeit eigentlich falsch sein sollte.

Dann wurde die Mitgliedschaft in der „Hitler-Jugend" zur Pflicht. Wir zogen in Dreierreihen durch die Straßen und sangen: „Wir werden weiter marschieren, wenn alles in Scherben fällt – denn heute gehört uns Deutschland und morgen die ganze Welt!" Das war zumindest eindeutig und klar. Aber sonst erschien mir vieles verschroben.

Bei der Sonnwendfeier standen wir im Viereck um ein flackerndes Feuer und verbrannten Bücher, die schlecht sein sollten. Warum, wusste ich nicht.

Ein anderes Mal wurden Fahnen geweiht. Auch wir Kinder sollten alle die Fahne anfassen und dabei einen Eid leisten. An jenem Tag war ich nicht dabei. Nicht, dass ich durchschaute oder hätte erklären können, was da geschah und weshalb ich mich krankstellte. Ich hatte einfach keine Lust. Vielleicht war es eine Art Instinkt. Was mit „Blut und Boden", mit Fahnen und Fahnenweihe zusammenhing und von großartigen Reden begleitet war, mochte ich nicht besonders.

Ich mochte auch die Kirche nicht mehr, die so laut schwieg. Mein zwei Jahre älterer Bruder Josef gehörte einer nun verbotenen christlichen Jugendgruppe an. Sie trafen sich, sieben oder acht, in der Studierstube des Pfarrers. Einmal war ich dabei. Sie sprachen über persönlichen Glauben und wandten sich gegen kitschige religiöse Bilder.

Das hörte sich zwar alles ganz gut an, aber mich beschäftigten andere Probleme. Zum Beispiel: Wenn Gott alles sieht und hört, was ich tue – kann ich dann noch lügen? Lügen aber nicht alle, wenn keiner mehr offen spricht? Wenn man über die Dinge, die einen wirklich bewegen, nur noch hinter vorgehaltener Hand redet? Die Parolen der Nationalsozialisten dagegen waren laut und aufdringlich. Irgendwo, aus einem Grund, den ich nicht erklären kann, misstraute ich ihnen. Ich denke, in jener Zeit entstand im Ansatz mein Zweifel, meine kritische Rückfrage gegenüber den Institutionen, sei es nun Kirche oder Staat.

Als ich aus der Volksschule entlassen wurde, begleitete ich dieses Ereignis mit einem hörbaren Seufzer der Erleichterung, denn ich bin nie gern zur Schule gegangen. Anschließend kam ich bei einem Müller, weit weg von zu Hause im nördlichen Münsterland, in die Lehre. Durch eine christliche Wochenzeitung hatten meine Eltern von dieser offenen Stelle erfahren, und mein Vater war seit jeher davon überzeugt, dass Handwerk einen goldenen Boden habe. Da ich mich für keinen der Handwerksberufe, die er mir vorschlug, entscheiden konnte, meinte er schließlich, ein Müller, das sei doch etwas Rechtes. Und weil ich nichts Besseres wusste, willigte ich ein.

Es war eine halbautomatische Walzenmühle mit Schrotgang, und dazu gehörte ein umfangreicher Handel mit Getreide und Futtermitteln. Der Handel lag mir mehr, Maschinen habe ich nie besonders gemocht.

Für mich war die Lehrzeit ein freundlicher Abschnitt meiner Jugend. Zwar brach in jenen Tagen der Krieg aus, aber in der ländlichen Idylle merkte man davon nicht viel; weder politische noch wirtschaftliche Auswirkungen wurden stark spürbar.

Ich lebte in der Hausgemeinschaft des Müllers, einer redlichen christlichen Familie. Aber ich lernte hier auch einen Kollegen kennen, der sich als bewusster Atheist bezeichnete. Gewiss, die Weisheiten, die er von sich gab, stammten im Wesentlichen von seinem Vater, aber der Gedanke reizte mich: In einer Welt ohne Gott, die dem Zufall entsprungen war, lebte ich als Mensch ohne letzte Verantwortung. All die Fragen, was in einer Zeit wie der damaligen recht oder unrecht sei, spielten dann nur insofern eine Rolle, als man aufpassen musste, nicht erwischt zu werden. Was richtig oder falsch war, konnte ich selbst bestimmen; höchstens die Menschen, die sich durch meine Vorstellungen beeinträchtigt fühlten, hatten noch darauf Einfluss.

Der Gedanke, dass ich selbst die höchste und letzte Instanz meines Lebens sein könnte, faszinierte mich.

Ethische Werte wie Liebe, Treue und Geduld waren dann nichts weiter als menschliche Einbildung. Je nach Lust und Laune konnte man sich daran halten, aber notwendig war es nicht.

Wahrheit, Eigentum, Menschenwürde, das waren dann alles nur Spielarten des Lebens, unter denen man sich aussuchen konnte, was man gerade wollte. Etwa so, wie man eine Schallplatte aus dem Album nimmt, um das gewünschte Lied einmal zu hören. Gefällt es einem nicht mehr, legt man es einfach wieder weg.

Die von Gott losgelöste Denkweise begann mich zunehmend zu beeinflussen und zu verändern, ich kalkulierte kalt und rücksichtslos, wie ich mir Vorteile verschaffen, meine Wünsche und Pläne durchsetzen konnte. Man musste es nur so geschickt anfangen, dass man mit Recht und Gesetz nicht in Konflikt geriet.

Anfangs hatte ich mit der These, dass es keinen Gott geben könne, lediglich gespielt. Es reizte mich, darüber nachzudenken. Jetzt hatte sich meine Einstellung zu ethischen Fragen so stark verändert, dass sie mich dazu drängte, an die Nichtexistenz Gottes zu glauben. Es gab keinen Gott, weil es keinen Gott geben *durfte*.

Die Doppelgleisigkeit – und damit die innere Auseinandersetzung – begann. Zu tief waren mir in meiner Kindheit die Gebote Gottes als Grundlage menschlichen Handelns eingeprägt worden: „Du sollst!", „Du sollst nicht!". Zu nachhaltig hatten der Katechismus und die biblischen Geschichten mein Denken beeinflusst. Ich war gespalten: in meinem Denken und in meiner gesamten Lebenseinstellung. Die Gottesfrage wurde – zwar immer wieder hinausgeschoben – zur Existenzfrage. Es durfte Gott nicht geben. Denn wenn es ihn gab, dann war ich dran. Aber gab es ihn wirklich nicht?

Neun Monate nach Beendigung der Lehre und bestandener Prüfung als Müllergeselle erhielt ich die Einberufung zum Arbeitsdienst nach Danzig. Später wurde unsere Einheit nach Dünkirchen verlegt. Wir bauten Bunker, um den Atlantik-Wall uneinnehmbar zu machen. Um der Einberufung zur Waffen-SS zu entgehen, meldete ich mich freiwillig zu den Fallschirmjägern. Im August 1943 wurde ich ins 1. Fallschirmjäger-Ausbildungsregiment nach Gardelegen in die Märkische Heide eingezogen.

Zur Schule war ich nur ungern gegangen. Beim Arbeitsdienst hatte mir wenigstens die praktische Arbeit Freude gemacht. Soldat sein – jedenfalls wie man es damals verstand – war für mich das Schlimmste. Die endlose Schleiferei auf dem Kasernenhof, Intrigen und Einschmeicheln bei Vorgesetzten ... In mir verstärkte sich der Eindruck, dass es sadistische Geister gewesen sein mussten, die diese Form des Soldatentums erfunden hatten, auch wenn man ihr einen Lorbeerkranz mit der Aufschrift „Treue und Pflichterfüllung" umhängte.

Mein Trost war, dass ich zu den Funkern kam. Ein Funkgerät erschien mir immer noch wesentlich akzeptabler als ein Maschinengewehr. Später lernte ich Tolstoi und seine pazifistischen Gedanken verstehen. Nach der militärischen Ausbildung folgte der Einsatz. In vorderster Stellung, an einem Brückenkopf bei Nettuno in Italien, ließ mir die Ruhe vor dem Sturm noch einmal Zeit, über alles nachzudenken: über die Sinnlosigkeit des Krieges, die Hoffnungslosigkeit, ihn gewinnen zu können.

Sprechen konnte man über diese Dinge kaum, höchstens einmal während des Nachtdienstes mit einem Kameraden am Funkgerät. Damals erfasste mich nicht nur tiefe Hoffnungslosigkeit; wie bei vielen, vielleicht den meisten Kameraden, entstand eine Bitterkeit gegen all die „da drüben" und „die da oben", gegen all die Leute, die uns das eingebrockt hatten.

Dann kam der amerikanische Angriff, der Rückzug, die Gefangennahme. Erstes Verhör in einem Gefängnis in Rom. Es folgten Wochen unter freiem Himmel, von unüberwindlichen Stacheldrahtzäunen umgeben, gemeinsam mit Tausenden von Kriegsgefangenen in Anzio und Neapel.

Schließlich brachte uns eins der *Liberty*-Schiffe in vier Wochen über den Atlantik. Ein hartes Brett diente uns als Bett, und dreimal am Tag gab es zwei Büchsen mit kaltem Fleisch und Bohnen.

So kam ich in das Holzfällerlager *Red Bridge*. Und alles, was sich in Jahren der Hoffnungslosigkeit und Verbitterung angesammelt hatte, brach in jenem Gespräch mit Georg Niedermüller aus mir heraus.

ANTON SCHULTE ALS SOLDAT

Als Landarbeiter in Schottland

Die Umkehr zu Christus

Im Frühjahr 1946 wurden die meisten amerikanischen Soldaten entlassen und kehrten in ihre Zivilberufe zurück. Die Kriegsindustrie erhielt keine Großaufträge mehr, die UNO wurde gegründet und man träumte von einem weltumspannenden Frieden. Nun war für die deutschen Kriegsgefangenen in der amerikanischen Wirtschaft kein Platz mehr. Die Amerikaner wollten ihre Gefangenen los sein, in Frankreich aber fehlten Arbeitskräfte in den Bergwerken, in Großbritannien in der Landwirtschaft.

Eines Tages tauchte dann auch in unserem Lager die Parole auf, dass es nach Hause gehe. *„Home to Europe"* („heim nach Europa"), hieß es, und das war ein weit gefasster Begriff. Auf der Massentoilette am Rand des Lagers, beliebte Brutstätte und Umschlagplatz für geheimste Soldatengedanken und -wünsche, kursierten dann auch die tollsten „Latrinengerüchte". Von französischen Schreckenslagern war da die Rede, in denen deutsche Kriegsgefangene, brutal behandelt und halb verhungert, in Bergwerken schuften mussten. Die Optimisten dagegen träumten von einem Sonderzug, der von der französischen Atlantikküste direkt bis Frankfurt Hauptbahnhof durchfuhr.

Was tatsächlich folgte, war schlimm genug. Zwar dauerte die Überfahrt nach Europa nur zwölf Tage, aber sie fiel in eine Zeit, in der der Atlantik, von Frühjahrsstürmen aufgewühlt, einem Hexenkessel glich. Unser Schiff wurde zum Lazarett; kaum einer, den die Seekrankheit nicht in ihren Klauen hielt. Wir stellten fest, dass sogar die Besatzung unter den Wetterverhältnissen litt, und die hätte ja eigentlich daran gewöhnt sein müssen. Wir legten in Le Havre an, aber der Zug, der uns dort aufnahm, fuhr nur bis Brüssel. Von dem legeren Ton, in dem die amerikanischen Begleit- und Wachmannschaften mit uns verkehrt hatten, war plötzlich nichts mehr zu spüren. Auf dem Bahnsteig empfing uns der scharfe Wind englischer Kommandos. Kurz und bündig wurde uns mitgeteilt, dass wir ab sofort Gefangene der englischen Armee seien. Wir wurden angeschrien wie auf dem Kasernenhof und man forderte uns auf, die Hände aus den Hosentaschen zu nehmen und strammzustehen.

Die Amerikaner hatten uns nach Kriegsende erklärt, dass wir nun keine Soldaten mehr seien. Der Fahneneid, auf den wir verpflichtet gewesen waren, habe keine Gültigkeit mehr, und wir sollten uns als Zivilisten betrachten. Hier aber wurden wir plötzlich angeschrien, warum wir uns nicht wie anständige Soldaten betragen würden. Im strömenden Regen bezogen wir außerhalb von Brüssel die Zelte eines großen Militärlagers. Wir nannten den Hügel, auf dem wir nun hausten, „Calvarienberg". Eine neue Leidenszeit begann. Was wir im Laufe langer

Gefangenschaftsmonate an kleinen persönlichen Habseligkeiten organisiert und gesammelt hatten – vom Rasierwasser bis hin zu Zigaretten –, wurde uns abgenommen. Auch die Verpflegung wurde wieder europäisch: Pro Tag erhielten wir ein Brot und eine dünne Steckrübensuppe. Tagsüber hatten wir den Auftrag, im Hafen Kriegsschrott auf englische Schiffe zu verladen: Alteisen für die Hochöfen von Sheffield.

Von Rückkehr in die Heimat war keine Rede mehr. Dennoch hatte ich Glück, denn der Einsatz in den französischen Bergwerken blieb mir erspart. Ich wurde jener Gruppe zugeteilt, die man zurück nach Le Havre und von dort über den Ärmelkanal brachte. Schließlich setzte man uns in einen Zug und wir landeten in Schottland.

Da saß ich nun in einem riesigen Lager, das auf einem Gelände an der *Long Niddry Bay* südlich von Edinburgh errichtet war. Hier gab es wieder Baracken und Feldbetten, dazu annehmbare Verpflegung und faire Behandlung. Aber ich war das zusammengepferchte Leben in den Massenlagern einfach leid.

Das war mir in Amerika schon einmal so gegangen. Damals hatte ich mit zwei Kameraden einen Fluchtversuch unternommen, aber nach drei Tagen hatten sie uns wieder eingefangen. 28 Tage Einzelhaft bei Wasser und Brot waren die Strafe gewesen. Das wollte ich nicht ein zweites Mal riskieren. Aber man hätte hier das Lager auch ohne Weiteres verlassen können, es gab kaum Bewachung und keine Zäune.

Auch wir selbst waren ruhiger geworden. Militärische Einsätze lagen für die meisten von uns fast zwei Jahre zurück. Seit über einem Jahr war der Krieg zu Ende. Die

Auseinandersetzung mit dem Nationalsozialismus, die erschütternden Einblicke in die grausamen Gewaltmaßnahmen und Terrorakte der braunen Machthaber hatten wir zwar nicht verarbeitet, aber so weit verdrängt, dass es zum Aufatmen reichte. Wir alle hatten in den vergangenen Jahren gelernt, mit plötzlich auftretenden neuen Situationen fertig zu werden. Das war zu einer Art Philosophie der Gefangenschaft, zu einer Lebenshaltung geworden. Was also kam jetzt?

Da hörte ich, dass die Möglichkeit bestand, sich zum Arbeitseinsatz auf einer Farm zu melden. Kurzerhand ging ich zur Lagerkommandantur und wurde angenommen.

Unter den an der Landarbeit Interessierten traf ich, völlig unerwartet, Hans Skowron wieder. Zum ersten Mal waren wir uns 1944 im Keller eines Gefängnisses in Rom begegnet und hatten uns auf Anhieb gut verstanden. Miteinander hatten wir Leid und Freude im großen Gefangenenlager bei Neapel geteilt, waren mit demselben Schiff nach Amerika gefahren und auch die erste Zeit im Holzfällerlager zusammen gewesen. Erst als ich mit einer Kopfgrippe ins Lazarett kam, trennten sich unsere Wege.

Nun wurden wir gemeinsam in ein kleines Lager in Mauchline in der Hügellandschaft von Ayrshire, 30 km südlich von Glasgow, überführt. Diese Grafschaft liegt an jenem Teil der schottischen Atlantikküste, die dem Golfstrom ihr mildes Klima verdankt. Es war Frühling und alles grünte und blühte.

In kleinen Gruppen wurden wir morgens mit Lastwagen zu den Farmen gebracht. Hier hatten wir die

Ställe auszumisten, beim Rübenversetzen und später beim Heumachen zu helfen. Körperliche Arbeit hat mir immer Freude bereitet. Und die schottische Bevölkerung erwies sich uns gegenüber als ausgesprochen freundlich und zuvorkommend. So war es eine schöne Zeit.

Bald fand ich heraus, dass man als einzelner Kriegsgefangener die Erlaubnis erhalten konnte, auf einer Farm zu wohnen, wenn der Farmer dazu den Antrag stellte. Es war nicht ganz einfach, aber schließlich fand ich doch einen Bauern, der bereit war, mich unter seine Fittiche zu nehmen. Mit dem Lagerkommandanten wurden die nötigen Vereinbarungen getroffen. Ich hatte mich einmal im Monat beim Kommandanten zu melden und mich dem Arzt vorzustellen.

Das Leben unmittelbar auf einer Farm brachte zwar wesentlich mehr Arbeit mit sich, aber eben auch jenes Stück mehr an heiß ersehnter Freiheit. Ich erhielt mein eigenes Zimmer, lebte ansonsten mit der Familie des Farmers zusammen und arbeitete zwölf Stunden am Tag – von morgens sechs bis abends sechs.

Als der Farmer im Herbst zur Rübenernte weitere Landarbeiter anwerben wollte, traf ich mit ihm ein Abkommen, dass ich die zusätzliche Arbeit nach Feierabend und am Samstag übernehmen würde. Wir vereinbarten einen Akkordpreis pro Reihe, der beiden Vorteile bot.

Einige Wochen später fuhr ich mit dem verdienten Geld in die Stadt und kaufte mir ein gebrauchtes, schon ziemlich wackeliges Fahrrad. In einem Laden für gebrauchte Kleidung erstand ich einen dunkelblauen Anzug und es reichte sogar noch für Schuhe und Socken, Hemd und Krawatte.

Nun war ich stolzer Besitzer von „Zivilklamotten", wie man das damals nannte. Die Sache mit den Überstunden war zwar nicht ganz legal – eigentlich durfte ich auch keinen Zivilanzug tragen und mich nicht weiter als eine Meile von der Farm entfernen –, aber ich besaß das Vertrauen des Farmers, und wo kein Kläger ist, ist eben auch kein Richter.

Die Farm, auf der Anton in Schottland arbeitete und lebte

In der Scheune fand ich einen alten Trenchcoat, den jemand weggeworfen hatte. Ich trennte ihn auf, wendete ihn und nähte alles eigenhändig wieder zusammen. Eine Woche später besaß ich auch einen Mantel, der wieder wie neu aussah. Nun fehlte zum Zivilisten nur noch ein Hut, aber der stellte nach allem anderen nun auch kein Problem mehr dar.

Am Abend und an den Samstagen fuhr ich nun oft in die Stadt, ging ins Kino, besuchte die Hunderennen und aß im Fischrestaurant Fish and Chips. Am Sonntag radelte ich manchmal die 15 Kilometer zum Meer hinunter, ich freundete mich mit einem jungen Iren an und gemeinsam durchstreiften wir die Gegend.

Mein Freund Hans hatte ebenfalls auf einer Farm Unterkunft gefunden, und jener Farmer hatte eine hübsche rothaarige Nichte im heiratsfähigen Alter. Die beiden sahen sich nicht ungern. Offiziell war es für uns Kriegsgefangene zwar verboten, mit schottischen Mädchen zu sprechen, aber auch hier sah die Praxis anders aus, und die beiden wurden ein Paar.

Zuerst taten sie sehr geheimnisvoll, aber bald war es nicht mehr zu übersehen. Hans musste daraufhin die Farm wechseln, doch eine neue behördliche Verfügung erlöste die beiden jungen Leute glücklicherweise von ihren Problemen. Man konnte nämlich kurzfristig aus der Gefangenschaft entlassen werden, wenn man sich schriftlich verpflichtete, ein weiteres Jahr in der schottischen Landwirtschaft zu arbeiten. Da keiner wusste, wie lange man uns Kriegsgefangene noch festhalten würde, war das ein Lotteriespiel. Aber sowohl Hans als auch ich unterschrieben, wenn auch aus völlig verschiedenen Motiven.

Er wollte in Schottland bleiben und seine Margret heiraten, und ich dachte nicht daran, im Fall einer Entlassung für immer nach Deutschland zurückzukehren. Sicher würde ich meine Angehörigen daheim besuchen, aber dann wollte ich nach Übersee auswandern. Nach Australien oder Neuseeland, auf jeden Fall möglichst weit weg, sodass man um jeden Krieg einen Bogen machen konnte. Ich träumte von einem Land der Freiheit mit großzügigen Entfaltungs- und Aufstiegsmöglichkeiten. Aber es sollte alles ganz anders kommen.

Mein Freund Hans wurde fromm. Zunächst nahm ich das nicht weiter tragisch. Er hatte seine Margret kennengelernt, und so ist das eben, wenn man sich mit Mädchen einlässt, dachte ich; dann muss man auch mit in die Kirche gehen. Er war eben ein wenig unter den Pantoffel geraten; mit dieser Erklärung hielt ich die Sache für erledigt. Aber Hans hatte sich verändert. Er behauptete jetzt, ein überzeugter Christ zu sein. Da er nie ein Freund großer Worte war, blieben auch seine Aussagen darüber knapp, aber sie klangen überzeugend und bestimmt.

Außerdem merkte ich, dass er selbstsicherer geworden war. Ich schrieb das zunächst dem Einfluss seiner Freundin zu. Aber wenn wir über ethische Werte sprachen, stellte ich fest, dass er nicht mehr so verbittert war wie ich.

Bei ihm kamen wieder Worte wie Glaube und Treue, Ehrlichkeit und Fleiß vor. In meinen Augen war die ganze Welt ein Schmugglerdorf voll von Betrügern, von denen die kleinen erwischt werden und die großen immer ungeschoren davonkommen. Je mächtiger der Mensch ist, dachte ich, umso schlechter muss er sein. Denn Macht führte nach meiner Auffassung zu Machtmissbrauch, und so konnte absolute Macht nur absolute Schlechtigkeit zur Folge haben. Der Mensch taugte nichts, mich eingeschlossen. Weshalb sollte ich so tun, als ob es anders wäre? Hans dagegen behauptete, dass er diese Auffassung nicht länger teilen könne. Weil er Christ geworden sei, wie er das nannte, sähe er die Dinge nun von einem anderen Standpunkt aus. „Nun, mein Lieber", erklärte ich mit einer großartigen Handbewegung, „ein Christ bin ich auch. Schließlich bin ich als Kind getauft worden."

Aber damit war Hans nicht einverstanden. „Ich meine das anders", erklärte er. „Christsein, das heißt, an Jesus Christus glauben, sich ihm anvertrauen und unterordnen."

Wenn man die Dinge so sah, dann war ich allerdings kein Christ. Ich musste zugeben: „Dann bin ich schon eher ein Rebell gegenüber Gott und der Welt, ein Mann, bei dem Zweifel und Unglaube großgeschrieben werden. Ich verfolge meine eigenen Wünsche, meine egoistischen Pläne. Ich bin eben mein eigener Herr."

Diese Meinungsverschiedenheiten beendeten zwar unsere Freundschaft nicht, aber wir trafen uns nun seltener. Tagsüber arbeitete ich hart auf der Farm. Und abends und an den freien Wochenenden suchte ich mir meine Freunde unter den Schwarzhändlern und auf dem Rennplatz.

Samstagnachmittag ging ich regelmäßig zu den Hunderennen. Der Rennplatz glich einem Fußballfeld, das von einer Aschenbahn umgeben war. Die Windhunde rannten hinter einer Hasenattrappe her, die auf einer Leitschiene vor ihnen hergezogen wurde. Der Hund, der als Erster durchs Ziel ging, hatte gewonnen.

Die englische Wettleidenschaft hatte mich angesteckt. Das wenige Geld, das ich verdiente, setzte ich nun auf die verschiedenen Hunde. Und oft hatte ich Glück. An einem Samstag setzte ich in jedem Rennen auf den Sieger. Am Ende hatte ich mehr Geld gewonnen, als ich je in meinem Leben besessen hatte.

Aber als ich dann die Straße zurückging, die zur Stadt führte, stellte ich fest, dass ich im tiefsten Grunde unzufrieden war. Was war das schon: Geld? Gut, man konnte sich manches dafür kaufen. Aber im Grunde wusste ich, dass ich etwas anderes suchte.

Also ging ich ins Kino. Damals liefen überall jene Glimmer- und Glanzlackfilme, wie sie in Hollywood gerade Mode waren: mit großartigen Villen und Palästen, sagenhaft teuer angezogenen Frauen und großen

Straßenkreuzern. Was da vorgeführt wurde, war eine Traumwelt. Mit dem Leben hatte sie wenig oder gar nichts zu tun. Ich weiß noch, dass ich einmal mitten in einer Vorführung aufstand und hinausging. Einfach, weil ich das Ganze für Betrug hielt: *So ist das Leben doch nicht,* sagte ich mir. *Es ist nicht so glatt und süß, sondern grausam und bitter.*

Wieder einmal war ich an der Stelle angekommen, an der ich nach dem Sinn des Lebens fragte. Am darauffolgenden Sonntag hatte ich das Bedürfnis, allein zu sein. Es war einer jener schönen Spätsommertage und ich fuhr hinaus an den Strand. Ich hockte mich auf einen Stein und beobachtete, wie die Wellen ans Ufer rollten. Und ich fragte mich: Ist so unser Leben? Wie eine Welle, die irgendwo entsteht, ans Ufer getrieben wird und bricht und zerfließt?

Wo kam das Leben her? Was hatte es für einen Sinn? Wo führte es hin? War mit dem Tod alles aus? Oder begann danach alles von vorn, nur vielleicht auf einer anderen Ebene?

Hör auf nachzudenken, Schulte!, befahl ich mir. Am nächsten Samstag traf ich mich wieder mit meinen neuen Freundinnen und Freunden. Es waren zum Teil irische Landarbeiter oder Mädchen aus der Republik Irland, die auf einer schottischen Farm ein landwirtschaftliches Praktikum absolvierten. Die Mädchen waren meist 17 oder 18 Jahre alt und hatten nur Jungen im Kopf. Aber die Farmen lagen weit verstreut auf dem Land, und wenn man den letzten Bus verpasst hatte, dann musste man eben die 10 oder 15 Kilometer zu Fuß nach Hause tippeln. Doch das machte mir nichts aus.

Der Farmer schüttelte manchmal den Kopf, wenn er merkte, dass ich erst am Montagmorgen nach Hause gekommen war. Mit meiner Arbeit war er nicht unzufrieden. Aber er meinte: „Du ruinierst deine Gesundheit. Das hält auf die Dauer keiner aus."

Doch ich hatte ein gewichtiges Gegenargument. „Ich habe in meiner Jugend unendlich viel verpasst", entgegnete ich ihm, „das will ich jetzt endlich nachholen, und zwar alles!" Aber je mehr ich mich darum bemühte, desto unzufriedener wurde ich: mit mir selbst und mit dem Leben, das ich führte.

An einem Septembertag 1948 traf ich unvermutet Hans und Margret in der Stadt. Spontan luden sie mich wieder ein, in eine christliche Veranstaltung mitzukommen. Ich hatte an diesem Tag wirklich nichts vor und mir fiel beim besten Willen keine Ausrede ein. So blieb mir schließlich nichts anderes übrig, als mitzugehen.

Wir fuhren nach Cumnock, einer nahe gelegenen größeren Stadt. Insgesamt hatte das ganze Gebiet eher dörflichen Charakter. Überall traf man auf kleine Siedlungen. Wer nicht von der Landwirtschaft lebte, suchte sich Arbeit auf einer der kleinen Zechen. Die Frauen dagegen waren in den Webereien und Spinnereien beschäftigt. So war Cumnock eine ausgesprochene Arbeiterstadt. Die Veranstaltung fand in der kleinen Baptistengemeinde statt. Man nannte das ein *Tea Meeting*.

Zunächst gab es für alle Tee und Teller mit kleinem Gebäck wurden herumgereicht. Dazwischen wurde gesungen; es herrschte eine freundliche, fröhliche Atmosphäre. Ein kleiner Männerchor sang christliche Lieder und junge Menschen erzählten aus ihrem Leben. Das alles ging sehr zwanglos vor sich. Mancher beschränkte sich auf einige wenige Sätze, während andere ausführlicher berichteten. Dabei stellte ich fest, dass es sich um Menschen aus sehr unterschiedlichen Bevölkerungsschichten handelte. So meldete sich nach einem Bergmann ein Student zu Wort. Dann sprach ein Lehrling, und diesem schloss sich ein älterer Mann an, der reif und besonnen wirkte. Und trotz dieser Unterschiede drehte sich alles, was gesagt wurde, um das gleiche Thema: Alle berichteten davon, wie Jesus Christus in ihr Leben eingegriffen und es verändert hatte. Zunächst tat ich das Ganze mit einer Handbewegung ab. *Das ist alles nur Einbildung,* versicherte ich mir. Aber je länger ich zuhörte, umso deutlicher merkte ich, dass das, wovon diese Leute berichteten, über jede Art von Einbildung hinausging. Sie sprachen sehr konkret davon, dass sie nun anders dachten und anders handelten und dass sich dadurch ihre gesamte Lebenseinstellung grundlegend verändert hatte. Ich konnte den Wunsch nicht unterdrücken: *So wie diese Leute möchte ich auch sein. Wenn es das wirklich gibt, wovon sie da erzählen, dann möchte ich es auch haben.*

Am Schluss der Veranstaltung musste ich mir sagen: *So etwas habe ich noch nie in meinem Leben gehört.* In keiner Predigt hatte man davon etwas gehört. Als ich mich von Hans und Margret verabschiedete, sagte ich, bevor ich in den Bus stieg: „Am nächsten Samstag bin ich wieder da. Ihr braucht mich gar nicht abzuholen, ich komme schon von selbst." Sie ließen mich deutlich spüren, wie sehr sie sich darüber freuten, aber ich wusste nicht, warum.

Die folgenden Samstagabende verbrachte ich bei den jungen Christen in Cumnock. Was ich am ersten Samstag gehört hatte, begann sich zu einem Bild mit klareren Konturen zusammenzufügen und mein Denken mehr und mehr zu beeinflussen. Der Wunsch, ebenfalls zu erleben, was diese Leute so erfüllte, wurde stärker.

Während der Woche saß ich nun meist auf dem Traktor und zog mit dem Pflug lange Furchen über die weiträumigen schottischen Felder. Dabei brauchte man kaum auf etwas zu achten. Es genügte, wenn das rechte Vorderrad genau in der Spur blieb und die Pflugschar nicht gerade auf einen Felsen traf. So blieb mir viel Zeit, über alle diese Fragen nachzudenken. Stundenlang. Tagelang. Dabei wurden in meinem Gedächtnis Dinge wieder lebendig, die ich als Kind im Elternhaus, in Kirche und Schule gehört hatte. Mein kindliches Gottesbild verband sich mit den biblischen Aussagen über Gott und Jesus Christus, die ich nun, als Erwachsener, neu aufnahm.

Gott existierte also, auch wenn ich ihn nicht beschreiben konnte. Es *musste* ihn geben. Die Schöpfung musste irgendwo einen Anfang genommen haben, und wenn ich mir jetzt die Vielfalt des Lebens in der Natur, mit der ich als Landarbeiter unmittelbar Berührung hatte, vorstellte, dann befriedigte es mich einfach nicht, wenn ich versuchte, den Beginn der Schöpfung mit einem Zufall zu erklären. Durch Zufälle entsteht vielleicht ein Chaos, aber keine Ordnung. Wenn es aber Gott war, der das Leben geschaffen hatte, dann musste er diesem Leben auch einen Sinn und eine Bestimmung gegeben haben. Dann war vermutlich er selbst das Ziel. Und wenn das stimmte, dann war es falsch von mir gewesen, auszuscheren, vor ihm wegzulaufen und meine eigenen Wege zu gehen.

Aber die Frage nach der Schöpfung interessierte mich in diesem Augenblick eigentlich nur in dem Ausmaß, wie der Sinn meines Lebens damit zusammenhing. Weit mehr beschäftigte mich ein anderer Gedanke, für den ich mich so klar und konkret bisher noch nie geöffnet hatte: Gott, so behaupteten jene jungen Leute, sei in Jesus Christus Mensch geworden. Und Gott habe es zugelassen, dass dieser Jesus an einem Kreuz am Stadtrand von Jerusalem hingerichtet wurde, weil er auf diese Weise stellvertretend die Sünde und Schuld aller Menschen auf sich nahm und damit zugleich die Strafe, die sie verdient hatten.

Zum ersten Mal begriff ich das Sterben Jesu Christi am Kreuz von Golgatha als eine Gerichtsverhandlung vor einem ewigen, heiligen und gerechten Gott. Ich, der Mensch Anton Schulte, sollte verurteilt werden. Eine lange Anklageschrift wegen Übertretung der Gebote Gottes lag gegen mich vor. Ich war schuldig und hatte den Tod verdient. Es gab keine Möglichkeit, mich selbst zu retten.

Wenn ein Mensch das begriffen habe, sagten die jungen Leute, dann trete Gott auf den Plan und sage zu jedem einzelnen Menschen: Du brauchst dich auch nicht selbst zu retten; denn Jesus hat deine Sünde vernichtet und deine Strafe auf sich genommen. Es gehe einzig und allein darum, sich diesem Jesus ganz und bedingungslos anzuvertrauen.

Das alles hatte ich nun mehrmals gehört, aber ich konnte es nicht fassen und begreifen. Einmal sprach alles in mir dafür, dann wieder dagegen. Ich war hin und her gerissen, ich wollte glauben und konnte es nicht; ich begriff, dass etwas passieren musste, was über meinen Verstand und mein Gefühl hinausging.

Am nächsten Samstag – es war der 3. Oktober 1948 – besuchten wir zusammen das Bergarbeiterdorf Catrine. Dort fand nun auch an jedem Samstagabend eine Tee-Versammlung statt. Man traf sich in einer alten Kapelle, die man jetzt „Evangeliumshalle" nannte, weil sie von den „Offenen Brüdern" übernommen worden war.

Die kleine Gemeinde hätte von sich aus ein solches Abendprogramm nicht auf die Beine stellen können. Deshalb lud sie jeden Samstag eine Gruppe aus einer Nachbargemeinde ein, um den Abend zu gestalten. Diesmal waren junge Leute aus Irvine gekommen. Sie traten mit einem Jugendchor auf und sangen frische christliche Lieder. Auch ich bekam ein Liederbuch in die Hand gedrückt und wurde aufgefordert, laut und kräftig mitzusingen.

Wieder gab es Tee und Kuchen, und obwohl die Schotten grundsätzlich sehr freundlich und gastfrei sind, fiel mir hier die Herzlichkeit besonders auf. Geizig sind die Schotten so wenig wie die Ostfriesen geistig beschränkt. Aber sie haben Humor; sie bringen etwas fertig, was längst nicht jeder kann: Sie erzählen gern Witze über sich selbst. Im Blick auf die Fähigkeit, über mich selbst zu lachen, habe ich in Schottland viel gelernt. Auch wenn es um Christus und das Evangelium ging, war das für sie keine traurige, todernste Sache, sondern sie konnten einem solchen Abend durchaus etwas Fröhliches abgewinnen. Sie sind schneller bereit, sich mitzuteilen, und viel freier, wenn es darum geht, ihre Gefühle zu äußern, als zum Beispiel die Engländer. Das alles hat vermutlich dazu beigetragen, dass ich an jenem Abend begriff, was Gott mir sagen wollte.

Unter anderem berichtete ein junger Mann, der erst sechs Wochen zuvor Christ geworden war. Man konnte ihn beim besten Willen nicht als begabten Redner bezeichnen. Er geriet verschiedentlich ins Stottern, verhaspelte sich und blieb mitten im Satz stecken. Aber was er sagen wollte, war nicht zu überhören. Denn den entscheidenden Satz wiederholte er immer wieder: *„I am happy. I am happy. I am happy"* (Ich bin glücklich, glücklich, glücklich).

Mann, sagte ich zu mir, *ich wollte, das könnte ich von mir auch sagen!* Aber ich wusste nicht, wie man das anstellen musste. Doch gegen Ende der Veranstaltung trat ein Mann ans Rednerpult, offensichtlich der Leiter der Gruppe aus Irvine. Er streckte seinen rechten Arm aus, deutete mit dem Zeigefinger genau auf mich (jedenfalls meinte ich das) und rief in den Saal: „Du brauchst Jesus!"

Ich duckte mich und zog den Kopf ein, so persönlich traf mich das, obwohl ich mir natürlich sagte, dass der Mann mich gar nicht kennen konnte. Später stellte sich dann heraus, dass er mich überhaupt nicht wahrgenommen hatte. Aber ich spürte, dass Gott mich, mich und keinen anderen meinte, ganz egal, wie die Dinge äußerlich zusammenhingen. Ich dachte: *Mann, mit dir möchte ich gern mal reden!* Und prompt sagte er postwendend in die Versammlung hinein: „Wer sich heute Abend bekehren und sein Leben Jesus anvertrauen möchte, der kann anschließend zu mir kommen. Ich bin gern bereit, mit ihm zu sprechen."

Mein Entschluss stand fest: *Das werde ich tun!* Aber zunächst wurde noch ein Lied gesungen. Es folgten langatmige Bekanntmachungen und noch ein Chorlied. Als die Veranstaltung dann tatsächlich zu Ende war, stellte ich fest, dass mein Wunsch, mit jenem Mann zu sprechen, merklich nachgelassen hatte. Plötzlich spürte ich ein ganz anderes Bedürfnis: nämlich den Drang nach draußen. *Nur weg von hier!* Ich wollte hinein und zugleich wollte ich hinaus.

Und zunächst nahmen mir die Menschen, die aus dem Saal drängten, die Entscheidung ab. Sie schoben mich einfach zum Ausgang. Ich erreichte die Tür des Vorraums und schaute in die dunkle Nacht. Und in meinen widerstreitenden Gefühlen gewann immer wieder ein Gedanke die Oberhand: So dunkel wird in Zukunft dein Leben sein, wenn du vor der Entscheidung für Gott wegläufst!

Ich stand bereits in der Tür, aber da machte ich kehrt und ging zurück. Vielleicht war ich nicht gerade höflich und machte unsanft von meinen Ellenbogen Gebrauch, als ich mich gegen den Strom wieder nach vorne arbeitete. Aber jetzt stand mein Entschluss endgültig fest. Als ich den Mann vorn am Rednerpult erreichte, erklärte ich: „Ich möchte mich bekehren." Allerdings hatte ich keine Ahnung, wie das gehen sollte. Das Wort *„converted"* hatte ich in jenen Wochen zum ersten Mal gehört. Aber ich wusste, dass damit die Hinwendung zu Jesus Christus gemeint war, die Rückkehr zu Gott, mit allem, was dazugehört.

Der Mann, den ich angesprochen hatte, nahm sich Zeit für mich. Er öffnete seine Bibel und las mir eine ganze Reihe von Bibelstellen vor. Dann fragte er: „Verstehen Sie das?"

Ich sagte: „Nein." Und das war die volle Wahrheit. An meinem Akzent merkte der andere, dass ich kein Schotte war. Und als ich ihm erklärte, dass ich Deutscher sei, meinte er: „Dann wollen wir's einfach machen." (Mit der nun folgenden einfachen Erklärung der Grundfragen des Glaubens wurde dieser Mann maßgebend für meine ganze spätere evangelistische Verkündigung.) „Wissen Sie, was Sünde ist?", fragte er mich.

Und ob ich das wusste. Die Gebote Gottes kannte ich von Kind auf. Und mir war klar, dass ich sie so ziemlich alle übertreten hatte.

Dann aber fragte er: „Sind Sie bereit, mit der Sünde zu brechen?"

Diese Frage konnte ich nicht sofort beantworten. Ich sah jetzt mein Leben in einem anderen Licht; ich erkannte nicht nur einzelne Sünden, sondern dass ich insgesamt falsch gelebt hatte. Und das alles sollte ich aufgeben, von einem Augenblick zum anderen damit Schluss machen? Ich wollte das schon, aber ich kannte auch mich selbst zur Genüge. Verwirrt und ratlos sah ich meinen Gesprächspartner an und sagte: „Ich will es versuchen."

Aber damit war er nicht einverstanden. „Nicht versuchen. Vertrauen", erklärte er.

In diesem Augenblick fiel mir ein, was die jungen Leute, die ich in den zurückliegenden Wochen über ihr Christsein hatte reden hören, immer wieder betont hatten. Aus eigener Kraft hätten sie das nie geschafft, hatten sie immer wieder erklärt. Das brächte überhaupt kein Mensch fertig. Nur Gott könne einem Menschen die Kraft geben, seine Sünde loszulassen, und nur Gott könne das Leben eines Menschen so verändern, dass es seinem Willen entspräche. Das also meinte dieser Mann mit dem Satz: „Nicht versuchen, sondern vertrauen."

Da gab ich Gott einfach mein Jawort. Es war nicht mehr als das schlichte Wort: „Yes."

In der Zwischenzeit hatte sich der Saal geleert. Wir knieten an zwei Stühlen nieder. Er betete für mich und dann redete auch ich mit Gott. Was ich gesagt habe, weiß ich nicht mehr. Aber ich weiß, dass ich Gott mein Leben überantwortet habe. Ich habe ihm versprochen, seinen Sohn Jesus Christus in mein Leben einzulassen, damit er in Zukunft darüber bestimme.

Als ich an jenem Abend mit dem Fahrrad auf die Farm zurückfuhr, sang ich immer wieder einen der Chorusse vor mich hin, den ich in der Veranstaltung gelernt hatte: „Er lebt, er lebt, mein Jesus lebt auch heut. Du fragst, wie weißt du, dass er lebt? Er lebt im Herzen mir."

CATRINE, DIE STADT, IN DER ANTON SCHULTE ZUM GLAUBEN KAM

Ein Christ tut seine ersten Schritte

Glaubenserfahrungen zwischen Kuhstall und Gemeinde

An jenem Abend in Catrine waren alle meine Zweifel verflogen. Ich war gewiss, dass Gott mein Leben in seine Hand genommen hatte. Ein bis dahin ungekannter Friede erfüllte mich und ich freute mich riesig. Ich wusste: Ich hatte eine Entscheidung getroffen, die längst fällig war. Jetzt glaubte ich an Jesus Christus. Und damit war ich zu Gott, von dem ich mich als junger Bursche abgewendet hatte, zurückgekehrt.

Aber Hochstimmungen dieser Art kann man nicht einwecken. Am nächsten Morgen hatte ich, zusammen mit meinem deutschen Arbeitskameraden, 40 Kühe zu melken, zu füttern und die Ställe auszumisten. Aber man hatte mich zum Gottesdienst eingeladen, und ich schaffte es, um 11:00 Uhr wieder in der Gemeinde zu sein.

Nun erkannte ich erst, wie klein die Gemeinde wirklich war. Etwa 12 bis 15 Personen saßen auf vier Bänken, die im Viereck angeordnet waren. In der Mitte stand ein einfacher Tisch mit Brot und Wein darauf.

Der Morgengottesdienst war der Anbetung gewidmet. Die Gemeinde erinnerte sich daran, was Gott für sie getan hatte. Abwechselnd wurden Lieder gesungen, Bibeltexte vorgelesen, Gebete gesprochen. Dabei ging es immer um die Liebe, Heiligkeit und Gerechtigkeit Gottes. Und die wird für uns Menschen nun einmal am deutlichsten darin erkennbar, dass dieser heilige Gott seinen Sohn auf die Erde schickte und ihn durch den Tod am Kreuz unsere Schuld vernichten und unsere Strafe auf sich nehmen ließ.

Das Brot wurde herumgereicht und jeder brach ein Stück davon ab. Danach ging der Kelch von Hand zu Hand und alle tranken daraus. Nun lenkten Bibelverse und Lieder die Aufmerksamkeit der Gemeinde darauf, dass dieser Jesus Christus auferstanden und jedem, der an ihn glaubte, heute und jetzt ganz nahe war. Es war ein Gottesdienst, bei dem Jesus im Mittelpunkt stand.

Ich fuhr zur Farm zurück. Zwei Stunden harter Arbeit lagen vor mir, wenn ich in dieser Zeit die gesamte Stallarbeit bewältigen wollte. Aber um 19:00 Uhr war in der *Gospel Hall* Evangeliumsverkündigung, und da gehörte ich hin. Ich schaffte es, wenn auch etwas verspätet, aber ich war begierig, mehr zu hören. Doch der Redner sprach so monoton, dass ich, müde von einer Woche harter Arbeit im Freien, immer wieder einschlief.

Am nächsten Morgen hingen die Wolken tief. Es regnete – wie so oft in Schottland. Ängstlich horchte ich in mich hinein, ob das Hochgefühl der Verbindung mit Gott, das mich über das Wochenende erfüllt hatte, nun völlig zerronnen sei. Das Wissen um die Nähe Gottes war noch da, aber es war nicht mehr wie am Samstag und Sonntag. Ich war unsicher und schlecht gelaunt, weil ich Angst hatte, das neue Leben mit Gott wieder zu verlieren.

Als ich mittags zum Essen kam, war ein Brief für mich da. Ein Mann, der von meiner Entscheidung für Christus gehört hatte, schickte mir ein kleines Büchlein, das von der Gewissheit des Glaubens handelte. Ich verschlang den Inhalt dieses Heftes buchstäblich. Es enthielt genau die Antwort auf die Fragen, die mich umtrieben. Ich begriff, dass ich mich nicht auf meine Gefühle verlassen konnte. Die Gewissheit, dass Gott mich angenommen und mir meine Schuld vergeben hatte, konnte sich nur auf die Zusagen stützen, die Gott uns in der Bibel macht. Nur wenn ich auf das hörte, was Gott mir sagte, konnte ich seinen Willen erkennen. Genauso erhielt ich nur durch sein Wort die Gewissheit der Erlösung.

Es ging also darum, die Bibel zu lesen, um zu erkennen, was Gott mir sagen wollte. Einige wichtige Bibelstellen waren in dem Heft abgedruckt. Sie halfen mir jetzt, weil ich ja noch keine Bibel besaß. Da stand zum Beispiel: „Dies habe ich euch geschrieben, damit ihr wisst, dass ihr ewiges Leben habt, die ihr an den Namen des Sohnes Gottes glaubt" (1. Johannes 5,13).

Mit einem Bleistift unterstrich ich die Worte „habt" (ich habe also das ewige Leben), „wisst" (ich weiß, dass ich es habe) und „geschrieben" (ich weiß, dass ich es habe, weil es geschrieben steht). Ich habe mich bei diesem Mann später herzlich dafür bedankt, dass er mir mit einer kleinen Schrift so entscheidend geholfen hatte.

Am Sonntagabend hatte ich in den Bekanntmachungen gehört, dass man sich am Montagabend im Gemeindehaus treffen wolle, um den Fußboden des Saales zu reinigen. Ich schaffte zwar die vereinbarte Zeit nicht ganz, weil ich nicht früher von der Farm wegkam, aber ich war zur Stelle. Zu meiner Überraschung stellte ich fest, dass außer mir nur Frauen gekommen waren. *Nun,* dachte ich, *die Männer fühlen sich für solche Putzarbeit vielleicht nicht zuständig,* aber mir war sie recht. Und so tat ich meinen ersten Dienst im „Reich Gottes" auf den Knien: Ich schrubbte den Fußboden. Am Dienstag war Bibel- und Gebetsstunde. Ich bekam eine große, dicke Bibel geschenkt. Aber die biblischen Fragen, die an diesem Abend besprochen wurden, gingen über meinen Kopf hinweg. Ich hatte ganz andere Probleme. Deshalb war ich dankbar, dass mich anschließend die McPhees zu sich nach Hause einluden. Der Vater und Sohn Bill nahmen sich Zeit, auf meine vielen Fragen einzugehen. Bei Tee und Kuchen saßen wir noch lange zusammen, bis es Zeit wurde, auf die Farm zurückzukehren.

Im Lauf der nächsten Tage wurde mir immer deutlicher, dass ich jetzt zwar ein Christ war und in meiner ganzen Lebensführung Jesus gehorsam sein wollte, aber ich wusste noch nicht, wie man das macht. Ich verfiel in alte Gewohnheiten und merkte plötzlich, dass sie nicht mehr zu mir passten. Ich war bekümmert über mich selbst. Eigentlich begann ich erst jetzt ganz allmählich zu begreifen, was für ein schlechter Kerl ich tatsächlich war.

Hans und Margret besuchten mich auf der Farm. Und sie merkten sofort, was mit mir los war. „Es ist alles so dunkel", sagte ich.

Da schaute Margret mich an und entgegnete: „Aber Jesus hat gesagt: ‚Ich bin das Licht der Welt; wer mir nachfolgt, wird nicht in der Finsternis wandeln, sondern wird das Licht des Lebens haben.'"

Dieses Wort half mir. Ich begriff, dass ich mich ausschließlich um meine Gedanken und Gefühle gedreht hatte, statt die Bibel zur Hand zu nehmen und, vielleicht anhand eines kurzen und einfachen Abschnitts in den Evangelien, mich mit dem zu beschäftigen, was Jesus gesagt hat. Wir sprachen lange darüber. Ich hatte eine wichtige Lektion gelernt. Von dem Tag an begann ich, regelmäßig die Bibel zu lesen.

Ich war etwa eine Woche Christ, da feierten wir auf der Farm das Erntedankfest. Mein deutscher Arbeitskamerad und ich hatten das Zimmer, das wir gemeinsam bewohnten, aufgeräumt und auch uns selbst so fein gemacht, wie es die Umstände erlaubten. Der Abend sollte im Kreise der Familie festlich begangen werden.

Wir warteten in unserem Zimmer auf das Zeichen zum Abendessen. Ich stand mit dem Rücken zum offenen Fenster und rauchte eine Zigarette. Seit meiner Soldatenzeit war ich ein Kettenraucher, der täglich seine 40 bis 50 Zigaretten konsumierte. Doch nun meinte mein Kollege plötzlich: „Du rauchst in letzter Zeit gar nicht mehr so viel."

Ich war erstaunt, dass er das gemerkt hatte, denn mir selbst war es eigentlich kaum aufgefallen. Aber ich hatte in den letzten Tagen viel über die Frage der Abhängigkeit von bestimmten Gewohnheiten nachgedacht. Schon als ich die ersten Tee-Versammlungen besucht hatte und noch kein Christ gewesen war, hatte ich mich gefragt, ob dieser

Glaube, von dem die jungen Leute sprachen, vielleicht bewirken könne, dass ich nicht mehr zu rauchen brauchte. Wenn dieser Glaube das war, was er versprach, dann musste mit ihm eine Kraft verbunden sein, die dazu befähigte, Dinge, die man als nicht richtig erkannte, zu korrigieren.

Also sagte ich leichthin zu meinem Kollegen: „Ich glaube, ich werde überhaupt zu rauchen aufhören." Und als er mich daraufhin fassungslos anstarrte, fügte ich hinzu: „Ich glaube, dass Jesus Christus mich davon freimachen kann!"

Spontan rief er aus: „Wenn dir das gelingt, dann glaube ich, dass euer Club was wert ist." Ich hielt die halb gerauchte Zigarette noch zwischen meinen Fingern. Jetzt hob ich sie ihm entgegen und fragte ihn: „Siehst du die?" Dann warf ich sie mit einem Schwung zum Fenster hinaus und erklärte: „Das war die letzte Zigarette, die ich geraucht habe."

Im nächsten Augenblick erschrak ich über meine eigenen Worte. Ich wusste doch, wie oft ich vergeblich versucht hatte, das Rauchen aufzugeben, wie oft ich mir vergeblich vorgenommen hatte, meinen Zigarettenkonsum wenigstens einzuschränken. Und schon formte sich im Hintergrund ein rettender Gedanke: „Aber Pfeife kannst du ja auch weiterhin rauchen!" Doch ich wusste, was ich gesagt und was ich damit gemeint hatte.

Das alles geschah nicht aus einer Laune heraus. Der Gedanke beschäftigte mich seit Tagen, und im Grunde glaubte ich, dass Jesus Christus mich freimachen konnte. Aber frei war ich noch keineswegs. Ich blieb zwar den ganzen Abend über standhaft, obwohl der Farmer immer wieder zu mir herüberkam und mir etwas zu rauchen anbot. Daraufhin erklärte ich jedes Mal: „Danke, ich rauche nicht."

Das erste Mal hielt er das für einen Spaß. Beim zweiten Mal fragte er: „Seit wann denn?"

Ich entgegnete: „Seit heute Abend."

Er konnte das nicht begreifen, schließlich kam er wohl zum zehnten Mal vorüber und meinte: „Komm, sei doch kein Spielverderber!" Doch dann begriff er, dass es mir ernst war. Achselzuckend ging er weiter.

Wir feierten lange und ausgiebig an jenem Abend. Als ich anschließend auf mein Zimmer kam, überfiel mich ein regelrechter Heißhunger nach einer Zigarette. Die Packung musste noch in meinem Arbeitszeug stecken. Also ging ich die Treppe wieder hinunter, um sie zu holen. Doch in meinem Arbeitszeug war sie nicht. Und da fiel es mir ein: *Sie ist oben im Zimmer in der Schublade.*

Ich gebe offen zu, dass ich nicht die Kraft gehabt hätte aufzuhören. Aber während ich die Treppe langsam wieder hinaufstieg, war das Verlangen, rauchen zu müssen, plötzlich weg. Es gab auch keinen Kampf mehr. Als ich ins Zimmer kam, konnte ich – und es machte mir keine Mühe – schlafen gehen, ohne eine Zigarette angerührt zu haben. Ich wachte in der Nacht zwar auf, denn gewöhnlich hatte ich auch nachts eine Zigarette geraucht, aber ich konnte mich umdrehen und weiterschlafen. Auch am nächsten Tag kehrte das Verlangen zu rauchen nicht zurück. Ich meinte zu träumen. Aber auch an den folgenden Tagen überfiel mich nie wieder das Bedürfnis nach einer Zigarette.

Erklären kann ich das nicht. Ich denke, Gott wusste, wie schwach ich war, und hat deshalb mein Vertrauen zu ihm nicht enttäuscht. Natürlich zeigten sich auch bei mir die üblichen Entzugserscheinungen. Ich wollte dauernd etwas trinken, der Schweiß brach mir aus und immer wieder quälte mich ein nagendes Hungergefühl. Aber das Verlangen zu rauchen stellte sich nicht mehr ein. Als ich einige Tage später auf dem Oberdeck eines Busses, wo geraucht werden durfte, in die Stadt fuhr, empfand ich den Rauch als unangenehm.

Ich weiß, dass Christen keineswegs immer so von Bindungen frei werden, wie ich es erlebt habe. Oft bleiben ihnen über lange Zeit Kämpfe und Anfechtungen nicht erspart, sie versagen und müssen sich Gott neu zur Verfügung stellen, und es ist nur seine Güte und Geduld, die sie aufrechthält. Dennoch war die Erfahrung der plötzlichen Befreiung für mich eine große Stärkung meines Gottvertrauens.

In diesen Wochen besuchte ich nicht nur samstags und sonntags und am Dienstagabend die Veranstaltungen der Gemeinde, sondern ich wurde darüber hinaus zwei bis drei Mal in der Woche von verschiedenen Familien eingeladen. Diesen Besuchen verdanke ich viel. Die Menschen, mit denen ich hier zusammentraf, waren nach Herkunft, Bildung und Einkommen verschieden. Aber sie alle verstanden vom Neuen Testament und seiner Lehre mehr als ich. Ich brachte zu jenen Treffen nur die Fragen mit. Oft rückte ich mit einer langen Liste von Problemen an.

Dann wurde die Bibel aufgeschlagen und im Gespräch eine Frage nach der anderen beantwortet. Für mich gab es dabei eine Menge zu lernen. An manchen Abenden hatte ich ein richtiges Aha-Erlebnis, weil mir eine Sache, die mich schon lange beschäftigt hatte, plötzlich klar wurde. Allerdings machte ich es meinen Gesprächspartnern nicht immer leicht; ich konnte hartnäckig zurückfragen, wenn mich eine Antwort nicht zufriedenstellte. Aber eins war für mich klar: Wenn ich in einer biblischen Aussage erkannte, dass sie den Willen Gottes ausdrückte, dann war sie auch für mein Leben verbindlich.

Im Lauf unserer Unterhaltungen kamen wir auch darauf zu sprechen, dass sich nach den Berichten der Apostelgeschichte die Menschen, die das Wort Gottes gehört hatten und Christen geworden waren, anschließend taufen ließen. Das war für mich ein völlig neuer Gesichtspunkt. Ich hatte zwar als Kind im Religionsunterricht gehört, dass in den ersten Christengemeinden die Täuflinge ganz im Wasser untergetaucht wurden, aber ich selbst kannte nur die Kindertaufe.

Jetzt erfuhr ich zu meinem Erstaunen, dass die Gemeinde, die ich nun besuchte, auf die gleiche Weise taufte wie die Urgemeinde. In der Kindertaufe sah man mehr eine Art Darbringung, eine Weihe an Gott. Damit hatte ich ein neues Problem. Ich ließ mir sämtliche Bibelstellen aufschreiben, in denen von der Taufe die Rede war, und begann, sie eingehend zu studieren. Und nach einer Woche stand mein Entschluss fest: „Ich möchte auch so getauft werden, wie es von den ersten Christen in der Apostelgeschichte berichtet wird."

Dazu war man in der Gemeinde keineswegs bereit. Erstens war ich Ausländer, zweitens erst wenige Wochen Christ und drittens ein unruhiger Geist mit vielen Fragen. Da schien es ratsam, erst einmal abzuwarten und zu

ALS FARMARBEITER IN SCHOTTLAND

sehen, wie das Bürschchen sich entwickelte. Man nannte das eine Prüfungszeit.

Ich war enttäuscht. Und dann setzte ich mich zur Wehr: „Wenn die Bibel für mich gilt, dann gilt sie auch für euch", argumentierte ich. Und ich wies darauf hin, dass in der Apostelgeschichte nichts davon gesagt sei, dass zwischen der Hinwendung zu Christus und der Taufe eine Prüfungszeit zu absolvieren sei. Schließlich gaben sie nach und der Tauftag wurde festgesetzt. Das Ereignis selbst fand in der Nachbargemeinde statt, da unsere Gemeinde kein Taufbecken besaß. Am 9. November ließ ich mich, der noch nie Zeuge einer Taufe durch Untertauchen gewesen war, aufgrund meines Glaubensbekenntnisses taufen. Ich schrieb davon auch meinen Leuten zu Hause und löste damit einen gelinden Skandal aus. Meine Mutter beschwor mich, nicht vom wahren Glauben abzuweichen und die rechte Auslegung der Bibel den gelehrten und studierten Männern zu überlassen. Aber mir war wichtiger, was ich selbst vor Gott für mich als richtig erkannt hatte. Ich wusste, Gott hatte mit mir einen Bund gemacht, und dazu hatte ich mich nun auch zeichenhaft bekannt. Vor den Gemeindeveranstaltungen am Samstag- und Sonntagabend trafen sich einige Gemeindeglieder an einer nahe gelegenen Straßenecke, direkt gegenüber einer schottischen Kneipe. Wir stellten uns im

Kreis auf und sangen ein evangelistisches Lied. Dann sagte jeder von uns ein Bibelwort auf. Mir überließ man Johannes 3,16, weil es der einzige Bibelvers war, den ich englisch auswendig konnte. Wir sangen noch ein Lied und luden dann die Menschen, die in unserer Nähe stehen geblieben waren, in unsere Veranstaltung ein. Vor allem waren das Männer, die, den Bierkrug in der Hand, aus der Kneipe herausgekommen waren.

Es kam selten vor, dass einer von ihnen unserer Einladung folgte. Aber ich lernte einen Mann kennen, der als stadtbekannter Trinker durch eine solche Straßenversammlung den entscheidenden Anstoß erhielt, sein Leben Christus zu überantworten, und der von jenem Tag an den Schnaps stehen ließ.

Aber das war eine Ausnahme. Meist stand das Häuflein der Getreuen allein an der Straßenecke. Sie sangen ihr Lied und sprachen ihre Einladung aus. Aber es öffnete sich kaum ein Fenster auf der gegenüberliegenden Straßenseite. Ein wenig enttäuscht zogen sich die Christen daraufhin in ihre *Gospel Hall* zurück. Aber sie sprachen sich gegenseitig Mut zu: „Wir haben unsere Pflicht getan, die anderen auf die Liebe Gottes aufmerksam gemacht und sie eingeladen." Beides, die Treue und die scheinbare Vergeblichkeit solchen missionarischen Bemühens, hat mich in den ersten Wochen meines Christseins stark beeindruckt.

Die Mittagspause auf der Farm benutzte ich nun zum Bibelstudium. Etwa eine halbe Stunde stand mir zur Verfügung. Aber ich muss gestehen, dass oft nicht viel dabei herauskam. Ich kannte die Bibel zu wenig. Ich las einen Textabschnitt, aber ich begriff nur hier und da die Bedeutung eines Verses. Das meiste blieb mir verschlossen.

An den Abenden war ich viel unterwegs. Entweder besuchte ich christliche Veranstaltungen oder ich war bei christlichen Familien zu Gast. Bald merkte ich, dass ich zu viel unterwegs war. Daraufhin legte ich für mich selbst zwei Abende pro Woche fest, an denen ich grundsätzlich auf der Farm blieb.

Dann kam jener Mittwochabend, der mir unvergesslich bleiben wird. Es regnete draußen, wie so oft in Schottland. Mein Zimmerkollege war zu Freunden gefahren; so war ich allein. Es fällt mir schwer, dieses Erlebnis zu beschreiben. Aber da es für mich entscheidend wurde, will ich es trotzdem versuchen. Ich hatte an diesem Abend nicht nur das Bedürfnis, in der Bibel zu lesen; das tat ich täglich. Es drängte mich, niederzuknien, Gott anzurufen und ihm zu danken. Ich weiß nicht, wie viel Zeit ich so zugebracht habe. Irgendwie war ich an diesem Tag Gott näher als sonst. Ich empfand seine Gegenwart so stark, intensiv und beglückend, wie ich es bis dahin nicht gekannt hatte. Ich weiß nur, dass mich an diesem Abend ein Gedanke immer wieder beschäftigte, und den sprach ich Jesus Christus gegenüber im Gebet aus: „Herr, ich möchte für dich da sein. Ich möchte dahin gehen, wohin du mich sendest. Ich möchte tun, was du mir sagst."

Daraufhin begann ich, für meine Angehörigen in Deutschland zu beten. Allmählich erweiterte sich die Fürbitte; sie umfasste die Menschen meiner Heimat, unser Volk, alle Menschen, die die deutsche Sprache sprechen. Das waren keine eigenen Gedanken, die ich mir irgendwie zurechtgelegt hätte. Es war plötzlich da, und ich wusste: Das ist Gottes Plan und Wille für mein Leben.

In jener Stunde habe ich allen eigenen Plänen den Abschied gegeben. Eigentlich hatte ich nur für kurze Zeit nach Deutschland zurückkehren wollen, um dann für immer auszuwandern, am liebsten nach Australien oder Neuseeland. Dabei hat sicher eine Rolle gespielt, dass viele Schotten nach Neuseeland ausgewandert sind. Die Kontakte zwischen den Auswanderern und den Daheimgebliebenen waren nie abgerissen. Ich hatte Lichtbildvorträge über die neuen Siedlungsgebiete gesehen und mit manchem Auswanderer, der sich zu Besuch in der Heimat aufhielt, gesprochen. Aber jetzt war für mich klar, dass es galt, alle diese Pläne beiseitezulegen. Ich würde nach Deutschland zurückkehren und dort bleiben. Ich würde den Menschen, die meine Sprache sprachen, erklären, was Jesus mir bedeutete und was ich in Schottland erlebt hatte.

Von diesem Tag an veränderte sich etwas in meinem Bibelstudium. Es fiel mir leichter, Texte und Textzusammenhänge zu verstehen, und ich konnte jetzt auch besser darüber sprechen. Lag es am regelmäßigen Bibelstudium oder an der größeren Freiheit, sich mitzuteilen? Ich begriff nun grundlegende biblische Aussagen und konnte sie auch anderen erklären. Selbst meine Möglichkeiten, mich im Englischen auszudrücken, besserten sich. Am Sonntag darauf besuchte ich eine christliche Veranstaltung in der Nachbarstadt. In der Pause sprach mich der Leiter an und fragte, ob ich bereit wäre, nach der Pause öffentlich zu sagen, was mir Jesus Christus bedeutet.

Zunächst schaute ich ihn erschrocken an und fragte: „Ich? Das kann doch nicht Ihr Ernst sein!"

Doch er meinte in der Tat mich. „Wenn die Versammlung wieder beginnt, fordere ich dich auf, uns zu erzählen, was du in letzter Zeit mit Christus erlebt hast", erklärte er. „Du brauchst ja nicht lange zu reden. Eine Minute genügt."

Er ließ mir keine Wahl. Nachdem die Versammlung wieder begonnen hatte, forderte er mich auf, ans Rednerpult zu treten. Zögernd und stockend begann ich zu sprechen. Aber plötzlich machte es mir Freude, den anderen mitzuteilen, was Jesus Christus an mir getan hatte. Die Minute, die man mir zugebilligt hatte, reichte gar nicht aus.

Als ich das Podium wieder verließ und an meinen Platz zurückgehen wollte, trat mir ein Mann in den Weg und sagte: „Gott hat dich zum Evangelisten berufen."

Ich fragte zurück: „Entschuldigen Sie, Sir, was ist das, ein Evangelist?"

Er erklärte es mir bereitwillig: „Das ist ein Mann, der von einem Ort zum anderen reist, um die Menschen mit dem Evangelium bekanntzumachen und ihnen zu erklären, wie sie an Jesus Christus glauben können."

„Das hat Gott mir am vergangenen Mittwoch auch klargemacht", antwortete ich. Das war eine Begegnung, die ebenso befreiend wirkte, wie sie mich meiner Sache gewiss machte. Ein mir unbekannter Mann bestätigte, was ich selbst in der Stille erkannt hatte. Zwei Monate später kehrte ich nach Deutschland zurück.

Trümmerfelder und Stolpersteine

Erste Erfahrungen im Nachkriegsdeutschland

Ratatat, ratatat, sangen die Räder des holzverkleideten Dritte-Klasse-Waggons, in dem wir, vorbei an schmucken Dörfern, durch die holländische Wiesenlandschaft in Richtung Heimat fuhren. Das war im Januar 1949, und der Zug war mit entlassenen Kriegsgefangenen voll besetzt. Die meisten hatten in den letzten Jahren in Bergwerken oder in der Landwirtschaft gearbeitet. Als Kriegsgefangener fühlte sich allerdings keiner mehr, denn in den letzten beiden Jahren waren uns zunehmend die Rechte von Zivilisten mit entsprechenden Freiheiten eingeräumt worden.

Wir waren Deutsche und sprachen im Zug natürlich unsere Muttersprache. Aber je näher wir der Grenze kamen, desto stärker fiel uns auf, dass wir unsere Unterhaltung in einem drolligen deutsch-englischen Kauderwelsch führten. Mitten in einem deutschen Satz verwendeten wir plötzlich englische Begriffe. Wir sagten „getalkt" statt „gesprochen", „gejumpt" statt

„gesprungen", und als wir an einer Scheune vorüberfuhren, rief einer: „Schau mal, da drüben, der *barn*." Wir haben viel gelacht, als wir uns gegenseitig halfen, die Anglizismen aus unserer Sprache auszumerzen.

Dann erreichten wir die deutsche Grenze, sahen das erste deutsche Ortsschild, das erste deutsche Dorf. Wir jubelten, schlugen uns gegenseitig auf die Schulter und rechneten aus, wie lange wir wohl noch bis Münster brauchten. Dann wurde es allmählich still im Abteil. Jeder hing seinen eigenen Gedanken nach. Wir versuchten uns vorzustellen, was uns zu Hause erwartete, und es funktionierte nicht. Wir waren zu lange weg gewesen. Die meisten von uns hatten die Heimat ein halbes Jahrzehnt nicht gesehen. Viele hatten Haus, Wohnung und Angehörige verloren, andere stammten aus Ostdeutschland. Sie standen vor einer neuen, schweren Entscheidung: Sollten sie in die Ostgebiete zurückgehen oder im Westen einen Neuanfang versuchen?

So mancher wollte nach einigen Wochen Urlaub ohnehin nach England zurückkehren. Die einen wegen des Mädchens, mit dem sie sich dort angefreundet hatten, andere, weil ihnen die Bitterkeit immer noch tief in den Knochen saß.

Endlich gab uns der Schaffner das erlösende Stichwort: „Münster Hauptbahnhof. Alles aussteigen! Der Zug endet hier." – Ein letztes Mal begann sich die Mühle der Bürokratie zu drehen: Schlange stehen, Papiere ausfüllen, Fragen beantworten. Schließlich hatte ich noch zwei Schecks einzulösen. Den einen aus den USA, den anderen aus Großbritannien. Für insgesamt drei Jahre, drei Monate und neun Tage Arbeit als Kriegsgefangener erhielt ich, wenn ich mich recht erinnere, etwas mehr als 1.680 Mark, dazu das übliche Entlassungsgeld. Das war gewiss kein Reichtum. Aber vor wenigen Monaten hatte, bedingt durch die Währungsreform, jeder Deutsche mit 40 DM neu anfangen müssen. Im Vergleich dazu konnte sich die Auszahlung sehen lassen, denn immerhin war es das neue Geld, das jetzt große Kaufkraft besaß.

Endlich hielt ich meinen Entlassungsschein in der Hand. Die Verabschiedung von Freunden und Bekannten ging nun mit einem Mal sehr schnell. Jeder wollte den nächsten Zug Richtung Heimat erreichen. So kam ich am späten Nachmittag, als es bereits zu dunkeln begann, am Essener Hauptbahnhof an.

„Nach Bottrop geht kein Zug", klärte mich ein Schaffner auf. „Sie nehmen besser die Straßenbahn." Und da war sie tatsächlich noch, die gute alte Linie 3, mit der ich schon als Kind gefahren war. Sie rappelte und schlingerte jetzt noch stärker als früher, und niemand konnte es ihr übel nehmen, denn sie führte durch eine zerbombte Stadt.

Der Wagen war überfüllt, aber ich hatte Glück und erwischte einen Fensterplatz. Mit meinem riesigen Koffer war das gar nicht so einfach, zumal mir unterwegs der Griff abgerissen war. Ich hatte zwar versucht, die Sache mit Riemen und Kordel notdürftig zu flicken, aber das Monstrum war einfach zu schwer. Doch wer wollte sich in jenen Tagen nicht mit Kaffee, Fleischbüchsen und anderen Kostbarkeiten abschleppen?! Zwar konnte man diese Dinge jetzt in Deutschland auch wieder kaufen, aber für viele waren sie nicht erschwinglich.

Amerikanische und britische Bombengeschwader hatten in den letzten Monaten des Krieges ganze Arbeit geleistet. Ich dachte an das großspurige Wort Hitlers, der vom Ausradieren britischer Städte gesprochen hatte. In Wirklichkeit hatte er sein eigenes Land zerstört. Rund um den Essener Hauptbahnhof fiel das noch gar nicht so auf. Da war der Schutt weggeräumt. Auch die Straßen, durch die wir fuhren, waren frei von Trümmern, und rechts und links sah man die Fassaden der Häuser. Aber wenn man näher hinschaute, konnte man durch die leeren Fensterhöhlen den Himmel sehen. Es standen nur noch die Vorderseiten der Häuser, alles andere war ausgebrannt und eingestürzt. Trümmerhaufen reihte sich an Trümmerhaufen, ganze Viertel waren eingeäschert. Dazwischen aber gab es Straßenzüge, die wie durch ein Wunder verschont oder nur wenig in Mitleidenschaft gezogen worden waren.

Dort sammelte sich nun die große Schar der Zurückgebliebenen und der Zurückkehrenden, wohnte in Kellern, Schuppen und jeder Art von Unterschlupf. Wer einen Schrebergarten mit einem noch so bescheidenen Holzhäuschen besaß, schätzte sich glücklich. Eine Wohnung bekam man nur auf Zuweisung, und auch dann nur eine bestimmte Zahl von Quadratmetern pro Person. Wer über mehr Wohnraum verfügte, als ihm aufgrund der Zahl der Familienangehörigen zustand, musste ein Zimmer abtreten. So wohnten oft zwei oder drei Familien in einer Wohnung. Sie teilten den gemeinsamen Flur und die Küche, ja, oft den einzigen Wasserhahn.

Aber die Menschen waren von einem unbändigen Aufbauwillen erfüllt. Es lohnte sich wieder zu verdienen. Das Geld war wieder etwas wert. Die Zeit des Schwarzmarktes war vorbei und damit auch die Zeit der

Kompensationsgeschäfte, die dadurch zustande gekommen waren, dass es zu viel wertloses Geld und zu wenig Waren gab.

Von der Haltestelle an der Osterfelder Straße schleppte ich meinen Koffer um die Ecke in die Sterkrader Straße. Im Haus Nr. 104 wohnte meine älteste Schwester mit ihrer Familie; bei ihr hatten auch meine Mutter und meine jüngste Schwester Aufnahme gefunden.

Berücksichtigt man unsere kühle westfälische Art, die für die waschechten Bottroper typisch ist, so waren das Wiedersehen und die Begrüßung überwältigend. Aber sosehr ich mich freute, wieder zu Hause zu sein, es fiel mir schwer, mich im deutschen Nachkriegsalltag zurechtzufinden. Nachdem man fast sechs Jahre unter mehr oder weniger strengen Kontrollen gelebt hatte, war es gar nicht leicht, sich auf eine völlig neue Situation umzustellen, in der man keine Vorschriften zu befolgen hatte, niemanden fragen, aber alles selbst verantworten musste.

Als ich das Amtszimmer des Rathauses betrat, um mich anzumelden, zuckte ich dann doch zusammen. Da saß der Beamte, der mich vor etwa zehn Jahren angeschrien hatte: „Geh noch mal raus, und wenn du reinkommst, grüßt du gefälligst anständig mit ‚Heil Hitler!'" – Auf dem Rückweg kam ich am Laden jenes Bäckers vorbei, der mit meinem Vater befreundet war und in den 30er-Jahren einige Monate im Konzentrationslager zugebracht hatte, weil er beim Erzählen von Hitler-Witzen wohl nicht vorsichtig genug gewesen war. Irgendwo gab es da also auch noch die Vergangenheit, allerdings so gut es ging verdrängt und beiseitegeschoben, weil das Interesse jetzt anderen Dingen galt.

Deutschland war ein Trümmerhaufen. Millionen von Menschen waren auf den Kriegsschauplätzen gefallen oder bei Bombenangriffen auf deutsche Städte umgekommen. Aber etwas faszinierend Neues war plötzlich zu spüren: ein Gefühl von Freiheit. Man konnte sagen, was man dachte. Ein solches Deutschland hatte ich bisher nicht kennengelernt, denn ich war acht Jahre alt gewesen, als Hitler die Regierung übernahm.

Meiner katholischen Verwandtschaft zuliebe ging ich am Sonntagmorgen mit in die Kirche. Wir hatten das zu Hause immer so gehalten, warum also nicht auch jetzt? Es war eine der so genannten „Kostgänger-Messen". Sie begann um 11:00 Uhr und wurde ursprünglich wohl so genannt, weil sie Junggesellen, die irgendwo in Kost und Logis waren, die letzte Gelegenheit zum Gottesdienstbesuch bot; von besagten Herren gern wahrgenommen, weil sie am Samstagabend meist spät ins Bett kamen. Diese Messe ist bekannt für ihre Kürze; umso schwerer fiel es mir, zu dieser unpersönlichen, etwas mystischen Art des Gottesdienstes Zugang zu finden. Das hohe Kirchenschiff der St.-Cyriakus-Kirche, die bunten, bleiverglasten Kirchenfenster, die auf mich irgendwie weltfremd wirkten, der Geruch von Weihrauch – all das ließ sich mit der Art von Frömmigkeit, wie ich sie in Schottland kennengelernt hatte, nur schwer in Einklang bringen.

Nach Hause zurückgekehrt, schlich ich auf mein kleines Zimmer, das höchstens sechs Quadratmeter maß. Hier konnte ich ungestört in der Bibel lesen und mit Gott reden. Diese Stunden gaben mir viel und erfüllten mich mit einer tiefen Freude. In den ersten Tagen und

Wochen verbrachte ich auf diese Weise viel Zeit in meinem kleinen Reich.

Meine Mutter und all die anderen Hausbewohner – wir waren insgesamt immerhin acht – wussten nicht so recht, was sie mit mir und meiner Frömmigkeit anfangen sollten. Ich vermied jedes Gespräch über konfessionelle Streitfragen, denn ich war Gast in diesem Haus und glücklich darüber, dass ich hier eine vorläufige Unterkunft gefunden hatte.

„Liest du immer in der Bibel?", erkundigten sich meine Schwestern.

„Warum machst du kein Kreuzzeichen?", forschte meine wissbegierige Nichte.

Auf einem Spaziergang in die Stadt versuchte ich, ihr den Unterschied zwischen Inhalt und Form des Glaubens zu erklären. Äußere Formen sind nicht so entscheidend, ja, man kann sie sogar selbst dann noch beibehalten, wenn man gar nicht mehr glaubt. Sie hörte so interessiert zu, dass wir noch drei Mal um den Wochenmarkt herumwanderten, und dabei wurde unser Gespräch immer persönlicher. Vielleicht war es nach der damaligen Vorstellung meiner Verwandten zu persönlich. Wir waren zwar alle fromme Leute, die an Gott glaubten und ihr Leben vor ihm führen wollten, aber in der Praxis ließen sich Spannungen und Unterschiede nicht verheimlichen. So wurde ich höflich, aber doch bestimmt, gebeten, mir woanders eine Bleibe zu suchen.

Ich fand sie bei meiner Schwester Anni und ihrem Mann Bernhard. Sie verfügten zwar selbst nur über zwei Zimmer in der Wohnung eines Studienrates, aber da ich gerade aus der Gefangenschaft zurückgekommen war, war dieser bereit, mich als dritten Untermieter zu dulden.

Nun besaß ich zwar kein eigenes Zimmer mehr, aber ich konnte auf der Couch im Wohnzimmer schlafen, das gleichzeitig auch als Bad und Küche diente. Wer hätte damals ahnen können, dass Anni und Bernhard einmal bei der Gründung des Missionswerkes „Neues Leben" dabei sein würden und dass meine Schwester in ebendiesem Werk für viele Jahre die wichtige Aufgabe der Bearbeitung der eingehenden Post übernehmen sollte?!

Beide waren, noch vom Kindergottesdienst her, für religiöse Fragen offen. Anni hatte sogar, soweit sie sich erinnerte, als Kind einmal Gott ihr Jawort gegeben, ohne allerdings zu wissen, was das nach dem Verständnis des Neuen Testamentes alles beinhaltete. Bernhard hatte in den Jahren der Wanderschaft als Handwerksgeselle durch einen Jugendherbergsvater Anstöße zum Glauben bekommen, aber über ein gewisses Interesse war das nie hinausgegangen. Die Erlebnisse der Kriegs- und Nachkriegsjahre hatten dann bei beiden die christliche Substanz mehr oder weniger verschüttet. Denn jetzt hatte man an andere Dinge zu denken als an Gott. Und zur Kirche als Institution hatten beide ohnehin keine rechte Beziehung. Dass sie ab und zu hingingen, war eine Sache der Form, entsprach aber keinem Bedürfnis.

Die Tage verbrachte ich nun damit, mir eine Arbeit zu suchen. Ich stellte mich bei verschiedenen Mühlen vor und erkundigte mich beim Arbeitsamt, aber es war gar nicht so leicht, beruflich wieder Tritt zu fassen.

Abends saßen wir dann zu dritt im Wohnzimmer und es gab für uns im Grunde nur ein einziges

Gesprächsthema: das Verhältnis des Menschen zu Gott. Nicht, dass ich darauf gedrängt hätte; sie selbst brachten die Unterhaltung immer wieder auf diese Fragen. Oft redeten wir bis weit nach Mitternacht miteinander. Zwischen uns lag die aufgeschlagene Bibel. Sie sollte uns als entscheidende Orientierung dienen.

Mir wurde klar, dass ich wieder Kontakt zu einer Gemeinde brauchte. Das hatte mir in Schottland unendlich geholfen, denn dort hatte ich meine Fragen vorbringen und erfahrene Christen um Rat fragen können. Diese Gemeinschaft fehlte mir. Da fiel mir ein, dass die schottischen Freunde mir eine Adresse mitgegeben hatten. Der Mann hieß Paul Schlatter und wohnte in Essen am Stadtwald.

Ich fuhr hin und fand Straße und Hausnummer. Aber wie sollte ich meinen Besuch begründen? Konnte ich einem wildfremden Menschen einfach sagen, dass ich eine christliche Gemeinde suchte? Doch da ging bereits die Tür auf, und etwas unbeholfen erklärte ich: „Ich bin ein Mensch, der an Jesus Christus glaubt." Da schob der ältere Herr, der mir gegenüberstand, die Tür noch weiter auf und meinte: „Dann komm mal rein!"

Kurz darauf saßen wir in seiner Dachstube. Ich nehme an, er verfügte überhaupt nur über dieses eine Zimmer mit den schrägen Wänden. Eine Couch, zwei Stühle, ein Tisch, ein kleiner Herd und ein kleiner Schrank bildeten das gesamte Mobiliar. Er fragte und ich erzählte. Meine Geschichte interessierte ihn, besonders als ich zu schildern begann, wie ich in Schottland Christ geworden war. Dann kochte er einen Kaffee und entschuldigte sich, dass er nicht „echt" war. Wir nannten dieses Gebräu, das aus gebrannter Gerste hergestellt wurde, „Muckefuck".

„Leider habe ich nur noch dieses Stück Brot", erklärte mein Gastgeber bedauernd. Wurst und Butter glänzten durch Abwesenheit. Aber er nahm das Brot in die Hand, sprach ein Dankgebet, brach den Brotkanten in der Mitte durch und gab mir eine Hälfte, während er selbst herzhaft in die andere biss. Es war eine mehr als schlichte Mahlzeit, aber ich habe selten eine herzlichere Tischgemeinschaft erlebt. Das Entscheidende war der unsichtbare Dritte, der uns miteinander verband. Von Paul Schlatter erhielt ich je eine Adresse in Duisburg und in Oberhausen-Sterkrade.

Die Evangelisch-Freikirchliche Gemeinde in Sterkrade war ausgebombt. Wie viele Häuser ringsum war auch das Gemeindehaus dem Erdboden gleichgemacht worden. Nun kam man in einem geräumigen Privathaus zusammen. Zwei Wohnräume, durch eine geöffnete Verbindungstür verbunden, bildeten den Gemeindesaal. Es ging mehr als eng zu. Aber ich hatte Glück und erhielt einen Platz in einer der vorderen Reihen. Das Empfehlungsschreiben meiner schottischen Gemeinden behielt ich vorsichtshalber zunächst in der Tasche. *Wer weiß, ob das keine Irrlehrer sind,* sagte ich mir.

In der Mitte des einen Raumes stand ein Tisch und auf jeder Seite saßen sechs ernst und würdig dreinblickende Männer. Die Zahl zwölf erschien mir zunächst verdächtig; immerhin hatte ich schon etwas von einer Neuapostolischen Gemeinde gehört. Überhaupt war hier vieles anders als in Schottland. Beim Singen blieb man sitzen, zum Beten dagegen stand man auf, genau umgekehrt, wie ich es von Schottland gewöhnt war. Aber das waren Äußerlichkeiten.

Dann wurden Bibeltexte vorgelesen und ausgelegt. Es ging um Vergebung der Schuld, um ein glaubwürdiges Leben als Christ, um Jesus Christus als den auferstandenen und wiederkommenden Herrn. Da begriff ich, dass ich hier richtig war. Bis zum nächsten Sonntag hatte ich meinen Empfehlungsbrief aus Schottland übersetzt. Jetzt wurde er vorgelesen und ich wurde in die Gemeinde aufgenommen.

Und nun erlebte ich etwas Eigenartiges. Bei aller Zuneigung und Liebe zu meinen Verwandten, die sich auf einer anderen Ebene vollzog und davon unberührt blieb, merkte ich, wie wichtig für mich die Gemeinschaft unter Christen war. Es war nicht die gleiche, aber eine mindestens gleich wichtige Ebene menschlicher Beziehungen. Ich verstand jetzt, dass Jesus das Gespräch mit den Menschen, die ihm zuhörten, nicht unterbrach, als seine eigenen Familienangehörigen ihn sprechen wollten. „Meine Mutter und meine Brüder sind die, welche das Wort Gottes hören und tun", erklärte er.

Natürlich versuchte ich nun, auch Anni und Bernhard dazu zu bewegen, an den Veranstaltungen dieser Gemeinde teilzunehmen. Zunächst besuchten sie eine Bibelstunde, dann kamen sie mit zu einer Allianzversammlung, an der Christen aus landeskirchlichen und freikirchlichen Gemeinden teilnahmen. Interessanterweise war es ein Lied, das bei Musikfachleuten sicher keine guten Noten erhält, das Anni und Bernhard am stärksten ansprach: „Wir sind ein Volk; vom Strom der Zeit gespült ans Erdeneiland, voll Unruh und voll Herzeleid, bis heim uns holt der Heiland."

Der Refrain sprach davon, dass Gott dem Heimatlosen durch das Kreuz Christi eine neue Heimat schafft.

An einem der darauffolgenden Sonntage wurde in der Gemeinde Abendmahl gefeiert. Am Abend jenes Tages erzählte mir mein Schwager: „Als wir heute Mittag nach Hause kamen, bin ich ins Schlafzimmer gegangen und habe Jesus Christus mein Leben überantwortet. Ich habe an diesem Morgen begriffen, dass ich nicht dazugehörte. Daraufhin habe ich anschließend zu Jesus Christus Ja gesagt."

Nun erklärte meine Schwester: „Dasselbe habe ich schon am Donnerstag getan, als ich mit der Straßenbahn von Gelsenkirchen nach Bottrop fuhr. Da wurde mir klar, dass ich so nicht weiterleben kann. Und ich habe, mitten unter den vielen Leuten, Jesus Christus mein Leben geweiht."

Nun waren wir also zu dritt auf einem neuen Weg unterwegs. Dass ich mich darüber freute, war klar, der übrigen Verwandtschaft bereitete es weniger Vergnügen. Wir hielten zwar als Familie zusammen, aber das Thema „Glaube" war unter uns tabu. Viele Jahre später allerdings sollte Gott Menschen und Situationen so verändern, dass gerade die Frage nach dem Glauben ganz neu unter uns aktuell wurde.

Während dieser Zeit bemühte ich mich ständig darum, eine Arbeitsstelle zu finden. Aber an Müllergesellen herrschte in Bottrop offensichtlich kein Bedarf. Da erhielt ich ein Angebot von einer Großmühle in Düsseldorf, die sogar bereit war, eine Unterkunft zu stellen. Das war damals eine entscheidende Frage. Es gab zwar insgesamt genug Arbeit, aber der Lohn war gering und ein möbliertes Zimmer nicht nur teuer, sondern praktisch kaum zu haben. Wie sehr das besonders für Düsseldorf galt, wurde mir klar, als ich durch die Innenstadt ging und sah, dass die Nebenstraßen alle noch voll Schutt und Trümmer lagen. Ein Arbeitsplatz mit Wohnung, das war damals eine große Sache.

Aber was für eine Wohnung war das! Sie bestand aus zwei großen Räumen. In einem standen zehn schmale, hohe Schränke, die verdächtig an eine Kaserne erinnerten, und ein großer Tisch mit Sitzgelegenheiten für zehn Leute. Das zweite Zimmer war mit fünf Doppelstockbetten als Schlafraum eingerichtet. Nach einem trauten Heim sah das alles nicht aus. Aber ich wollte endlich irgendwo Fuß fassen und hoffte, in der Stadt doch bald ein annehmbares Privatzimmer zu finden. Also sagte ich zu.

Die Arbeit war langweilig; im Grunde ging es lediglich darum, Maschinen zu beaufsichtigen und die Männer beim Absacken zu kontrollieren. Dazu wurde in drei Schichten gearbeitet, von Sonntagabend 22:00 Uhr bis zum nächsten Sonntag um 6:00 Uhr morgens. Es herrschten raue Sitten damals.

Gearbeitet habe ich eigentlich immer gern. Selten war mir etwas zu schwer oder zu viel. Und auch hier fand ich mich schnell zurecht. Der Obermüller hatte keinen Grund zur Klage, aber zufrieden war ich nicht.

In jener Zeit dachte ich oft an Schottland zurück. Nicht nur an meine Freunde und die Gemeinde. Es war jenes Erlebnis in meinem Zimmer auf der Farm, um das meine Gedanken immer wieder kreisten. Gott hatte mich in seinen Dienst gerufen. Ich sollte die Menschen mit der guten Nachricht des Evangeliums bekannt machen – und was war ich? Ein Müller! Natürlich blieb mir im Moment keine andere Wahl, aber das Wissen darum, nicht da zu sein, wo ich eigentlich hingehörte, machte mich unruhig.

Dazu geriet ich gleich in der ersten Woche in Düsseldorf in eine Glaubenskrise. Die neun Männer, mit denen ich die Unterkunft teilte, waren in ihrer Prägung zwar sehr verschieden, aber einer war noch gottloser als der andere. Mit der Art, wie sie redeten und sich verhielten, konnte ich mich einfach nicht mehr identifizieren. Doch ich traute mich auch nicht, ihnen zu widersprechen. Ich machte zwar nicht mit, aber ich ließ den Dingen ihren Lauf.

Am Abend, wenn der eine dies, der andere jenes tat, hätte ich gern in meiner Bibel gelesen. Aber ich hatte sie in meinem Koffer versteckt und traute mich nicht, mich vor dieser lästernden Gesellschaft als Christ zu erkennen zu geben. Ich hätte gern ausführlich mit Gott geredet, aber wo konnte man das schon? In unseren Räumen war man nie allein und draußen herrschte noch der Winter. Ich wanderte zwar einmal frierend am Rheinufer entlang, aber aus Stille und Besinnung wurde nichts. Ich war ziemlich durcheinander und ich wusste das auch. Mir fehlten die tragenden Fundamente christlichen Lebens: das Bibelstudium, das Gespräch mit Gott, die Gemeinschaft mit anderen Christen. Allein auf mich gestellt, fühlte ich mich schwach und hilflos. Am Abend, wenn der eine oder andere ein Mädchen von der Straße mitbrachte, die anderen tranken und johlten, versuchte ich zu schlafen. Manchmal las ich, versteckt unter der Bettdecke, mithilfe einer Taschenlampe heimlich im Neuen Testament.

Für den Sonntagmorgen hatte ich mir die Anschrift einer Düsseldorfer Gemeinde besorgt. Ich freute mich auf den Gottesdienst und versprach mir viel davon. Aber es war eine große Gemeinde, wie ich sie bisher noch nicht kennengelernt hatte. Ich hatte die Straße suchen müssen und kam deshalb etwas zu spät. Ich fand noch einen Platz in einer der hintersten Reihen, und das hatte den Vorteil, dass ich nach Beendigung des Gottesdienstes als einer der Ersten draußen war. Ich stellte mich seitlich des Ausgangs auf und dachte, irgendjemand würde mich schon ansprechen. Dadurch würde ich Kontakt zu anderen Christen finden, und sie würden mir helfen, mit meinen Problemen fertig zu werden.

Es war eine stattliche Schar, die den großen Saal verließ. Man stand noch im Vorraum und im Hof in Gruppen zusammen und unterhielt sich, aber allmählich leerten sich Gemeindehaus und Vorplatz. Der eine oder andere schaute wohl mal flüchtig zu mir herüber, aber das war die einzige Beachtung, die ich fand. Schließlich stellte ich fest, dass ich der Letzte war, der sich noch an der Tür des Gemeindesaals aufhielt. Ein Mann, wohl der Hausmeister, sah mich etwas überrascht an. „Ist noch was?", fragte er. Aber ich hatte einen Kloß im Hals und ging wortlos weg. In der darauffolgenden Woche ging es mir miserabel. Ich fühlte mich in Düsseldorf überhaupt nicht wohl. Am nächsten Sonntag besuchte ich noch einmal die Gemeinde in Sterkrade. Ich ließ mir einen Brief an die Gemeinde in Düsseldorf mitgeben, um mich dort offiziell anzumelden. Wie sollten sie schließlich von jemandem Notiz nehmen, dachte ich, der an der Tür stand und den

Mund nicht aufkriegt?! Also wollte ich mich auf dem offiziellen Weg bekannt machen.

So schellte ich an einem Abend der nächsten Woche an der Tür eines der Gemeindeältesten, aber er war leider nicht zu Hause. Ich konnte zwar meinen Brief abgeben, aus dem Gespräch, auf das ich gehofft hatte, wurde jedoch wieder nichts.

Mit der Freizeit, die mir die Schichtarbeit ließ, konnte ich wenig anfangen. Ich schlenderte durch die Stadt, aber viel Geld besaß ich nicht, und das wenige wollte ich nicht ausgeben. Ich versuchte, mit dem einen oder anderen Arbeitskollegen Kontakt zu bekommen, aber auch diese Versuche verliefen unbefriedigend.

Je länger ich über das alles nachdachte, umso klarer erkannte ich, dass mein eigentliches Problem nicht in den Menschen meiner Umgebung, sondern in mir selbst begründet lag. Ich glaubte zwar an Christus, aber ich war zu feige, das offen zu erkennen zu geben. Daran änderte sich auch wenig, als ich am darauffolgenden Sonntag aufgrund der Überweisung von Sterkrade in die Düsseldorfer Gemeinde aufgenommen wurde. An diesem Sonntagabend kehrte ich als Erster auf unsere Bude zurück. Alle anderen waren noch unterwegs. Da holte ich meine Bibel aus dem Koffer, setzte mich an den Tisch und begann, darin zu lesen. Aber die Buchstaben tanzten mir vor den Augen, und aufgenommen habe ich so gut wie nichts. Ich dachte nur immer: *Wer wird als Erster hereinkommen und was wird dann passieren?*

Es ergab sich, dass der größte Rabauke und Spötter als Erster von seinem Stadtbummel zurückkehrte. Wir nannten ihn den „Dollarkönig von München". Er musste dort auf dem Schwarzmarkt eine tolle Nummer gewesen sein und so ziemlich mit allem gehandelt und geschoben haben, was Geld einbrachte. Er hatte diese Geschäfte so intensiv betrieben, dass man ihn auf Staatskosten eine Zeit lang aus dem Verkehr gezogen hatte; nun hatte es ihn nach Düsseldorf verschlagen.

Als ich ihn hereinkommen sah, zuckte ich zusammen. Er kam schnurstracks auf mich zu und fragte: „Na, Anton, was liest du denn da?" Als er das Buch erkannte, fielen ihm fast die Augen aus dem Kopf, und er stieß keuchend hervor: „Was? Du liest in der Bibel?"

Jetzt gab es für mich kein Zurück mehr. „Stimmt", entgegnete ich. „Ich bin Christ. Ich glaube an Jesus Christus."

Zunächst vergaß er, den Mund zuzumachen. „Das hätte ich nicht von dir gedacht", meinte er dann. „Du bist doch sonst ganz normal." Ein Schwall empörter Verwünschungen folgte, doch dann begann er, Fragen zu stellen. Und zu meiner Überraschung merkte ich, dass es mir überhaupt nicht schwerfiel zu antworten. Neben der Angst und der Anspannung flackerte im Hintergrund so etwas wie Freude auf. Nur nebenbei nahm ich wahr, dass nach und nach auch die anderen dazukamen. Wir saßen noch nach Mitternacht zusammen. Auch der Obermüller hatte sich eingestellt, vermutlich, weil er Licht gesehen hatte und nach dem Rechten sehen wollte. Das war meine erste Evangelisationsversammlung, und sie dauerte fast vier Stunden. Ich hatte zwar die Diskussion nicht gewonnen, aber Gott hatte meine Feigheit besiegt.

Dieser Abend muss bei einigen offensichtlich einen tieferen Eindruck hinterlassen haben, denn nun wurde ich bei allen möglichen Gelegenheiten in der Mühle auf meinen Glauben hin angesprochen. Ich verwies die Männer immer auf die Frühstückspause, und in der ging's dann rund. Sie schimpften auf die Kirchen, was das Zeug hielt. Es blieb mir gar nichts anderes übrig, als zu kontern: „Mir ist im Augenblick ziemlich egal, was ihr von der Kirche oder einer bestimmten Konfession denkt. Ich glaube an Jesus Christus; er hat mein Leben verändert und nicht irgendeine Kirche."

Wenn ich die Treppe zum Absackraum im Keller der Mühle hinunterstieg, rief mir von unten meistens schon einer entgegen: „Da kommt er wieder und will uns bekehren!" Ich nahm das mittlerweile gelassen hin. Aber die anderen sorgten schon dafür, dass mir nicht zu wohl wurde. „Was kriegst du eigentlich dafür, wenn du einen von uns bekehrst?", fragte mich einer der Absacker. „Jede Menge Care-Pakete?"

In jener Zeit bekam ich die ersten christlichen Traktate in die Hand. Sie waren von Werner Heukelbach verfasst und herausgegeben. Auf der letzten Seite jedes Heftes stand das Motto seiner Aktion: „Deutschland braucht Jesus."

Wir standen nach Feierabend noch in größerer Runde zusammen, und so drückte ich jedem eine solche Schrift in die Hand, das heißt, neun von den zehn anwesenden Kollegen, denn sie waren mittlerweile nicht mehr ganz so ablehnend und behandelten mich fair. Dem zehnten gab ich keine, und daraufhin stellte er mich entrüstet zur Rede: „Warum lässt du mich aus?"

„Du willst doch nichts davon wissen", entgegnete ich. „Na ja", meinte er, „nimm das mal nicht so wichtig und gib schon her."

Seitdem betrachtete ich die Spötter mit anderen Augen. Wenn einer lautstark gegen die christliche Botschaft aufbegehrt, muss das noch lange nicht bedeuten, dass er sie wirklich ablehnt. Einige Wochen später konnte ich mit jenem Mann über seine Probleme sprechen wie mit keinem anderen in der Mühle.

Doch als Christ zu leben ist keine geradlinige Höhenwanderung. Mein Aufenthalt in Düsseldorf hatte mit einem Tief begonnen und nach einigen Wochen geriet ich in ein zweites. Ich war als Christ noch jung und unerfahren; die Tricks des großen Gegenspielers, der die Leute Gottes durcheinanderbringen will, kannte ich noch nicht.

Zur ersten Krise hatte geführt, dass ich keine Zeit und Gelegenheit zum Bibelstudium und Reden mit Gott fand. Jetzt waren es die Versuchungen, die die Großstadt für einen jungen Menschen mit sich bringt, durch die ich in Bedrängnis geriet. Im Grunde ging es darum, dass ich mich angesichts einer veränderten Situation völlig neu für Christus entscheiden musste.

Wer an Christus glaubt, erhält klare Marschrouten. Es gibt Dinge im gesellschaftlichen Leben, die mit seinem Kurs dann nicht mehr übereinstimmen. Mir wurde klar, dass man nicht nur pausenlos evangelistisch arbeiten kann, sondern dass man auch die Korrektur braucht, wie sie Christen in einer Ortsgemeinde einander gegenseitig leisten können.

Ich hatte nun zu vielen Menschen Kontakte geknüpft und war ständig unterwegs. Ich sprach mit den anderen über Christus, aber ich begleitete sie auch auf Wegen, die mir mein Gewissen als falsch signalisierte. Zunächst wurde mir das gar nicht richtig deutlich. Aber als ich nun regelmäßig die Veranstaltungen der Düsseldorfer Gemeinde besuchte, vor allem auch die wöchentliche Bibelstunde und den Jugendkreis, da ging mir das mit einem Mal auf. An einem Abend las einer der älteren Brüder einen Abschnitt aus einem Paulusbrief vor. Ich weiß nicht mehr, um welchen Text es sich handelte, aber das Bibelwort und die dazu gegebene Erklärung schlugen bei mir ein. Nun erkannte ich, dass man als Christ mitten in dieser Welt leben kann, ohne ihr im Letzten anzugehören. Wenn ein Christ sich von den Menschen, mit denen er über seinen Glauben spricht, nicht unterscheidet, was sollte alles Reden dann für einen Zweck haben?

Beim persönlichen Bibelstudium und in der Gemeinde wurde mir deutlich, dass es trotz meines missionarischen Eifers vieles in meinem Leben gab, was Gott nicht gefiel. Das bedrückte mich zutiefst. Als ich jetzt wieder einmal am Rheinufer entlangging, versprach ich Gott: „Wenn du mir jetzt beistehst, dann will ich gehen, wohin auch immer du mich schickst." Und wieder dachte ich an jene Stunde in Schottland zurück, in der Gott mir klargemacht hatte, dass meine eigentliche Aufgabe darin bestand, die Menschen in meiner Heimat mit dem Evangelium bekanntzumachen.

Aber auf mein Gebet hin geschah kein Wunder. Es erschien kein Engel und auch meine Gefühle waren nach wie vor völlig durcheinander. Und doch wusste ich irgendwie, dass Gott mir helfen würde; ich vertraute darauf, dass er einen Weg für mich vorbereitet hatte. Wenn selbst die Haare auf meinem Kopf gezählt waren, dann wusste er alles über mich und würde mich nicht im Stich lassen.

Zeltdiakon und Bibelschüler mit Hindernissen

Die ersten evangelistischen Gehversuche

Die Hilfe, die ich so dringend brauchte, kam dann ganz anders, als ich es erwartet hatte. In der Jugendstunde wurde darüber geredet, dass in der Bibel- und Missionsschule Wiedenest über Pfingsten eine Freizeit für junge Leute stattfinden sollte, in der noch Plätze frei wären. Ich nahm Urlaub und fuhr hin.

Ich wusste weder genau, was ich mir unter einer christlichen Jugendfreizeit vorstellen sollte, noch was eine Bibelschule war. Aber irgendwie gefiel mir das Ganze. Wenn sich da junge Leute trafen, die sich für die Bibel und für die missionarische Arbeit interessierten, dann war das der Ort, wo ich hingehörte. Wir wuchsen auch wirklich schnell zu einer frohen Gemeinschaft zusammen. Im Mittelpunkt jener Tage aber standen die Stunden, in denen wir miteinander über biblische Texte sprachen und uns gegenseitig halfen, sie besser zu verstehen.

Mir wurde immer deutlicher bewusst, wie stark das Wort der Bibel zunehmend mein Denken bestimmte und welche Kraft es für mein Leben bedeutete. Besonders eindrücklich wurde mir das an einem Morgen, als wir über den Text sprachen: „Denn Gottes Mitarbeiter sind wir." Diese Aussage des Apostels Paulus bestätigte sich nicht nur in meinem eigenen Leben; im Laufe der Jahre traf ich so manchen Teilnehmer jener Freizeit in der vollzeitlichen Missionsarbeit wieder. Zum Beispiel Schwester Gertrud Wehl, die in Hamburg eine missionarische Arbeit unter Zigeunern begann, aus der eine lebendige christliche Gemeinde entstand.

Für mich war klar: Ich sollte zu Erich Sauer, dem Leiter der Bibelschule, gehen und mich als Bibelschüler anmelden. Der weit über Deutschland hinaus bekannte Lehrer sah mich wohlwollend an und stellte mir einige Fragen. Dann verwies er mich auf den offiziellen Weg: Die Gemeinde, der ich angehöre, müsse mich empfehlen. Dabei drückte er mir ein Antragsformular in die Hand, das ich ausgefüllt einreichen sollte. Der Bibelschulausschuss würde daraufhin über meine Bewerbung entscheiden.

Doch ich hatte Gott anders verstanden. Ich wollte nicht länger warten, denn ich betrachtete meine Anstellung in der Düsseldorfer Mühle als eine zwar notwendige, aber keineswegs ideale Zwischenphase. Wie wichtig sie für meine Entwicklung war, für die Klärung meines Verhältnisses zu Gott und den Menschen, begriff ich erst viel später.

Als ich von Wiedenest nach Düsseldorf zurückkam, löste ich sofort mein Arbeitsverhältnis in der Mühle. Von nun an wollte ich meine Zeit und Kraft ganz für die evangelistische Arbeit einsetzen. Im Grunde fiel es mir nicht schwer, damit die wirtschaftliche Sicherheit aufzugeben. Ich hatte die Biografien des Waisenhausleiters Georg Müller in Bristol und des China-Missionars Hudson Taylor gelesen, und sie hatten mich tief beeindruckt. Beide Männer kennzeichnete ein unerschütterliches Gottvertrauen; beide rechneten damit, dass Gott einen Menschen, den er ruft, auch versorgt. Auch meine schottischen Freunde hatten dazu beigetragen, die Voraussetzungen für ein derartiges Vertrauen bei mir zu schaffen. Sie hatten mir von Missionaren erzählt, die ohne jede menschliche Sicherheit, trotz großer Hindernisse und starken Widerspruchs, einfach Gott vertraut und allein mit seiner Hilfe gerechnet hatten.

Nun stand ich in einer ähnlichen Situation, aber ich wurde von Fragen und Zweifeln bedrängt, von denen in jenen Lebensbeschreibungen nichts zu lesen war. Damals konnte ich noch nicht wissen, dass auch in christlichen Biografien nicht alles berichtet wird und dass dadurch leicht ein verzerrtes Bild entstehen kann, das die „Helden" glorifiziert, indem es ihre schweren Stunden unterschlägt. Ich hatte damals ganze 50 DM in der Tasche, und da waren Fragen, wie weit man damit kommen könne, das Normalste von der Welt.

In jenen Tagen stand in Düsseldorf ein großes Missionszelt, in dem der Evangelist Friedrich Brinkert sprach. Abend für Abend trafen sich hier die Christen, aber auch viele Menschen, die noch nach einem wirklichen Halt für ihr Leben suchten. Das Singen, die Ansprache, die gesamte Atmosphäre gefielen mir. Hier fühlte ich mich zu Hause. So wollte ich auch einmal vielen Menschen das Evangelium nahebringen, aber davon konnte zu diesem Zeitpunkt natürlich keine Rede sein.

So überredete ich meine Freunde aus dem Jugendkreis dazu, vor dem Düsseldorfer Hauptbahnhof eine Freiversammlung zu veranstalten. Wir wollten als Jugendgruppe dort singen und zwischen den einzelnen Liedern kurz davon berichten, was Jesus Christus für unser Leben bedeutete. Zwar lichtete sich unser Häuflein auf dem Weg vom Gemeindehaus zum Hauptbahnhof merklich, aber wir Übriggebliebenen schmetterten unsere Lieder dann umso lauter über den Platz. Es war abgesprochen, dass sechs von uns kurz etwas sagen sollten. Was ich damals von mir gegeben habe, weiß ich nicht mehr genau. Aber ich fürchte, dass neben manchem Richtigen auch viel Unsinn dabei war.

Der größte Schreck aber fuhr uns in die Glieder, als das letzte Lied verklungen war und wir in dem Gedanken aufatmeten, dass wir es glücklich überstanden hätten. Denn plötzlich trat, gegen die Vereinbarung, ein junger Mann aus unserer Gruppe vor, von dem wir wussten, dass er sprachbehindert war. Er brachte das, was er sagen wollte, auch wirklich nur mühsam und stockend hervor. Aber unter den Zuhörern trat mit einem Mal eine große Stille ein. Meine Angst wich, und ich begriff, dass diese mühsam vorgebrachten Worte mehr Eindruck hinterließen als unsere begeisterten Reden.

Am Tag darauf fand die Zeltarbeit in Düsseldorf ihren Abschluss. Am Abend wurde eine Nachtwache gesucht und ich meldete mich sofort, denn ich hatte mit meiner Arbeitsstelle ja zugleich meine Unterkunft aufgegeben. Auch am nächsten Tag war ich voll beschäftigt, denn beim Abbau des Zeltes waren junge Leute natürlich gern gesehen.

Als alles verladen war, fragte ich den Zeltmeister, ob ich nach Duisburg mitfahren könne, um dort beim Aufbau zu helfen. Er nahm das Angebot gerne an und fragte mich, ob ich Urlaub hätte oder arbeitslos sei. Ich erklärte nicht ohne Stolz: „Ich bin vollzeitlich im Werk des Herrn beschäftigt."

Diese Formulierung hatte ich irgendwo aufgeschnappt und den Zeltmeister stellte sie offensichtlich zufrieden. Als ich dann hoch oben auf dem schweren Laster saß, fühlte ich mich richtig wohl. An den Seitenwänden hatten wir die großen Reklametafeln hochgestellt, sodass die Leute auch im Vorüberfahren lesen konnten, worum es ging: „Zurück zu Gott!" Und wir waren in eine andere Stadt unterwegs, wo diese biblische Aufforderung ebenfalls an alle Menschen herangetragen werden sollte, die wir nur irgend erreichen konnten. Ich spürte: *Jetzt bin ich da, wo Gott mich haben will.* Und obwohl völlig unklar war, wie die Dinge in Duisburg weitergehen sollten, freute ich mich. Gott würde schon wissen, was als Nächstes kam; also brauchte ich mir keine Sorgen zu machen.

Auf dem großen Platz hinter der Duisburger Hauptpost wurden wir bereits erwartet. Ein Gemeindeprediger und eine Anzahl Helfer hatten sich zum Abladen des Materials und zum Aufbau eingefunden. Und abends um 19:00 Uhr stand das Zelt. Der Zeltmeister bedankte sich bei allen, die geholfen hatten, und fragte zugleich, ob der eine oder andere sich auch am kommenden Tag wieder einfinden könnte. Noch waren die Bänke aufzustellen und es gab noch vieles andere zu richten und vorzubereiten. Einige begleiteten die Zeltmannschaft ins nahe gelegene Gemeindehaus. Ich trottete mit, aber der Optimismus des Nachmittags war einer gewissen Spannung gewichen. Was sollte jetzt werden? Das wenige Geld, das ich besessen hatte, war ausgegeben. Zusammen mit einigen anderen wusch ich mich draußen vor dem Gemeindehaus an einem Wasserhahn und machte meine Sachen zurecht. Die Zeltmannschaft verabschiedete sich lachend, und ich lachte mit, obwohl mir eigentlich gar nicht danach zumute war. Denn für mich war nun die Frage akut, was ich tun sollte. Ich hatte mich gerade dem Tor zugewendet, um den Hof des Gemeindehauses zu verlassen, als ich hinter mir eine Stimme hörte: „He, Anton!"

Ich drehte mich um und sah in der Tür einen jungen Mann stehen, den ich auf der Jugendfreizeit in Wiedenest kennengelernt hatte.

„Wie kommst du denn hierher?", wollte er wissen. Und ehe ich antworten konnte, fragte er weiter: „Hast du schon gegessen?"

Ich schüttelte den Kopf. Daraufhin meinte er: „Dann komm mal rein. Wir haben für die Zeltmannschaft gekocht, und das reicht bestimmt auch für dich."

So saß ich mit der Zeltmannschaft am gedeckten Tisch. Der junge Mann, den ich von Wiedenest her kannte, fragte mich: „Wo wohnst du denn in Duisburg?"

„Ich weiß noch nicht", entgegnete ich zögernd.

„Mensch, dann wohnst du bei mir. Das ist doch klar! Meine Frau wird sich freuen."

An jenem Abend saßen wir noch lange zusammen. Wir sprachen über unsere Fragen und Probleme und suchten die Antworten darauf in der Bibel. Ich war hundemüde und heilfroh, als ich endlich die Augen schließen konnte.

Am nächsten Vormittag blieb mir wenig Zeit, um über meine Zukunft nachzudenken. Am Zelt wartete reichlich Arbeit auf uns. Die Zeltdiakone, wie man die Helfer des Zeltmeisters nannte, kamen vom Predigerseminar des Bundes Evangelisch-Freikirchlicher Gemeinden in Hamburg-Horn. Sie ergänzten ihre theologische Ausbildung während der Sommermonate durch ein solches Praktikum. Hier begegnete ich Günter Hitzemann und Otto Simon, die später führende Positionen in ihrem Gemeindebund einnahmen. Wir hatten guten Kontakt miteinander, obwohl sie über manche meiner Ansichten nur den Kopf schütteln konnten, und das teilweise sicher zu Recht.

Am Abend trat der Zeltmeister auf mich zu. Er lobte meine Arbeit und versuchte, mir ein bisschen auf den Zahn zu fühlen. Schließlich rückte er mit der Sprache heraus. Einer der Zeltdiakone wollte gern drei Tage Urlaub haben. „Wenn du willst, kannst du ihn vertreten", meinte der Zeltmeister.

Für mich war das keine Frage. Und ob ich wollte!

Wir wohnten im Gemeindehaus und schliefen auf Feldbetten. Wir arbeiteten zusammen, aßen gemeinsam, und am Abend knieten wir vor unseren Feldbetten nieder, um miteinander zu beten. Fast an jedem Abend schlief der eine oder andere dabei ein. Wir waren von der körperlichen Arbeit einfach zu müde.

Nach den drei Tagen stellte sich mir die Frage nach der Zukunft erneut. Aber siehe da, es fand sich noch ein Zeltdiakon, der auch gern für drei Tage nach Hause fahren wollte, und schließlich noch ein dritter. Kurzum: Ich blieb während der Dauer der Zeltarbeit in Duisburg bei

Ich brauchte nicht lange zu überlegen. Ich sagte zu.

In Oberhausen war Franz Lüllau selbst der Redner. An den Nachmittagen fand im Zelt eine gut besuchte Kinderstunde statt. Etwa

UNTERWEGS MIT DER VOLKSMISSION

700 Jungen und Mädchen kamen hier Tag für Tag zusammen. Sie fanden sich zum Teil schon eine Stunde vor der Veranstaltung ein und hingen wie die Trauben an dem Maschendrahtzaun, den wir um den Zeltplatz errichtet hatten. Wenn dann das Tor geöffnet wurde, stürmten sie mit großem Hallo herein. Die Kinderstunde verfolgte ich mit besonderem Interesse. Meist gestalteten zwei oder drei Zeltdiakone das Programm gemeinsam. Sie wechselten sich gegenseitig ab, wenn sie den Kindern Geschichten erzählten oder neue Lieder einübten. Ich hätte auch gern mitgemacht, doch davon waren sie nicht besonders erbaut. Aber ich ließ nicht locker und schließlich gaben sie nach. Sie erlaubten mir, am Donnerstagnachmittag die Kinderstunde zu übernehmen. Doch etwas wollen heißt noch nicht, dass man es auch kann.

Für Ruhe und Ordnung sorgen, das hatte ich gelernt. Aber beim Singen wurde es schon schwieriger. Auf der Bühne stand zwar ein Harmonium, aber es war niemand da, der darauf spielen konnte. Und da ich nun wirklich nicht dabei war, als die Gabe des Singens verteilt wurde, nützte es auch nichts, wenn mein schräger Gesang durch die Lautsprecher verstärkt wurde.

Beim ersten Lied hatte ich noch Glück; das kannten die Kinder schon, und so klappte es auch ohne meine fragwürdige Mitwirkung. Aber dann wollte ich die Geschichte vom verlorenen Sohn erzählen. Vor lauter Begeisterung und Erregung tat ich das in einem solchen Tempo, dass der verlorene Sohn die einzelnen Stationen seines Lebens in D-Zug-Geschwindigkeit durcheilte und schon nach fünf Minuten wieder zu Hause war.

Anschließend übte ich mit den Kindern ein Lied ein, wobei ich mir angesichts der bereits geschilderten Tatbestände keine Lorbeeren verdiente. Doch ich kannte noch eine zweite Geschichte, und die konnte ich nun auch schon etwas ruhiger und bestimmter erzählen. Leider war es nur eine kurze Anwendungsgeschichte, die, auch wenn man sie zu strecken versuchte, nur einige Minuten ausfüllte. Ich sang mit den Kindern noch ein Lied und versuchte, mit ausführlichen Ankündigungen und Bekanntmachungen zu retten, was noch zu retten war. Aber dann war ich mit meinem Latein endgültig am Ende. Ich hatte alles gegeben, was ich wusste, aber die ganze Kinderstunde hatte kaum länger als 20 Minuten gedauert. Die Bemerkung einiger Kinder am Ausgang: „Den Onkel wollen wir nicht mehr" gab mir den Rest.

Als ich das kleine Wohnzelt betrat, das im rückwärtigen Bereich des eingezäunten Zeltplatzes errichtet war, saß die Zeltmannschaft einträchtig nebeneinander und grinste vor sich hin. Wenn einer nachmachte, wie ich durch die Geschichte vom verlorenen Sohn gehetzt war, konnten sie sich vor Lachen kaum halten. Da fasste mich der Zeltmeister am Arm und nahm mich mit nach draußen.

„Komm", meinte er, „wir gehen mal ein Stück spazieren!" Dabei legte er mir die Hand auf die Schulter und sagte: „Schau, Anton, du hast Jesus sehr lieb und willst, dass die Menschen ihn kennenlernen. Und Gott will dich bestimmt dabei gebrauchen. Du flickst den Zaun so gut wie kein anderer. Jeden Tag ziehst du in mühsamer Arbeit wieder hoch, was die Kinder heruntergetrampelt haben, und nagelst es wieder fest. Du hast mir noch vor ein paar Tagen erzählt, dass der Evangelist in Duisburg dir gesagt hat, er glaube, dass du dafür mehr Lohn bekommen würdest als er fürs Predigen. Außerdem verfügst du über eine organisatorische Begabung. Du könntest gut mal ein solches Zelt verwalten, so wie ich es hier tue. Aber als Redner hast du einfach kein Charisma, Mann." Das war eine höfliche Umschreibung für das Urteil: Du bist als Redner völlig unbegabt. Ich holte tief Luft, denn diese Kritik saß. Aber ich konnte nur antworten: „Das mag sein, wie es will. Doch Gott hat mich zum Predigen berufen, und also werde ich es auch tun."

Da gab der Zeltmeister auf. Aber ich nicht. Einige junge Leute aus der Nachbarstadt Mülheim fragten an, ob ich nicht mal ihre Jugendstunde halten könnte. Der Zeltmeister wiegte nachdenklich den Kopf und wandte ein: „Dann müsst ihr aber auch die Fahrkosten übernehmen." Vielleicht hoffte er, die jungen Leute würden daraufhin abwinken, aber die Sache war ihnen einen Straßenbahnfahrschein wert. Also gab mir der Zeltmeister frei und ich fuhr nach Mülheim.

Diesmal wollte ich es wissen. Vor den etwa 50 jungen Leuten, die zusammengekommen waren, donnerte ich los, was das Zeug hielt. *Ich werde ihnen schon beweisen, dass ich predigen kann!,* dachte ich. Der Prediger der Gemeinde, der mir draußen, vor dem Fenster stehend, zugehört hatte, meinte allerdings: „Das ist ein Fanatiker. So kann man nicht predigen. Das ist zu scharf."

Was sollte ich machen? Im Zelt war ich zu schnell, in Mülheim zu scharf. So musste ich mir andere Gelegenheiten suchen, wo ich üben konnte.

Mit einem anderen Zeltdiakon zusammen hatte ich die Aufgabe, täglich einige Stunden Werbung zu fahren. Da ich damals noch keinen Führerschein besaß, musste der Diakon unseren alten Opel P4 fahren, eine richtig altmodische, schwarze, viereckige Limousine, auf deren Dach ein Lautsprecherpaar montiert war. Ich hielt das schwere Kondensatormikrofon in der Hand und sagte alle hundert Meter mein Sprüchlein auf: „Hier spricht die Zeltmission. Hören Sie heute Abend um 20:00 Uhr den Zeltevangelisten Franz Lüllau. Wir laden Sie herzlich dazu ein!" Dann setzte ich den Tonarm des Plattenspielers vorsichtig – denn den Schlaglöchern in den Straßen hatte unser Veteran an Federungskomfort wenig entgegenzusetzen – auf eine der ersten christlichen Schallplatten der Nachkriegszeit. Sie bestand noch aus Schellack, lief mit 68 Umdrehungen und enthielt Lieder eines Männerquartetts, das sich dank unseres altersgeschwächten Lautsprechers so ähnlich anhörte wie ein Krähenchor mit Halsentzündung. Eine zusätzliche künstlerische Untermalung ergab sich durch im Original nicht vorgesehene „Schleifen", wenn beim Durchfahren eines Schlaglochs die Nadel ein paar Rillen übersprang. Damit die Sache nicht zu eintönig wurde, verfügten wir zusätzlich über eine Platte mit „Großer Gott, wir loben dich". Für Abwechslung war also gesorgt.

Als wir durch eine der Zechenkolonien fuhren, lief uns eine große Kinderschar nach. An der Straßenecke bat ich den Diakon anzuhalten. Und nachdem ich meinen Spruch gesagt und eine Strophe gespielt hatte, stellte ich alles ab und redete die Kinder, die sich um mein offenes Seitenfenster drängten, unmittelbar an: „Wollt ihr eine Geschichte hören?" – Nun, wann wollen Kinder das nicht? So erhielt ich eine neue Gelegenheit, die Geschichte vom verlorenen Sohn an den Mann zu bringen, und diesmal erzählte ich sie ruhiger und gezielter. Es passierte mir jetzt auch nicht mehr, dass ich vor Aufregung wichtige Passagen einfach ausließ.

Drei Straßenecken weiter versuchte ich es dann mit der Geschichte vom blinden Bartimäus.

Meine große Chance aber kam am Abend. Franz Lüllau hatte Besuch von einem Evangelisten aus Irland bekommen, und da dieser kein Deutsch sprach, brauchte man einen Übersetzer. Zum Glück gab es keinen außer mir. So erhielt ich, zum ersten Mal in einem voll besetzten Zelt, einen Platz auf dem Podium.

Jetzt kamen mir natürlich die Jahre in amerikanischer und englischer Kriegsgefangenschaft zugute. Ich merkte, dass man sich als Übersetzer dem Evangelisten richtig anpassen kann, in Gestik und Tonfall, sodass der Dolmetscher letztlich wie ein Sprachrohr des Evangelisten wirkt. In den kommenden Jahren sollte das oft meine Aufgabe werden.

Nach diesem Debüt durfte ich am darauffolgenden Abend vor Beginn der Veranstaltung mit den bereits anwesenden Besuchern einige Lieder singen. Denn viele kamen lange vor der Zeit, um einen guten Sitzplatz zu erhalten, sodass wir schon früher beginnen mussten.

So erklomm ich langsam und mit zitternden Knien allmählich die Stufen zum Rednerpult. Nach Sterkrade wechselte ich zu dem kleineren Zelt, in dem vorwiegend der russlanddeutsche Evangelist Dr. Theo Mosalko als Redner eingesetzt war. Bei ihm durfte ich in einer Sonntagnachmittagsveranstaltung berichten, wie ich zum Glauben an Jesus Christus gefunden hatte. Und Gott ließ mich erkennen, dass dies nicht ohne Wirkung blieb. Anschließend sprachen mich junge Menschen in meinem Alter an, weil sie ebenfalls diesen Frieden mit Gott suchten.

Die praktische Arbeit am Zelt verrichtete ich nach wie vor gern. Doch am meisten freute ich mich darüber, dass ich nun auch einige Kinderstunden übernehmen durfte. In diesem kleineren Zelt war das auch nicht ganz so problematisch, weil die tägliche Besucherzahl etwa bei 100 Kindern lag. In der Zwischenzeit hatte mir mein Schwager auf Flanellstoff Landschaftsszenen aus Israel gezeichnet, etwa vom See Genezareth. Als ich aus England zurückkam, hatte ich mir von dort *Flanellgraph*-Figuren zu den Geschichten von Bartimäus und von der Berufung des Petrus mitgebracht – eine Technik, die bei uns damals noch weitgehend unbekannt war.

Anhand dieser Figuren aus Flanell, die man selbst im Laufe der Erzählung an das als Hintergrund dienende Flanelltuch heftete, war es viel leichter, den Kindern biblische Geschichten nahezubringen. Hier lernte ich auch, erste Kommunikationsgesetze zu beachten. Es ging nicht nur darum, den Kindern etwas zu sagen, sondern man musste ihnen auch Gelegenheit geben, darauf zu reagieren, zu fragen und zu antworten, damit man sah, ob sie auch verstanden hatten, worum es ging.

Am Spätnachmittag zog ich dann manchmal mit einigen jungen Männern auf den Marktplatz. Wir stellten uns im Kreis auf, sangen ein Lied und luden zur Zeitmission ein. Dabei konnten wir kurz erzählen, was Jesus Christus uns bedeutete, und die Menschen zugleich darüber aufklären, was sie an einem solchen Abend im Zelt erwartete.

Nach diesen bescheidenen Versuchen mit Freiveranstaltungen wollte ich das kleine „Häuflein der Aufrechten" gern erweitern und dachte dabei an die Jugendgruppen der beiden Gemeinden. Ihnen selbst musste ein solches Erlebnis den Glauben stärken, und die Passanten auf der Straße würde es zweifellos mehr beeindrucken, wenn ihnen eine große Schar von jungen Leuten gegenüberstand.

Aber so einfach war die Sache nicht. Vor der Abendveranstaltung ging es für die meisten zeitlich nicht und vormittags waren sie durch Schule oder Beruf gebunden. Schließlich einigten wir uns auf Sonntagnachmittag, 14:00 Uhr. Sie kamen auch fast vollzählig und wir marschierten in die Stadt. Aber zu unserem Entsetzen stellten wir fest, dass die Straßen so gut wie ausgestorben waren. Wir sangen zwar an mancher Straßenecke, berichteten und luden ein, aber gehört haben uns nur ganz wenige Menschen. Ich musste dabei einmal mehr lernen, dass die Bereitschaft, etwas zu tun, noch nicht bedeutet, dass man es auch richtig macht, und dass die beste Botschaft nichts ausrichtet, wenn man sie zur falschen Zeit und am falschen Ort an den Mann bringen will.

Aber aus solchen kleinen, bitteren Erfahrungen sammelt man Erkenntnisse, die man spätestens dann braucht, wenn man die eigene Arbeit ausdehnen und effektiver gestalten will. Auch an meinen Ansprachen gab es noch vieles auszusetzen; manche Glaubensaussage habe ich zwar überzeugt und begeistert vorgetragen, aber die biblisch-theologische Begründung fehlte. An einigen Stellen war meine Sicherheit nichts anderes als Naivität.

Das wurde mir durch die Ratschläge, die erfahrene Christen mir gaben, immer deutlicher. Zu diesen Freunden gehörte der Zeltmeister Otto Dolski. Er half mir auch, als ich in diesen Tagen eine große Enttäuschung verkraften musste. Nach der Pfingstfreizeit in Wiedenest hatte ich mich kurz entschlossen zum Herbstsemester an dieser Bibelschule angemeldet. Jetzt bekam ich die Absage.

Weder die Heimatgemeinde in Oberhausen-Sterkrade, noch die Gemeinde in Düsseldorf hatten meinen Antrag durch eine eindeutige Empfehlung unterstützt. In der einen Gemeinde vertraten viele die Auffassung, dass man zur Verkündigung des Evangeliums keine Ausbildung brauche – in der anderen kannte man mich einfach nicht genug. Schließlich war ich jung, unreif und im Glauben unerfahren. So empfahl mir der Bibelausschuss, mich in einigen Jahren noch einmal zu bewerben. Ich sei noch nicht einmal ein Jahr gläubig und käme aus dem Katholizismus; es würde mir guttun, im Gemeindealltag weitere Erfahrungen zu sammeln, bevor ich eine Bibelschule besuchte.

Was sollte ich tun? Der Zeltmeister riet mir, es in Hamburg-Horn zu versuchen und Baptistenprediger zu werden. Der Gedanke war einerseits verlockend, doch ich hatte nicht den Eindruck, dass mein Platz in der Gemeindearbeit war.

Während des nächsten Zelteinsatzes besuchte uns der „Zeltgeneral". Ich holte ihn vom Bahnhof ab und trug ihm den Koffer ins Quartier. Von diesem Mann wollte ich lernen, seinen Rat hören. Er merkte auch bald, dass ich in einer Klemme saß. Daraufhin erklärte ich ihm die ganze Situation, und auch er sprach von Hamburg. „Werde zuerst mal Prediger", riet er mir. „Sie werden dich später schon als Evangelist freistellen."

Aber meine Bedenken waren damit nicht beseitigt: „Gott hat mir Pfingsten in Wiedenest gezeigt, dass ich auf die dortige Bibelschule gehen soll. Da kann ich doch jetzt nicht einfach eine andere Schule wählen."

Er sah mich lange, wohl auch ein wenig zweifelnd an und fragte: „Ist das so klar?"

Ich konnte nur antworten: „Für mich, soweit ich das verstehen kann, schon."

„Dann geh nach Wiedenest", meinte er, „und sag denen dort, ich hätte dich geschickt." So fuhr ich im Herbst dann doch nach Wiedenest. Allerdings hatte der Unterricht bereits einige Tage vorher begonnen, denn ich hatte erst das Zelt abbauen und für die Überwinterung verpacken helfen müssen. Die anderen Schüler hatten bereits ihre Zimmer angewiesen bekommen. Nun erschien ich als letzter Mohikaner bei Hausvater Noß.

„Wir haben Ihnen doch abgeschrieben!", rief er erstaunt aus, als ich in sein Büro trat.

„Das stimmt schon", gab ich zögernd zu. „Aber der Evangelist Franz Lüllau hat mir gesagt, ich solle trotzdem hierherfahren."

Der Hausvater biss sich auf die Lippen und murmelte etwas vor sich hin, was wohl bedeutete, dass der „Zeltgeneral" Lüllau zwar für Missionszelte, aber nicht für Bibelschulfragen zuständig sei. Ich nahm meinen ganzen Mut zusammen und sagte in dem Ton, in dem man ein wichtiges Glaubensbekenntnis ausspricht: „Aber Gott hat mich hierhergeschickt!"

Daraufhin sah mich der Hausvater Noß lange an und zuckte schließlich mit den Achseln. „Was soll man darauf antworten?", meinte er und wies mir ein Bett in einem Zweierzimmer hoch oben im Dachgiebel des Wirtschaftsgebäudes zu. Am nächsten Morgen käme Erich Sauer, der Schulleiter, von einer Schottlandreise zurück. Der würde endgültig über meine Zukunft entscheiden.

Am anderen Vormittag waren die Bibelschüler zum Arbeitsdienst eingeteilt. Auf einem Feld, das der Bibelschule gehörte, sollten Kartoffeln gelesen werden. *Da werden sie dich ja wohl mitmachen lassen,* dachte ich. Also schlüpfte ich in mein Arbeitszeug und schloss mich den anderen an. Wir marschierten den Berg hinauf, aber auf halbem Weg hatte Walter Kretschmer, der später als Missionar in Afrika arbeitete und dort bei einem Autounfall ums Leben kam, einen besseren Einfall: „Wisst ihr was? Wir holen Onkel Erich vom Bahnhof ab." So vertraut sprachen die Bibelschüler vom Leiter der Schule. Offensichtlich besaß er ihr ganzes Vertrauen. So trotteten wir den Hang wieder hinunter und nahmen Kurs auf den Bahnhof.

Auf halbem Weg kam uns die „Eskorte" bereits entgegen: Hausvater Noß mit dem Gepäckwagen, Erich Sauer mit Frau und Tochter. Er begrüßte jeden Schüler einzeln – zuerst die, die ihm vom Vorjahr her bereits bekannt waren, dann die neuen. Sie nannten ihre Namen und stellten sich vor.

Als ich an die Reihe kam und er den kleinen Dicken sah, beugte er sich, kurzsichtig, wie er war, etwas vor, um mich näher anschauen zu können. Und ehe ich etwas herausbringen konnte, sagte er: „Sie sind Anton Schulte. Ich kenne Ihre ganze Geschichte. Ihr Bild sah ich in Schottland auf dem Wohnzimmerschrank von Bruder Irvine in Kilmarnock. Sie können bleiben." Damit waren die Weichen gestellt. Nicht nur für die zwei kommenden Jahre, sondern für meine gesamte theologische, gemeindliche und evangelistische Ausrichtung. In späteren Jahren hat mich mancher Pfarrer und Prediger darauf angesprochen, dass sie die großen heilsgeschichtlichen Linien dieses weit über Deutschland hinaus bekannten Lehrers in meiner Verkündigung wiedergefunden hätten.

BIBELSCHÜLER IN WIEDENEST

Das Doppelzimmer im Giebel des Hauses, das „Prophetenstübchen", bewohnten nun Christoph Volke, der aus dem Erzgebirge stammte, und ich. Das Zusammenleben mit ihm führte zu einer Bruderschaft, die sich als wichtiger Lernprozess für mich erwies. Wer im Winter die Kohlen raufzutragen hatte, war zwischen uns nie eine Frage, aber ob man zuerst evangelisieren oder zuerst die Gemeinde aufbauen muss, das blieb zwischen uns ein beständiges Gesprächsthema.

Christoph machte mir die Gemeinde lieb, ich ihm die Evangelisation. Eine solche Ergänzung ist ein Geschenk Gottes. Als er zum zweiten Bibelschuljahr keine Ausreise aus der DDR erhielt, war das für mich ein schmerzlicher Verlust. Doch später siedelte er mit seiner Familie in den Westen über und übernahm die Hausvaterstelle in Wiedenest.

Ernst Schrupp war damals gerade als junger Lehrer nach Wiedenest gekommen. Er hatte erst nach dem Krieg sein Theologiestudium beendet und mich beeindruckte vor allem seine Gemeindelehre. Durch seine Hilfe habe ich Grundsätze des Neuen Testaments erkannt, die meine Stellung zur Gemeinde, aber auch das Verhältnis zwischen evangelistischer Arbeit und Ortsgemeinde wesentlich bestimmt haben.

Sosehr ich von der Notwendigkeit einer soliden Ausbildung überzeugt war, so schwer fiel sie mir auch. Immerhin hatte ich zehn Jahre lang keine Schulbank mehr gedrückt, und als Mann mit einer Neigung zum Praktischen fiel mir die Beschäftigung mit der Theorie nie leicht. Das Wichtigste, das ich zu lernen hatte, war die Erkenntnis, wie wenig ich tatsächlich wusste.

Erich Sauer konnte bei einer schwierigen theologischen Frage meist mehrere mögliche Antworten anführen, ohne damit bereits ein Urteil zu verbinden. Wenn wir seine eigene Meinung wissen wollten, mussten wir ihn schon danach fragen und erhielten dann meist die für ihn typische Antwort: „Mit an Sicherheit grenzender Wahrscheinlichkeit wird es sich so und so verhalten." Erich Sauer besaß die Größe zuzugeben, dass er nicht alles wusste. Aber er hat uns auch klargemacht, dass

Wissen allein nicht alles ist. „Ihr mögt noch so kluge Gedanken in euren Köpfen bewegen", konnte er sagen, „sie werden trotzdem niemandem bekannt werden oder gar helfen, wenn ihr sie nicht in Worte kleiden könnt. Die Sprache ist das Mittel zur Verständigung, das Instrument der Offenbarung. Also übt euch darin."

In Lehrfragen war ich naturgemäß stark von meiner eigenen Erfahrung her geprägt; nur machte ich den Fehler, das, was ich erlebt hatte, als absolut und allgemein gültig zu betrachten. Für Menschen, die eine plötzliche, radikale Bekehrung erlebt haben, ist das typisch; sie erliegen leicht der Gefahr, das eigene Erlebnis auch für alle anderen zur Norm zu erheben.

Erich Sauer hat das bei mir bald erkannt. An einem Morgen wandte er sich mitten im Unterricht plötzlich an alle Schüler: „Ich möchte, dass jetzt einmal alle die von euch aufstehen, die Zeit und Stunde ihrer Bekehrung nicht genau angeben können."

Das schlug bei mir wie eine Bombe ein. Entsetzt sah ich mich um und dachte: *So etwas von Unglauben wird es doch wohl unter uns Bibelschülern nicht geben?* Aber dann fielen mir die Augen fast aus dem Kopf; denn ich sah, dass sich über die Hälfte der Schüler erhob. Darunter waren Leute, zu denen ich im Blick auf ihr Christsein aufschaute. Es verschlug mir einfach die Sprache, und ich war nicht in der Lage, auf Anhieb ganz zu erfassen, was Erich Sauer dazu sagte.

Sobald es klingelte, schoss ich auf den Ersten zu und fragte: „Willst du wirklich behaupten, dass du nicht weißt, an welchem Tag und in welcher Stunde du dich zu Jesus Christus bekehrt hast?" Aber er konnte es wirklich nicht sagen. Wie vielen jungen Leuten aus christlichen Elternhäusern war ihm das Evangelium schon seit früher Jugend vertraut. Er hatte sich bereits als Kind bewusst Jesus Christus zugewandt, aber einen genauen Zeitpunkt dafür konnte er später nicht mehr angeben. Als er älter wurde und sich ihm immer neue Lebensbereiche erschlossen, hatte er seine Entscheidung für Christus durch eine neue Hinwendung festgemacht und bestätigt. Aber Tag und Stunde seiner Bekehrung konnte er nicht nennen.

Da saß ich nun mit meinem Latein. Er war ein Christ, mit dem ich mich nicht messen konnte, und war auf ganz andere Weise zum Glauben gekommen als ich. Ich begann zu begreifen, wie viel ich noch zu lernen hatte, und welch wichtige Rolle dabei eine gute Ausbildung spielt.

Es kam ja auch nicht darauf an, wo ich geboren worden war, sondern dass ich lebte, dass es mich überhaupt gab. Und Gleiches galt für den Bereich des geistlichen Lebens. Auch da gab es keine Zweifel: Jeder meiner Mitschüler hatte die Sache mit Gott einmal bewusst festgemacht. Dieses Festmachen im Glaubensbekenntnis, in der Taufe, in der Zugehörigkeit zur Gemeinde wurde mir immer wichtiger.

Meine Schwierigkeiten beim Studium bestanden nicht nur darin, dass ich kein Sitzfleisch hatte; ich wollte nicht nur hören und lernen, ich wollte auch von Jesus reden und anderen mitteilen, was er mir bedeutete. Zwar verirrte sich ab und zu – in Gestalt eines Landstreichers, der ein Abendessen und für die Nacht eine Bleibe suchte – ein „Bekehrungsobjekt" in die Bibelschule, aber das kam doch relativ selten vor.

Die Familien, die in der Nähe der Schule wohnten, waren mit dem Evangelium eher zu viel als zu wenig in Berührung gekommen. Sie waren entweder Christen oder nur schwer ansprechbar. Also setzte ich mich ab und zu aufs Fahrrad und fuhr in einen der Nachbarorte. Ich ging dort von Tür zu Tür, verteilte christliche Schriften und versuchte, mit den Menschen über Christus ins Gespräch zu kommen. Über der Eingangstür zu unserem Klassenzimmer hing ein Spruch, der mich immer wieder neu traf. „Es ist kein Preis zu teuer, es ist kein Weg zu schwer, um auszustreu'n dein Feuer ins weite Völkermeer."

Ich lernte viel in jenen Monaten, und ich war dankbar dafür. Aber wenn ich an einem kalten Wintermorgen zwischen verschneiten Tannen die Anhöhe hinter der Bibelschule hinaufstieg, um allein mit Gott zu sprechen, dann wurde doch der Wunsch in mir wach, recht bald wieder irgendwo in einem Missionszelt oder auf einem Marktplatz zu stehen und mit den Menschen über Christus zu reden.

Finanziell besaß ich nach wie vor keinerlei Sicherheit. Da ich keine Gemeinde aufzuweisen hatte, die für meine Studiengebühren und den Unterhalt in der Bibelschule aufkam, erhielt ich ein volles Stipendium. Ich besaß noch ein paar Mark von der Zeltarbeit im vergangenen Sommer, und meine Schwester und ihr Mann halfen mir ab und zu aus, obwohl sie selbst nur wenig hatten. Das alles reichte gerade, um Hefte und Schreibzeug zu kaufen. Ich empfand das in jener Zeit zwar nicht als Mangel, aber manchmal wurde es doch zur Prüfung. Erst später begriff ich, dass auch dies eine Vorschule war; in den folgenden Jahren sollte ich lernen, Gott in ganz anderem Umfang zu vertrauen, wenn es um die finanziellen Mittel zur Durchführung bestimmter Aufgaben in seinem Reich ging.

An einem Sonntag war ich mit einigen Bibelschülern über den Berg nach Eckenhagen hinübergewandert. Von Tür zu Tür luden wir zu einer Missionsveranstaltung am Nachmittag ein, bei der Friedrich Brinkert sprechen sollte. Es war keine rein evangelistische Veranstaltung, denn Brinkert, der viele Jahre als Missionar in Afrika gearbeitet hatte, sprach auch über die Notwendigkeit weltweiter Missionsarbeit und über die Verpflichtung der Christen, diese finanziell zu unterstützen. Als dann die Kollektenbeutel herumgereicht wurden, konnte ich nicht anders: Ich steckte meine letzten 3 DM hinein, und ich tat es mit Freuden. Als ich nach einigen Tagen entdeckte, dass ich nur noch wenige Blatt Schreibpapier hatte und dass mein letzter Bleistift, auch wenn ich ihn noch so vorsichtig anspitzte, so kurz wurde, dass ich ihn kaum noch halten konnte, da sahen die Dinge doch anders aus.

War es richtig gewesen, das letzte Geld für die Mission zu geben? Schließlich brauchte ich Papier und Bleistift ja nicht zum Vergnügen, sondern für meine Ausbildung. Einen anderen Menschen, das hatte ich mir fest vorgenommen, wollte ich nicht um Hilfe bitten. Für das Reich Gottes hätte ich betteln gehen können, aber im Blick auf meine eigenen Bedürfnisse wollte ich Gott allein vertrauen und mit keinem Menschen darüber sprechen. Gott hat mich mit dieser Haltung nie im Stich gelassen. Manchmal erhielt ich – buchstäblich im letzten

Augenblick – von irgendwoher, wo ich es nie vermutet hätte, genau das, was ich brauchte.

Über Weihnachten und Neujahr fuhr ich nach Bottrop. Ich freute mich auf den Besuch bei meinen Verwandten und auf die Gemeinde in Sterkrade. Am Samstag sah meine Schwester meine Sachen durch. Sie wusch, flickte und bügelte, schließlich schüttelte sie den Kopf und meinte: „Dein Glaubensstandpunkt ist ja schön und gut. Aber schau dir mal die Jacke an – oder besser gesagt: das, was noch davon vorhanden ist. Du brauchst einen neuen Anzug und ein Mantel fehlt dir auch."

„Ich weiß das wohl, Anni", erwiderte ich. „Aber ich denke, Gott weiß es auch."

Am nächsten Tag besuchten wir vormittags den Gemeindegottesdienst, und da staunten wir nicht schlecht. In allen Räumen befanden sich Ballen von Kleidungsstücken. Mäntel, Jacken und Hosen waren zu großen Haufen aufgestapelt. Amerikanische Christen hatten eine Kleiderspende geschickt, und ich erhielt eine gute Jacke und einen dicken Wintermantel, beides von einer Qualität, die ich mir nie hätte leisten können.

Anfang Januar fuhr ich nach Wiedenest zurück. Doch da am Abend kein Anschluss von Köln nach Wiedenest mehr bestand, musste ich am Bahnhof fünf Stunden auf den ersten Frühzug warten. Es war kalt und zugig, doch der Wartesaal, der mit einem bescheidenen Restaurant verbunden war, hatte geöffnet. Ich trank gerade eine Tasse Kaffee, als ein junger Mann den Raum betrat. Da alle anderen Tische besetzt waren, fragte er mich, ob der Stuhl neben mir noch frei sei. Es war ein schmächtiger Junge, vielleicht 17 oder 18 Jahre alt. Man sah ihm an, dass er Zeiten hinter sich hatte, in denen Schmalhans Küchenmeister gewesen war. Am meisten aber fiel auf, dass er nur eine dünne Hose und ein Hemd anhatte. Es waren dies die Jahre der zweiten großen Menschenwanderung in Deutschland; rund elf Millionen Flüchtlinge, die im Osten unseres Landes gelebt hatten, suchten nun im Westen eine neue Heimat.

Ich sah mir den Burschen etwas genauer an und dachte: *Armer Kerl!* Gerade wollte ich in meine Tasche greifen, um ein Traktat für ihn herauszusuchen, da schoss mir der Gedanke durch den Kopf: *Du elender Heuchler willst diesem Jungen ein Traktat geben, in dem von der Liebe Gottes die Rede ist. Dabei zittert der Kerl vor Kälte und du hast eine nagelneue Jacke in deiner Tasche.*

Manchmal weiß man sehr genau, wann Gott zu einem redet. Aber diesmal war ich bereit, mich zu verteidigen. *Das kannst du mir nicht antun, Herr,* argumentierte ich. *Diese Jacke gehört mir; und nicht nur das – sie stellt eine ganz konkrete Gebetserhörung dar. Ich habe dir vertraut, und daraufhin hast du mir diese Jacke gegeben. Sie ist ein Beweis deiner Güte, und den kann ich doch nicht einfach verschenken.*

Darauf antwortete die andere Stimme in mir: *Dann lass auch dein Traktat stecken!*

Ich muss gestehen, dass ich einige Stunden mit mir gekämpft habe. War es die Jacke selbst, war es die damit verbundene Glaubenserfahrung – ich war nicht bereit, damit einem frierenden jungen Mann zu helfen. Erst kurz vor Abfahrt des Zuges brach mein Widerstand zusammen. Unmutig und ärgerlich öffnete ich meine Tasche, nahm die Jacke heraus, knallte sie vor meinem Nachbarn auf den Tisch und sagte: „Da hast du die Jacke." Er schaute mich überrascht an und stotterte: „Aber ich kann sie doch gar nicht bezahlen."

Nur zögernd nahm er sie in die Hand und zog sie an. Er war kaum fähig, sich zu bedanken, aber jetzt konnte ich mit ihm über Christus und die Liebe Gottes sprechen. So kehrte ich ohne die neue Jacke in die Bibelschule zurück, aber nun reute mich ihr Verlust nicht mehr. Ich war froh darüber, dass Gottes Liebe größer ist als ein Kleidungsstück.

In Wiedenest kam ich gerade noch zum Frühstück zurück. Als ich die Straße überquerte, rief mir der Hausvater Noß aus seinem Bürofenster im ersten Stock zu: „Anton, komm schnell mal rauf!" Was mochte er wollen? Ich war zwar etwas spät dran, aber ich kam immer noch früh genug zum Unterricht.

Als ich sein Büro betrat, wandte er sich einem Gestell zu, an dem verschiedene Kleidungsstücke hingen. „Wir haben ein Kleiderpaket aus Amerika erhalten", erklärte er dabei. „Die anderen haben alle schon gestern etwas bekommen. Aber hier ist ein Anzug, der keinem passte. Probier den mal!" – Er saß wie angegossen. Ich denke, ein Maßschneider hätte ihn für mich kaum besser anfertigen können. Ich aber lernte eine neue Lektion: Gott hatte von mir eine Jacke zurückgefordert, doch nun gab er mir dafür einen ganzen Anzug.

Als Zeltmeister bei „Jugend für Christus"

Ich bleibe Bibelschüler mit „Nebenaufträgen"

Es war wohl im März jenes Jahres, als in Wiedenest die erste *Jugend-für-Christus*-Konferenz in Deutschland stattfand. Unter den ausländischen Rednern befand sich der englische Rechtsanwalt Eric Hutchings, und ihn zu übersetzen war meine Aufgabe. Hans-Rudolf Wever, der Leiter des deutschen Zweiges der internationalen Jugendmissionsorganisation, erzählte mir, dass die Amerikaner eine Zelthaut für ein großes Missionszelt schicken wollten. Auch einige Evangelisten sollten aus Amerika herüberkommen. Das Problem bestehe darin, dass die Masten, das Gesamtgerüst und die Bänke in Deutschland beschafft werden müssten; außerdem brauche er einen Zeltmeister und Übersetzer.

In den nächsten Tagen hatte ich zusammen mit zwei anderen Bibelschülern im Gebäudetrakt der Schule einige Zimmer neu anzustreichen und zu tapezieren. Diesmal gab ich mir keine Mühe, diese Arbeiten allzu schnell fertigzustellen. Es war nämlich draußen noch sehr kalt, und hier stand mir frühmorgens jeweils ein Zimmer zur Verfügung, in dem ich ungestört mit Gott über die Sache mit dem Zelt und den dafür gesuchten Zeltmeister reden konnte. Meine Gedanken kreisten immer intensiver um das Betätigungsfeld, das sich hier möglicherweise auftat.

Die Aufgabe des Zeltmeisters zu übernehmen traute ich mir ohne Weiteres zu. Im vergangenen Sommer hatte ich als Zeltdiakon genügend Erfahrungen sammeln können, um mit dieser Herausforderung fertig zu werden. Und auf die Übersetzungstätigkeit freute ich mich richtig; mein Einsatz als Dolmetscher während der Konferenz hatte erneut bestätigt, dass ich dieser Aufgabe gewachsen war. Aber woher sollten die drei großen Masten, die vielen Gerüststangen und erst die Bänke kommen?

Ich besuchte den Evangelisten Werner Heukelbach, der seine Schriftenmission ebenfalls von Wiedenest aus betrieb. Von ihm erhielt ich immer die Traktate, die ich brauchte. Einmal schrieb ich auch selbst eins, das er dann in einer seiner Serien herausbrachte.

Als ich ihm jetzt mein Problem vortrug, schlug er vor: „Wir wollen erst einmal zusammen beten." Anschließend meinte er: „Ich kenne ein paar Bauern, die etwas abseits wohnen und größere Wälder besitzen. Frag die doch mal, ob sie nicht das Holz zur Verfügung stellen können. Und hier unten im Ort ist eine Schreinerei, deren Besitzer ebenfalls Christ ist."

Damit war ich entlassen. Ich ging den Weg zur Straße zurück und fragte mich, ob der Rat, den ich erhalten hatte, wohl die Antwort auf unser Gebet war. Auf der Straße begegnete mir Walter Pfeifer, der später ebenfalls Evangelist wurde. Ich wusste, dass er zu den Bauern,

ANTON SCHULTE ALS ZELTDIAKON

von denen Werner Heukelbach gesprochen hatte, Verbindung hatte, und sprach ihn darauf an: „Ich würde gern mal am Sonntag zu euch in die Versammlung kommen." Er versprach, das mit den Brüdern zu regeln.

Am darauffolgenden Sonntagnachmittag sprach ich dann in der Stubenversammlung auf dem Bauernhof von Wilhelm Vetter. Anschließend bat ich die Brüder zu einem Gespräch. Als ich meine Sache vorgetragen hatte, erklärten sich Wilhelm Vetter und Wilhelm Hornbruch, ein Bauer aus dem benachbarten Drieberhausen, sofort bereit, jeweils die Hälfte des benötigten Holzes zu liefern. Eine Schwierigkeit sahen sie allerdings: Die Bäume mussten erst noch gefällt werden. Doch da war ich am Zug. „Das ist kein Problem", erklärte ich zuversichtlich. „Ich habe in Amerika hinreichend gelernt, wie man Bäume fällt. Ich bin sicher, dass einige Bibelschüler dabei helfen werden." Und genauso kam es.

Wilfried Zibell übernahm bei unserem neuen Zelt die Aufgabe des Zeltdiakons. Später studierte er am *Moody Bible Institut* in Chicago und arbeitete als Wycliff-Bibelübersetzer in Alaska, wo er bei einem Flugzeugabsturz ums Leben kam. Wilfried war ein zurückhaltender, aber treuer Mann. Er mobilisierte die Bibelschüler, die wir zum Holzschlagen benötigten. Dazwischen wurde ich zu einer *Jugend-für-Christus*-Konferenz nach Belfast in Nordirland geschickt, um den Leiter des deutschen Zweiges zu vertreten.

Das Holz war natürlich noch nass und konnte so nicht verwendet werden. Aber der Sägewerksbesitzer Ley in Derschlag fand sich bereit, die Stämme umzutauschen, und die Schreinerei Werkshagen in Wiedenest übernahm es, daraus die nötigen Holzverstrebungen und Bänke anzufertigen. Auf diese reine Lohnarbeit räumte sie uns einen großzügigen Kredit ein, um uns die Bezahlung der Rechnung aus den bei den Zeltarbeiten zu erwartenden Kollekten zu ermöglichen. Dieser Verpflichtung konnten wir im Laufe des Sommers auch tatsächlich nachkommen.

Die Sache gelang, weil jeder zugriff und mit dem Herzen dabei war. Ich hatte wieder einiges gelernt: Gott zeigt uns den Weg, den wir zu gehen haben, nicht immer auf einen Blick. Manchmal kommen wir uns in seinem Dienst wie Leute vor, die nachts mit einer Taschenlampe auf einem dunklen Steig unterwegs sind. Man kann nur so weit sehen, wie es nötig ist, um den nächsten Schritt zu tun.

Der erste Einsatz des neuen Zeltes erfolgte in Mannheim. Wir bauten es auf dem Grundstück auf, auf dem früher die Trinitatiskirche gestanden hatte und heute wieder steht. Damals befand sich am Rand des sauber aufgeräumten Platzes lediglich eine CVJM-Baracke. Der Platz eignete sich gut für unsere Zwecke, aber wir mussten uns buchstäblich jedes Stück Werkzeug leihen. Da die Bänke nicht rechtzeitig fertig geworden waren, liehen wir uns alte Kirchenbänke aus, die irgendwo in einem Gemeindesaal aufgestapelt waren. Ein junger Elektriker brachte im Zelt eine große Lampe an und sorgte für den fachgerechten elektrischen Anschluss. Vorn errichteten wir aus Brettern eine Erhöhung, die man mit gutem Willen als Bühne bezeichnen konnte. – Von der nahe gelegenen Kirchengemeinde liehen wir uns das Klavier und der amerikanische Evangelist Reinhold Barth brachte in seinem amerikanischen Straßenkreuzer zum Glück auch eine Lautsprecheranlage mit.

Auf der Konferenz in Belfast war es mir gelungen, ausländische Gruppen dafür zu gewinnen, für die einzelnen Zeltarbeiten in diesem Sommer die Herstellung der Werbedrucksachen zu übernehmen. Die Einladungszettel für die Zeltarbeit in Mannheim kamen aus England. Sie enthielten so manchen Druckfehler, aber wichtiger war in diesem Fall, dass sie uns nichts kosteten.

Tagsüber fuhren wir nach bewährtem System mit unserem Pkw durch die Straßen und luden die Menschen über Lautsprecher zu den Veranstaltungen ein. Am Nachmittag hielten wir Kinderstunde, am Abend übersetzte ich die Ansprache von „Reini" Barth und leitete anschließend die Nachversammlung für suchende Menschen.

Es wurde ein anstrengender Sommer. Hinzu kam, dass wir ein regelrechtes Zigeunerleben führten; mal schliefen wir im Zelt, mal in einer Baracke, hin und wieder in einem Privatquartier. Zum Essen wurden wir jeweils von Familie zu Familie weitergereicht. Aber wir schafften unseren Einsatzplan: Mannheim, Söllingen, Karlsruhe Durlach, Rastatt, Baden-Baden und schließlich Solingen.

Wilfried Zibell erledigte auf seiner Schreibmaschine alles, was mit Büroarbeit und Schriftverkehr zu tun hatte; ich verhandelte mit den Behörden über die Genehmigung zur Platzbenutzung, zur Durchführung der

Lautsprecherwerbung und über die nötigen Stromanschlüsse, war ständig auf der Suche nach den billigsten Transportunternehmen und Elektrofirmen. Dabei wussten wir bei Beginn einer Arbeit nicht, wovon wir den Transport des Zeltes in die nächste Stadt bezahlen sollten.

Wilfried führte die Kasse, und ich fürchte, er brauchte mehr Zeit zum Erstellen gewagter Hochrechnungen und Kalkulationen als zum Geldzählen. Aber als der Sommer zu Ende ging, waren alle Rechnungen bezahlt. Wir als Zeltmannschaft erhielten keinen Lohn; nur als meine Schuhe verschlissen waren, kaufte ich mir auf Zeltkosten ein Paar neue. Den Evangelisten fiel das vermutlich gar nicht auf, weil sie meist von Einsatzort zu Einsatzort wechselten. Aber bei der letzten Zeltarbeit des Sommers in Oberhausen-Sterkrade fragte der für diese Arbeit zuständige Evangelist dann doch nach unserem Einkommen. Als er erfuhr, wie die Dinge lagen, hielt er eine Kollektenrede, wie sie nur einem Amerikaner möglich ist. Die Summe, die daraufhin zusammenkam, übergab er uns als Vergütung für die Arbeit eines Sommers.

Vor dem Abschluss der Saison in Sterkrade hatten wir unser Zelt in Solingen aufgeschlagen. Auf dem Transport von Baden-Baden nach Westdeutschland hielt uns ein Motorschaden mehrere Stunden auf der Autobahn fest. Das sind die kleinen Freuden, die man gratis dazugeliefert bekommt, wenn man jeweils die billigste Spedition auswählt. Mit entsprechender Verspätung kamen wir in Solingen an. Es war gerade noch hell genug, um den Platz auszumessen und die wichtigsten Zeltpflöcke einzuschlagen. Als wir so weit waren, ging im nahe gelegenen Gemeindehaus die Bibelstunde zu Ende, und die Männer kamen, um uns beim Abladen zu helfen.

Ich ließ gerade meine ganze Kraft an einem Zeltpflock aus, als mich ein Mann mit unverkennbar militärischem Klang in der Stimme ansprach: „Haben Sie schon ein Quartier?"

Ich habe ihn vermutlich nicht gerade geistreich angeschaut, denn gewöhnlich hatten wir uns um diese Dinge selbst kümmern müssen. In Solingen aber trafen wir auf eine andere Situation. Hier wurde die Zeltarbeit von vielen Christen aus verschiedenen Gemeinden unterstützt, und sie halfen uns auf vielerlei Weise. So kam ich zum ersten Mal zu Familie Linder.

Ich erhielt etwas zu essen, bekam ein Zimmerchen zugewiesen und fiel wie ein Toter in den Schlaf. Am nächsten Morgen wurde ich erst um 9:30 Uhr wach. Der Schreck fuhr mir in alle Glieder, denn bis zum Abend musste das Zelt stehen. Ich konnte ja nicht wissen, wie viele Helfer uns hier zur Seite stehen würden, sodass schließlich alles spielend klappte. Die Familie Linder aber sollte für meinen weiteren Weg große Bedeutung bekommen.

Als das Zelt im Herbst wintersicher verstaut war, wollte ich mein zweites Bibelschuljahr in Wiedenest beginnen. Aber aus verschiedenen Gründen hatte man den Beginn des Semesters auf Januar verschoben. Damit hatte ich nicht rechnen können. Was sollte ich in der Zwischenzeit tun? Für kurze Zeit versuchte ich mich als Kolporteur: Ich ging von Haus zu Haus, bot christliche Bücher zum Verkauf an und versuchte, mit den Bewohnern über den Glauben zu sprechen. Doch ich merkte bald, dass ich hier nicht auf dem richtigen Weg war. Es war lediglich der Versuch, in eigener Regie etwas zu unternehmen.

Überhaupt empfand ich nach der Anstrengung des Sommers eine innere Leere. Ich

DIE MENSCHEN DRÄNGEN INS ZELT.

brauchte die Stille so sehr, dass ich sie nicht finden konnte. Es hatte schon damit begonnen, dass ich bei der letzten Zeltarbeit als Übersetzer ausfiel, weil ich erkältet und heiser war. Kein Medikament half; meine Sprache blieb weg. Ich konnte damals nicht verstehen, warum mir das passieren musste, aber Gott wusste es wohl sehr genau. Es wurde höchste Zeit, dass ich den Mund hielt.

Ich hatte vieles gelernt in jenem Sommer: Ich hatte anderen abgeschaut, wie man evangelisiert, wie man Menschen auffordert, sich für Christus zu entscheiden, wie man seelsorgerliche Gespräche führt und – wie man eine Kollektenrede hält. Ich hatte verlernt oder zumindest versäumt, mit gleicher Intensität die Gemeinschaft mit Gott zu suchen. So war ich in eine hektische Betriebsamkeit hineingeraten und im Eifer für Gott ausgebrannt und in vielen Dingen nicht mehr unmittelbar von ihm bestimmt.

Zu einem abschließenden Gespräch über die Sommerarbeit mit dem *Jugend-für-Christus*-Zelt fuhr ich zum Geschäftsführer nach Wuppertal. Zum Abschied schenkte er mir ein Buch von Roy Hession: *The Calvary Road*. Auf der Rückfahrt, im Personenzug von Vohwinkel nach

Düsseldorf, hatte ich ein Abteil für mich und las das Vorwort. Es traf mich wie ein Keulenschlag. Ich kam mir vor wie David, zu dem Nathan sagte: „Du bist der Mann." In jenem Eisenbahnabteil kniete ich nieder und stellte Gott mein Leben neu zur Verfügung. Ich hatte erkannt, was mir fehlte, und ich begriff es mehr und mehr, je länger ich in den folgenden Tagen in diesem Büchlein las. Dabei enthielt es im Grunde lediglich eine Sammlung von Zeitschriftenartikeln über eine Erweckung in Aftika.

Es drängte mich, dieses Buch zu übersetzen. Und ich hatte ja nun auch Zeit dazu. Das zwang mich, mich mit jedem einzelnen Satz intensiv zu beschäftigen. Und immer wieder machte Gott mir dabei meine eigene Sünde und Schuld deutlich. Gewiss, ich glaubte an Jesus Christus, und er hatte mir alle bewusste Sünde vergeben. Aber es gab so viele Dinge in meinem Leben, die ich bisher gar nicht als Sünde erkannt hatte. Manches hatte ich auch gar nicht erkennen wollen und deshalb mehr und mehr verdrängt.

Dabei ging es eigentlich gar nicht so sehr um falsches Verhalten; das hätte ich vermutlich leichter erkannt. Aber jetzt machte Gott mich auf falsche Motive aufmerksam. Er zeigte mir, warum ich so oft erregt, ärgerlich und nachtragend war. Ich begriff, dass Sünde keineswegs mit einer Tat beginnen muss, sondern dass sie aus einer Haltung entspringt, die sozusagen die Wurzel der Sünde darstellt.

All diese Entdeckungen und Erkenntnisse lösten bei mir eine tiefe Krise aus. Ich kam mit meiner Übersetzung von Seite zu Seite langsamer vorwärts und musste schließlich, kurz vor dem Abschluss, ganz aufhören.

Nicht nur weil ich mit einer starken Erkältung im Bett lag, sondern vor allem darum, weil ich erkannte, dass in mir überhaupt nichts Gutes war. Römer 7 wurde nun zu meinem eigenen Bekenntnis: „Ich elender Mensch! Wer wird mich retten von diesem Leibe des Todes?"

Aber dieser Satz stammte ja nicht von irgendwem; denn kein Geringerer als der berühmte Paulus hatte ihn geschrieben, und zwar von sich selbst, aufgrund eigener Erfahrung. War der etwa kein überzeugter Christ? Gab es in der Kirchengeschichte einen bedeutenderen Missionar und Theologen als ihn? Wenn ein solcher Mann mit diesem Problem zu tun hatte, wie viel mehr dann ich?! Aber Paulus hatte nicht nur Römer 7, sondern auch das folgende Kapitel, Römer 8, geschrieben: „Also gibt es jetzt keine Verdammnis für die, die in Christus Jesus sind."

Mein Gewissen verurteilte mich und ich hatte nichts zu beschönigen. Alles, was hier an Sündhaftigkeit des Anton Schulte offenbar wurde, ganz egal, ob es sich auf Handlungen, Äußerungen oder Motive bezog, stimmte. In jenen Tagen des Krankseins redete Gott zu mir. Aber nicht nur von Sünde und Schuld, sondern auch von Vergebung und Erneuerung. Und gerade das führte zu meinem Zerbruch. Wie ich es in der Beichtform der katholischen Kirche gelernt hatte, durchforschte ich noch einmal gründlich mein ganzes Leben, auch meine evangelistische Arbeit.

Die Folge dieser neuen Erkenntnis und Erfahrung war, dass mir viele Leute einfielen, bei denen ich mich zu entschuldigen hatte. Es galt, Dinge zu bereinigen, klarzustellen und zu korrigieren. Manches erkannte ich sofort, anderes erst viel später. Ich begann zu begreifen, wie schwach ich vor Gott bin und dass es gerade die

Schwachen sind, denen er verspricht, dass seine Stärke in ihrem Leben wirksam werden soll.

An dem Abend, an dem ich Gott unter diesem Gesichtspunkt mein Leben neu weihte, wich auch die Krankheit. Ich stand auf, schlief die Nacht hindurch ungestört und war am nächsten Morgen zwar noch wackelig auf den Beinen, aber gesund. Als meine Mutter am nächsten Tag den kranken Sohn besuchen wollte, war ich bereits ausgeflogen. An jenem Morgen hatte ich die Einladung erhalten, in dem kleinen Westerwalddörfchen Wölmersen eine Evangelisation durchzuführen.

Zunächst aber fuhr ich nach Solingen, und am nächsten Sonntagnachmittag stand ich dort auf der Kanzel. Dabei merkte ich, dass sich in meiner Predigt etwas Entscheidendes verändert hatte. Ich sprach jetzt nicht mehr nur davon, dass Jesus am Kreuz die Sünde der ganzen Welt getragen hat. Ich konnte hinzufügen, dass er auch für mein Ich gestorben war, für meine Selbstsucht, meinen Neid, meine Missgunst und meine Empfindlichkeit. Noch während dieser Versammlung verließen zwei verantwortliche Männer der Gemeinde den Saal, um in einem Nebenraum miteinander zu reden und einen jahrelangen Streit beizulegen. In der Sache hatten sie wohl beide Recht gehabt, aber jeder hatte sie immer nur von seiner Seite gesehen und auf der Richtigkeit seiner Ansicht bestanden. Jetzt sahen sie einander im Licht Christi. Und ich hatte wieder etwas Wichtiges gelernt: Wollen ist noch kein Können, Fleiß noch keine Demut und menschlicher Eifer noch längst keine Garantie für das Wirken des Heiligen Geistes.

Wieder wohnte ich bei Familie Linder. Vater Linder hatte auf der Rückreise von einem Schwarzwaldurlaub einen Umweg über den Westerwald gemacht, um dort nach langer Zeit wieder einmal alte Bekannte zu besuchen. Bei dieser Gelegenheit erzählte er von unserer Zeltmission in Solingen und von dem kleinen, ulkigen Zeltdiakon Anton Schulte. Am meisten hatte ihn wohl beeindruckt, dass ich damals bei meiner Vorstellung erwähnte, dass ich früher Müller gewesen sei und im Blick auf meinen Körperbau erläuternd hinzugefügt hatte: „Ich sehe ja auch heute noch wie ein Mehlsack aus."

„Den und die ganze Zeltmannschaft müsst ihr einmal einladen", schlug Erich Linder seinen Westerwälder Freunden vor. Und die hielten sich prompt an seinen Rat. Die schriftliche Einladung dazu erreichte mich auf dem Umweg über die Geschäftsstelle. Aber von den jungen Leuten, die im Sommer die Zeltmannschaft gebildet hatten, war kein Einziger in der Lage, mich nach Wölmersen zu begleiten. Aus den unterschiedlichsten Gründen waren alle verhindert.

So stapfte ich nun allein, ein junger Mann von 25 Jahren, die verschneite Straße hinunter, die von der Bundesstraße 8 in das Westerwalddorf Wölmersen führt. Über die Einladung zu dieser ersten selbstständigen Evangelisation hatte ich mich natürlich besonders gefreut. Bisher hatte ich ja nur in irgendeiner Form mitgeholfen: als Zeltdiakon, als Übersetzer oder in der Kinderstunde.

Nun marschierte ich also meinem ersten selbstständigen evangelistischen Abenteuer entgegen. In einer Hand trug ich meinen Koffer, in der anderen schleppte ich eine schwere Tasche mit Büchern, die ich bei dieser Gelegenheit verkaufen wollte.

Die Einladung war von einer Familie Kram ausgegangen. Der Vater – ein großer, stattlicher Landwirt – verfügte über den Reichtum von vier Töchtern. Neben seinem Beruf betreute er die kleine christliche Gemeinde. Das Versammlungshaus stand unmittelbar neben dem seinen. Es bestand aus zwei größeren Stuben, zwischen denen man die Trennwand entfernt hatte. In der Mitte stärkte ein Stützpfeiler aus Holz das Vertrauen der Besucher, dass ihnen die Decke nicht auf den Kopf fallen würde; daneben knackte und qualmte im Winter ein mit Sägemehl geheizter eiserner Ofen.

Zunächst herrschte bei meinen Gastgebern große Enttäuschung. Nach Erich Linders Ankündigung hatte man einen VW-Bus mit drei bis fünf Leuten erwartet, die nicht nur eine Predigt halten, sondern auch singen und musizieren konnten. Als ich das Haus betrat, lief Hermine, die Zweitjüngste, in den Stall und informierte dementsprechend ihre Schwester: „Ist nur einer gekommen, nur ein kleiner Dicker." Damals wusste sie nicht, dass sie damit die erste Beschreibung von ihrem zukünftigen Mann abgab, denn dieses Mädchen wurde zwei Jahre später meine Frau. Der kleine dicke Evangelist, der noch kein richtiger war, es aber gewiss werden wollte, war schon einen Tag vor Beginn der Evangelisation angereist. An diesem Abend fand in der Gemeinde die wöchentliche Gebetsstunde statt. Für einen solchen Fall hatte ich bereits eine Ansprache vorbereitet, und Gott war gnädig. Der skeptisch-strenge Blick der älteren Westerwälder Brüder wurde zusehends milder, während ich mein Thema – „Jesus, das Lamm Gottes" – entfaltete. Ich konnte nicht wissen, dass ich damit unmittelbar die Situation der Gemeinde traf.

In wochenlanger, mühsamer Arbeit hatte ich außerdem fünf evangelistische Vorträge ausgearbeitet: mit Bibeltexten, Thesen, Beispielen und einer praktischen Anwendung. Immerhin hatte ich während der letzten Jahre die Literatur über die angloamerikanischen Erweckungsprediger förmlich verschlungen. Theoretisch wusste ich also Bescheid, nur mit der Praxis haperte es. Weil mir das klar war, ließ ich mich während der Evangelisation tagsüber kaum blicken. Immer wieder ging ich den für den Abend vorgesehenen Vortrag durch, verbrachte viel Zeit im Gespräch mit Gott und bat ihn um seine Hilfe.

Am Abend war der kleine Raum so voll, dass mir als Kanzel lediglich ein kleines Tischchen diente. Das hatte den Nachteil, dass die meisten Leute sehen konnten, wie mir die Knie zitterten. Mein späterer Schwiegervater meinte einmal, als ich nicht dabei war: „Ich hätte ihm ja gern geholfen, als er da so zitternd vor mir stand, aber es gibt Dinge, mit denen ein Mann allein fertig werden muss." – Im Grunde hat mich diese Spannung, das Bangen um das Gelingen des Abends, in den folgenden vier Jahrzehnten nie verlassen. Und Gott wird es wohl auch nicht mehr von mir nehmen. Am Sonntagnachmittag wurde eine zusätzliche Veranstaltung angesetzt. Das hatte für mich zur Folge, dass ich für den Abend über keine ausgearbeitete Predigt mehr verfügte. So habe ich dann in der Schlussveranstaltung noch einmal mutig zusammengefasst, was ich an den vorausgegangenen Abenden von mir gegeben hatte. Vielleicht haben es viele gar nicht gemerkt. In richtige Schwierigkeit geriet ich erst, als ich aufgefordert wurde, die Evangelisation um einige Tage zu verlängern, denn es hatten nicht nur mehrere

Menschen zu Christus gefunden, sondern die Evangelisation war zum Dorfgespräch geworden.

Am letzten Abend saßen die Leute nicht nur im Flur und in der Küche, sondern sogar auf der Treppe, die in den ersten Stock führte. Trotzdem musste ich, zwar traurig, aber bestimmt, ablehnen; denn ich hätte wirklich nicht gewusst, worüber ich noch hätte sprechen sollen.

Heute wohne ich in diesem Dorf. Die Gemeinde ist gewachsen, das alte Gemeindehaus durch einen Neubau ersetzt. Oberhalb des Dorfes steht am Waldrand das *Neues-Leben*-Zentrum, aber das alles gehört nicht hierher. Es geht mir nur darum, deutlich zu machen, wie das alles begonnen hat: klein und bescheiden, aber an den Prinzipien Gottes orientiert. Formen und Größenordnungen der Evangelisation sind je nach den Umständen verschieden und zugleich einem zeitbedingten Wandel unterworfen, aber die Grundsätze nicht. Sie sind in all den Jahren die gleichen geblieben.

IN DIESEM HAUS FAND DIE ERSTE „EIGENE" EVANGELISATION VON ANTON SCHULTE STATT.

DAS NEUE GEMEINDEHAUS IN WÖLMERSEN

Westerwald, mal gar nicht kalt

Der kleine Evangelist findet seine Ergänzung

Mit neuem Schwung und großen Erwartungen kehrte ich auf die Bibelschule zurück. Da Christoph Volke fehlte, wohnte ich jetzt mit zwei anderen Schülern in einem größeren Zimmer. Ein neuer Schuljahrgang war dazugekommen. Die Gespräche mit den einzelnen Schülern, die oft aus sehr verschiedenen Verhältnissen kamen und auf entsprechend unterschiedliche Erfahrungen zurückblickten, weiteten meinen Blick. Ich begriff etwas von der Vielfalt, die Gott nicht nur in der Natur, sondern auch in der geistlichen Erfahrung seiner Leute walten lässt.

Obwohl die Schulzeit kürzer war, lernte ich mehr und intensiver als im ersten Jahr. Ich war reifer geworden, hatte neue Lücken und Bedürfnisse bei mir entdeckt; so fiel es mir leichter, Zugang zum Lehrstoff zu finden und ihn aufzunehmen. Trotzdem blieb das Spannungsfeld zwischen Theorie und Praxis bestehen. Erich Sauer hat bestimmt so manches liebe Mal über mich geseufzt, der Mannschaft. Ein Erinnerungsfoto wurde gemacht, auf dem die acht Männer, die bei dieser Zeltarbeit mitgewirkt hatten, einträchtig nebeneinanderstanden. Ich, ebenfalls im dunklen Anzug, stand ganz links: der „kleine Dicke". Diese Aufnahme wurde als Postkarte am Büchertisch verkauft. Ich schickte eine davon nach Hause. Allmählich musste ich doch etwas von mir hören lassen.

Dann verbreitete sich unter der Zeltmannschaft die Nachricht, dass der „Zeltgeneral" komme. Auf meine Frage, was das denn für ein Mann sei, erfuhr ich, dass es sich lediglich um einen Spitznamen für den Evangelisten handelte, der für den Einsatz aller Zelte des Gemeindebundes – es waren damals fünf – verantwortlich war. Die Zeltmannschaft blieb jeweils für einen Sommer zusammen, die Redner aber wechselten von Stadt zu Stadt. Unser Zelt sollte anschließend in Oberhausen-Sterkrade aufgestellt werden.

„Zeltgeneral" war damals Franz Lüllau, ein großer, schwerer Mann mit gewaltiger Dynamik und Ausdruckskraft. Er war selbst einmal Maurer gewesen, und seine evangelistische Laufbahn hatte damit begonnen, dass er von Tür zu Tür ging und Traktate verteilte. Dann hatte Gott ihm den Weg auf ein Predigerseminar geebnet und er war Evangelist geworden.

Ich fühlte mich gleich sehr zu ihm hingezogen, und irgendetwas schien auch ihm an diesem kleinen, dicken Müller zu gefallen, denn er beschloss kurzerhand: „Du gehst noch mit nach Oberhausen-Sterkrade, und dann wechselst du an das kleine Zelt zu Dr. Theo Mosalko. Du bekommst 50 DM Taschengeld und freie Kost und Logis. Einverstanden?"

wenn ich ihm fast jede Woche vortrug, dass ich zum Wochenende wieder irgendwo eingeladen sei, um bei einer evangelistischen Aktion mitzuwirken. Er schaute mich dann immer nachdenklich an und meinte: „In der Bibel steht: ‚Steine sammeln hat seine Zeit, und Steine werfen hat seine Zeit.' Und jetzt werden Steine gesammelt." – Aber nach einigem Zögern fügte er dann doch hinzu: „Für dieses Mal will ich Sie noch gehen lassen."

Ich hoffe nicht, dass ich ein schlechter Schüler war, aber kritisch und ungeduldig war ich sicher. Was ich gelernt hatte, wollte ich immer gleich in die Praxis umsetzen. Meine Verbindung zu Solingen blieb bestehen. Wann es irgend möglich war, besuchte ich die Gemeinde am Peter-Hahn-Weg und wohnte dann immer bei Linders. Dabei ergab sich ein besonders gutes Verhältnis zwischen Hans-Eberhard, der etwa in meinem Alter war, und mir. Auch ihm ging es vor allem darum, junge Menschen mit dem Evangelium zu erreichen.

In Solingen hatten viele junge Leute durch die Zeltmission und andere evangelistische Veranstaltungen einen neuen geistlichen Impuls erhalten. Die Geschäftsstelle von *Jugend für Christus* wurde nach Solingen verlegt, ich selbst wurde Solinger Bürger und wohnte in der „Villa Anton", einem kleinen Gartenhäuschen auf dem Grundstück der Linders in der Köcherstraße. Es war groß genug, um ein Bett, einen Tisch und einen Stuhl darin unterzubringen. Meine Siebensachen konnte ich auf einem Reck an der Wand aufhängen und ein Elektroofen sorgte auch im Winter für annehmbare Temperaturen.
Für uns Bibelschüler wurde die *Jugend-für-Christus*-Osterkonferenz zu einem besonderen Erlebnis. Auch Ernst

Schrupp war als Redner dabei. Das Ergebnis war ein neuer Anstoß, die missionarische Verantwortung ernst zu nehmen. Das fand anschließend in den abendlichen Gebetsstunden in Wiedenest seinen Niederschlag. Und es blieb auch auf die tägliche Morgenandacht, zu der sich Lehrer und Schüler zusammenfanden, nicht ohne Einfluss. Dafür war die Zeit von 8:00 bis 8:15 Uhr vorgesehen, aber nun rissen die Gebete einfach nicht ab. Oft fiel deshalb die erste Unterrichtsstunde aus. Das ging natürlich auf die Dauer nicht. Deshalb wurde der Tagesplan geändert und unsere morgendliche Gebetsstunde auf 7:00Uhr vorverlegt.

In diese Zeit fiel auch eine für die gesamte Bibelschule wesentliche Weichenstellung. Die Verpflichtung zur Außenmission wurde, nachdem man lange Zeit von der Außenwelt abgeschnitten war, neu erkannt. Das wurde, neben Erich Sauer, zur besonderen Aufgabe von Ernst Schrupp, unter dessen Leitung sich das Missionshaus Bibelschule Wiedenest zu einer der größten evangelikalen Missionsgesellschaften in der Bundesrepublik entwickelte.

Für mich war es vermutlich typisch, dass ich auf der Abschlussfeier der Bibelschule durch Abwesenheit glänzte. Man hatte mich wieder einmal als deutschen Vertreter zu einer *Jugend-für-Christus*-Konferenz nach England geschickt. Anschließend erhielt ich die Aufgabe, die Einsätze der nunmehr drei *Jugend-für-Christus*-Zelte, die die Amerikaner inzwischen nach Deutschland geschickt hatten, vorzubereiten und zu organisieren. Meine Anweisung lautete, einen vorgesehenen Zelteinsatz auch dann durchzusetzen, wenn es dazu bei den Gemeinden großer

Überredungskunst bedurfte. Und in der Tat waren nicht alle von unseren Plänen begeistert. Ich erinnere mich an eine ziemlich harte Auseinandersetzung mit einem Vorsitzenden der örtlichen Evangelischen Allianz. Erst gegen Ende der Zeltarbeit urteilte er milder; seine eigene Tochter war in jenen Tagen zum Glauben gekommen.

In jenem Sommer hatte ich auch die meisten evangelistischen Einsätze des *Janz Teams* vorzubereiten, das erstmals aus Kanada herübergekommen war. Doch Leo Janz überließ mir nicht nur organisatorische Aufgaben. Oft übertrug er mir die Leitung des Vorprogramms – und vor allem: An Abenden, an denen er zur Gemeinde sprach, stellte er mir fünf bis zehn Minuten für eine evangelistische Kurzansprache zur Verfügung.

An den Nachmittagen hielt ich die Kinderstunde und oft saß er hinten im Zelt und hörte zu. Das Janz-Quartett, das damals in der christlichen Gemeinde von sich reden machte, bestritt den musikalischen Teil des Abendprogramms vorwiegend mit Gospels und Spirituals. Als wir uns im Herbst verabschiedeten, fragte ich Leo, ob er im nächsten Jahr wiederkommen würde. „Ich möchte gern wieder die Veranstaltungen für dich organisieren", meinte ich.

Da sah er mich an und sagte: „Ob wir wiederkommen, kann ich noch nicht sagen. Wenn nicht, dann solltest du selbst solche Veranstaltungen planen, denn du kannst das genauso gut wie ich." – Das habe ich ihm zwar nicht geglaubt, aber es hat mir Mut gemacht, es einmal selbst zu wagen, wenn sich die Gelegenheit dazu ergeben sollte.

Während des Sommers erhielt ich einen Brief aus Wiedenest. Man hatte sich entschlossen, ein drittes Schuljahr einzurichten, und bat uns zurückzukommen. Ich sah das nicht ein und schrieb ab. Daraufhin erhielt ich einen persönlichen Brief von Erich Sauer. Aber selbst dadurch ließ ich mich nicht umstimmen. Ich war für zwei Jahre angenommen worden, und diese hatte ich ordnungsgemäß absolviert. Jetzt wollte ich praktisch arbeiten. Dass ich noch viel zu lernen hatte, wusste ich; dazu aber gab es Bücher und vor allem das Leben selbst würde sich als Lehrmeister erweisen. Musste es unbedingt noch einmal eine Schule sein? Ob meine Entscheidung damals richtig war, weiß ich nicht. Empfehlen jedenfalls kann ich sie keinem. Grundsätzlich halte ich viel von einer gründlichen Ausbildung. Ich habe nie in meinem Leben gemeint, dass jetzt der Zeitpunkt erreicht sei, zu dem ich fertig bin.

Ich habe nie zu lernen aufgehört. Zeitweilig nahm das solche Ausmaße an, dass meine Frau behauptete, ich hätte nur eine einzige Leidenschaft, und das sei das Lesen. Hinzu kommt wahrscheinlich, dass ich eine gewisse Veranlagung habe, mir selbst Dinge anzueignen, die ich bei anderen beobachte. Solche Leute eignen sich selten zu Musterschülern. Sie sind eigenwillig und werden manchmal zu Originalen, nicht selten wunderlichen.

Als der Sommer zu Ende war, wurde das Zelt für den Winter eingelagert. Die Kasse war bereits abgerechnet, und die meisten ausländischen Evangelisten waren in ihre Heimat zurückgekehrt. Wieder einmal stand ich vor der Frage: „Was nun?"

Ich wusste inzwischen, dass es Einladungen zu Evangelisationen nicht einfach vom Himmel regnet. Dazu muss man mit den Gemeinden, die an einer solchen

Arbeit interessiert sind, Kontakt aufnehmen. Also rief ich in Wölmersen an. Ich hatte beim letzten Mal ohnehin versprochen, sobald ich könnte, einmal wiederzukommen, wenigstens für eine Sonntagspredigt.

In Wölmersen nahm Großvater Hassel den Hörer ab. Er war ein treuer Christ, besaß einen Kolonialwarenladen und gehörte zu den verantwortlichen Männern der Gemeinde. Ein Mann vieler Worte aber war er nicht, wie sich in dem nun folgenden Telefongespräch bestätigen sollte: „Hassel hier."

„Hier spricht Anton Schulte, wie geht es euch?"

Schweigen, gefolgt von einem lakonischen „Gut."

„Ich würde gern mal wieder nach Wölmersen kommen – übers Wochenende vielleicht. Könnte ich am nächsten Sonntag in der Versammlung sprechen?"

„Das geht."

„Dann also auf Wiedersehen."

Viel hatte ich durch dieses Gespräch nicht gerade erfahren. Aber fest stand, dass ich kommen durfte. Großvater Hassel aber ging nach diesem Telefonat in die Küche und sagte zu den Mädchen lediglich: „Der Anton Schulte kommt am Samstag."

Hermine lief sofort zu ihrer Mutter in die Waschküche, um ihr diese Neuigkeit mitzuteilen. „Mama, stell dir vor: Der Anton Schulte kommt, ich freu mich!"

„So?", meinte die Mutter und schaute ihre Tochter aufmerksam an.

„Aber nicht, was du denkst, Mama", stotterte sie.

Was die Mutter damals gedacht hat, weiß ich nicht; fest aber steht, dass die Tochter etwas gedacht hatte. Am Samstagnachmittag war die Freude auf beiden Seiten groß. Für Hermine aber brachte er gleich zu Anfang eine große Enttäuschung, denn ich hatte zwar die Namen ihrer drei Schwestern behalten, doch ausgerechnet bei ihr versagte mein Gedächtnis. Ich sah den Schatten über ihr Gesicht gleiten und nahm mir vor, die Scharte bei nächster Gelegenheit auszuwetzen.

Kurze Zeit später sprachen wir über ihre jüngste Schwester, und ich gab meinem Erstaunen darüber Ausdruck, wie sehr sie in dem einen Jahr gewachsen war. Lachend fügte ich hinzu: „Weißt du, Hermine, alle sind sie gewachsen, nur wir beide nicht." Von da an nahm die Sache ihren Lauf. Wir verstanden uns, ohne es auszusprechen.

Am Sonntag konnte ich die Gemeinde davon überzeugen, dass es an der Zeit war, eine Evangelisation durchzuführen. Aber sie sollte nicht in Wölmersen stattfinden, sondern in einem größeren Ort, wo es dazu einen neutralen Saal mit einem Klavier gab. Im vier Kilometer entfernten Nachbarort Weyerbusch verfügte das Hotel *Zur Post* über einen solchen Raum. 100 Jahre zuvor war in diesem Ort Raiffeisen Bürgermeister gewesen und hatte die weit über den Westerwald hinaus bekannt gewordene Raiffeisenkasse eingerichtet.

Am Montag verhandelten wir mit dem Besitzer des Hotels und beschlossen, die Evangelisation bereits in wenigen Wochen durchzuführen. Ich kehrte nach Solingen zurück und gab die Werbeplakate in Auftrag. Prompt schrieb ich „Weiherbusch" so, wie ich es gehört hatte, aber das tat der Sache keinen Abbruch. Die Leute in der Umgebung wussten ohnehin, welcher Ort gemeint war. Und alle Plakate nützen sowieso nichts, wenn nicht das

Gespräch über die Evangelisation von Mensch zu Mensch dazukommt, die so genannte „Mundpropaganda".

Nach dem Vorbild amerikanischer Evangelisten bemühte ich mich, für diese Arbeit ein Team zusammenzustellen. Ein junger amerikanischer Pianist, der noch vom Zeltsommer „übrig geblieben" war, erklärte sich zur Mitarbeit bereit. Und als Sängerin und Kindermissionarin kam Ruth Frey hinzu, die im Sommer zuvor ebenfalls als Übersetzerin in einem Missionszelt gearbeitet hatte. Zur Werbung in den umliegenden Dörfern erhielt ich für zwei Tage den VW-Bus von *Jugend für Christus* mit Fahrer und Lautsprecheranlage geliehen.

Die jungen Leute aus Wölmersen waren in diesen Dörfern bereits von Tür zu Tür gegangen, hatten Handzettel verteilt und zu den Veranstaltungen eingeladen. Die Mädchen machten das zum ersten Mal und schreckten vor so manchem Hund zurück, der sie zähnefletschend am Hoftor anknurrte. Sie atmeten erleichtert auf, als der VW-Bus eintraf. Mit Lautsprecherunterstützung ging das alles viel besser. Aber ein Lautsprecherwagen, aus dem fromme Lieder ertönten, stieß bei den Westerwäldern mehr auf Skepsis als auf Neugier. Der eine oder andere steckte zwar den Kopf aus dem Fenster, aber herangestürmt kamen nur die Kühe, wenn wir an der Wiese vorbeifuhren.

BUS MIT LAUTSPRECHERANLAGE

Die Familie Kram rückte zusammen, um

das ganze Team, drei Mann hoch, aufnehmen zu können. Vater Kram hatte ein Schaf geschlachtet, um seine Gäste auch angemessen bewirten zu können. Als später die Verbindung zwischen Hermine und mir bekannt wurde, hieß es im Dorf: „Dann hat sich das Schaf ja wenigstens gelohnt."

Am Nachmittag marschierten wir auf der Straße nach Weyerbusch zur Kinderstunde und anschließend wieder zurück. Für jeden Weg brauchte man eine knappe Stunde. Aber die Kinder kamen in Scharen. Auch an den Abenden sah man hier nur selten ein Auto; damals ging noch alles zu Fuß. Aber von Abend zu Abend wurde dabei mehr gesungen, und zwar die Chorusse, die wir mit den Besuchern einübten. Ruth sang sie Abend für Abend vor, und Richard, unser amerikanischer Pianist, begleitete sie am Klavier. Ich verfügte nun auch schon über mehr als fünf evangelistische Ansprachen, und meine Unsicherheit war nicht mehr so zu spüren wie früher.

Der Besuch stieg von Abend zu Abend. Zum Schluss zählten wir etwa 300 Menschen. Zu Beginn jedes Abends sangen wir mehrere Lieder, und dazwischen forderte ich einzelne Christen auf zu erzählen, wie sie zum Glauben gekommen seien. Natürlich wurde vorher abgesprochen, wer diese Aufgabe jeweils übernehmen sollte, und an einem Abend waren dann schließlich die Mädchen der Familie Kram an der Reihe.

An diesem Abend sang der gemischte Kirchenchor, und zwar ausgerechnet unter der Leitung von Hermines früherem Lehrer. Sie war so aufgeregt, dass sie mitten im Satz stecken blieb, und ihr Zorn entlud sich anschließend auf mich, weil ich sie hatte hängen lassen. Sie war in diesen Wochen überhaupt ein wenig durcheinander. Zu ihrer kleinen Schwester hatte sie am gleichen Tag gesagt: „Wehe, wenn du uns blamierst!" Und nun war sie selbst stecken geblieben und meinte, damit die Familie blamiert zu haben.

An einem Abend kam ein Chor aus Altenkirchen, um uns zu unterstützen, an anderen Abenden übernahmen die jungen Leute aus zwei Wölmersen-Familien den musikalischen Teil, von Erich Kram auf der Zither begleitet. Am letzten Abend forderte ich alle Menschen, die sich in dieser Woche für Christus entschieden hatten, auf, sich zu erheben und nach vorn an die Bühne zu treten. Etwa zehn Prozent der Besucher trat daraufhin nach vorn.

Ich erkannte in diesen Tagen aber auch, dass Gott oft viel mehr tut, als er uns sehen lässt. In der folgenden Nacht konnten der Schuster Scharfenstein und seine Frau nicht einschlafen. Sie unterhielten sich darüber, dass sie eigentlich auch nach vorne hätten gehen sollen. Da diese Chance vorbei war, gaben sie nun, mitten in der Nacht, Gott ihr Jawort und sangen im Bett das Lied, das zum Leitmotiv dieser Tage geworden war: „Das Blut des Lammes reinigt uns und machet alles neu."

Bald sprach sich im Westerwald herum, was in Weyerbusch geschehen war. Daraufhin wurden wir in das Dorf Thalhausen eingeladen, wo noch nie eine Evangelisation stattgefunden hatte. Einige freikirchliche Gemeinden, die landeskirchliche Gemeinschaft und die Kirchengemeinde wollten mitarbeiten. Wir mieteten den Saal, bestellten Omnibusse, um den Bewohnern der umliegenden Dörfer die Teilnahme zu ermöglichen, ließen Einladungszettel drucken und begannen bereits am nächsten Sonntag mit der Evangelisation

Wir als Team waren auf Quartiere in verschiedenen Dörfern verteilt, trafen uns aber tagsüber bei Hermines Tante Erna. Weil das für die gute Tante erhebliche Mehrarbeit bedeutete, sollte eins der Kramsmädchen zum Helfen kommen. Die klugen Eltern schickten aber nicht Hermine, sondern Änne. So hatte ich Ruhe, um mich auf meine Arbeit zu konzentrieren, und gleichzeitig Gelegenheit, meine Empfindungen für Hermine zu überdenken.

Die Tage waren ohnehin voll ausgefüllt. Neben der Vorbereitung der Abendveranstaltungen übersetzten Ruth Frey und ich in diesen Tagen eine Reihe von Kinderliedern aus dem Englischen. Ruth Frey veröffentlichte sie anschließend in dem ersten evangelistischen Kinderliederbuch *Leuchte für Jesus*.

Die Novembertage waren bereits unangenehm kalt, doch am Abend war der Saal übervoll. Manchmal hatten wir als Mannschaft Mühe, uns nach vorn durchzuschlagen. Der Pfarrer von Dierdorf rieb sich die frostkalten Hände; er war von Tür zu Tür gegangen und hatte die Leute eingeladen. „Jetzt hab ich zwar kalte Finger, aber ein warmes Herz. Es macht Freude, Menschen zu Jesus zu rufen", meinte er lachend.

Aber nicht alle freuten sich, und auch aus den Reihen der Frommen blieb die Kritik nicht aus. Mit meiner direkten Art, Menschen zu Jesus zu rufen und Christen aufzufordern, öffentlich über ihren Glauben zu sprechen, waren auch die Christen keineswegs alle einverstanden.

Aber Menschen vollzogen die entscheidende Hinwendung zu Gott, und mancher Christ, der vom Kurs abgekommen war, fasste neu Tritt.

Nach Solingen zurückgekehrt, erreichte mich die nächste Aufgabe. Beim *Jugend-für-Christus*-Büro kündigte ein australischer Evangelist an, dass er für eine Woche nach Deutschland kommen würde. Ich erhielt den Auftrag, für ihn Versammlungen zu organisieren und ihn zu übersetzen. Also nahm ich mit verantwortlichen Männern aus verschiedenen Gemeinden Kontakt auf, die ich inzwischen kannte.

Unsere Reiseroute verlief dann über Koblenz, Neuwied, Solingen und Kassel. Und sie berührte selbstverständlich auch Wölmersen. Aber für eine solche Veranstaltung war der kleine Gemeindesaal nun wirklich zu eng. Deshalb wurde sie in den Gemeindesaal nach Altenkirchen verlegt.

Ich suchte eine Gelegenheit, Hermine zu treffen. Es kam zu keinem klärenden Gespräch. War ich anfangs im Blick auf meine Gefühle unsicher gewesen, so wurden die Dinge für mich nun zunehmend klar. Hermine dagegen ging es eher umgekehrt. Als ich wieder in meiner „Villa Anton" in Solingen saß, hatte ich Zeit, über diese Dinge in Ruhe nachzudenken, zumal jetzt auch keine Evangelisation meine Aufmerksamkeit beanspruchte. Diese Wochen brachten für mich die endgültige Klärung.

Weihnachten waren Richard und ich nach Wölmersen eingeladen. Ich erklärte Hermine, dass ich sie liebe. Doch sie war nach wie vor unsicher, und das Gerede, wie es in einem Dorf üblich ist, mag daran nicht ganz schuldlos gewesen sein. „So einen kleinen Dicken", rümpften die einen die Nase, und die anderen meinten: „Der hat doch nichts."

Das waren Tatsachen, gegen die ich nichts vorzubringen hatte. Ich war weder eine Schönheit noch reich; und auch das Letztere blieb keinem im Dorf verborgen. Die Krams hatten während der Evangelisation unsere Wäsche besorgt; besser gesagt: die kümmerlichen Reste, die nach zwei Bibelschuljahren davon übrig geblieben waren. Und die 90 DM Monatsgehalt, die ich bei *Jugend für Christus* erhielt, waren auch beim besten Willen keine finanzielle Basis für eine Ehe. Aber ich sagte mir: Gut Ding will Weile haben.

Wieder in Solingen, beschäftigte ich mich mit den Plänen für zukünftige Evangelisationen. Im nächsten Sommer sollte ich als Evangelist mit einer eigenen Mannschaft ein Zelt übernehmen. Mitten in diese Überlegungen platzte ein Brief von Hermine wie eine Bombe. Sie schrieb mir ab mit freundlichen Worten, die ihre ganze Unsicherheit ausdrückten.

Ich antwortete ihr nur kurz. Der wichtigste Satz in meinem Brief hieß: „Im Übrigen komme ich selbst." Und am Sonntag darauf war alles zwischen uns klar. Eine Woche später hielt ich bei den künftigen Schwiegereltern um die Hand ihrer Tochter an. Mein Schwiegervater, der mich besonders durch die Evangelisation kennengelernt hatte, willigte ohne Zögern ein. Doch meine realistische, der Erde durchaus nähere Schwiegermutter protestierte: „Aber du kannst doch nicht so einfach Ja sagen! Wovon sollen die beiden denn leben?" Gott sei gedankt für alle umsichtigen Schwiegermütter, aber auch für die Schwiegerväter, die sich durch eine ungewöhnliche Situation nicht irritieren lassen.

In Wölmersen erzählte man sich: „Ihr werdet schon sehen, wie sie eines Tages im Zigeunerwagen durchs Dorf fahren. Und Hermine guckt dann mit einer großen Kinderschar hinten aus dem Planwagen raus!" Aber die jungen Leute waren mit dem *Happy End* einverstanden. Sie änderten einen Chorus skrupellos ab und sangen: „Tonis große Liebe ist wunderbar. Uns allen ist es gleich, Hermine macht sie reich, Tonis große Liebe ist wunderbar."

Als ich fünf Jahre später mit Hermine und unseren beiden Söhnen nach Wölmersen zog und wir hier unser eigenes Haus bauten, meinten die Kritiker: „Da könnt ihr mal sehen, was beim Bibelstundehalten unterm Strich übrig bleibt." Als unser Haus fertig war, lud ich das ganze Dorf zu Kaffee und Kuchen ein. Und nach einer kurzen Andacht und einem Weihegebet für das Haus legte ich ihnen offen, wie hoch die erste Hypothek war, in welchem Umfang ich Darlehen aufgenommen hatte und dass für den Bau kein Pfennig aus Kollekten- und Spendengeldern verwendet worden war. Ich erklärte ihnen, dass ich diese Darlehen monatlich abzuzahlen hatte, so wie andere ihre Miete entrichten. In diesem Haus wohnten wir 25 Jahre. Hier sind unsere beiden Söhne aufgewachsen. In der Evangelisch-Freikirchlichen Gemeinde, die dort schon seit über 100 Jahren besteht und in der ich als einer der Ältesten Mitverantwortung trage, fanden wir unser geistliches Zuhause.

Im Februar war ich zu einzelnen Veranstaltungen in vielen Gemeinden eingeladen und besuchte mehrere Konferenzen. Dazwischen fand ich Zeit, Hermine meiner Mutter vorzustellen, und nach einer weiteren Evangelisation in Noßbach an der Sieg feierten wir am 30. März 1952 in Wölmersen Verlobung.

Es kamen 150 Gäste. Aus vielen Orten, in denen ich evangelisiert hatte, reisten Freunde an, um sich mit uns zu freuen; und dazu kam natürlich Hermines große Verwandtschaft und der Bekanntenkreis der Familie. Das Haus wurde auf den Kopf gestellt. Alle Schlafzimmer wurden in Esszimmer verwandelt und man feierte in allen Räumen. Es war jene urgemütliche Art des Feierns, die die Westerwälder auszeichnet: fröhlich und dabei doch keineswegs oberflächlich. Den einzigen Wermutstropfen bildete ein Autounfall; der VW-Bus, in dem meine Verwandten anreisten, war bei überfrierender Nässe ins Schleudern geraten. Doch wie durch ein Wunder gab es nur einige leichte Verletzungen.

HERMINE SCHULTE

Wenn meine Schwiegereltern gehofft hatten, in dem zukünftigen Schwiegersohn auch einen tüchtigen Erntehelfer zu gewinnen, so wurde daraus sicher eine der Enttäuschungen, die ich ihnen bereiten musste. Bis zum November reihte sich eine Evangelisation an die andere. Inzwischen hatte ich meinen eigenen evangelistischen Predigtstil gefunden, und die Mitglieder unserer Mannschaft hatten sich aufeinander eingestellt. Meine Verbindung zu Hermine bestand fast ausschließlich aus Briefen. Wir beide warteten darauf, unseren Bund nun endgültig festzumachen.

Da Hermine noch keine 21 Jahre alt war, musste der Vater die schriftliche Einwilligung zur Heirat seiner Tochter geben. Zunächst sträubte er sich dagegen; er hätte Hermine wohl auch gern noch ein wenig länger zu Hause behalten. Aber sobald der Zeltsommer zu Ende war, sollte geheiratet werden. Der November stand also fest. Und als der Schwiegervater mich nach dem Termin fragte, sagte ich kurzerhand: „Dann auch gleich am ersten." Das war ein Feiertag, und so kamen vielleicht noch ein paar Gäste mehr zur Traufeier in die Gemeinde.

Tagelang war gebacken und gekocht worden, um die vielen Gäste nach Wölmerser Art zu versorgen. Und das heißt: Es durfte nichts ausgehen, sondern von allem musste überreichlich vorhanden sein. Nur den vielen freiwilligen Helfern haben wir es zu verdanken, dass die Geldgeschenke, die wir zur Hochzeit erhielten, ausreichten, um alle Rechnungen zu bezahlen. Als wir am nächsten Tag in Ruhe die vielen Glückwünsche lasen, fanden wir in einem Brief noch 80 DM, die wir beim ersten Öffnen übersehen hatten. Mit diesem unerwarteten „Überschuss" leisteten wir uns eine Hochzeitsreise nach Bremen und besuchten auf dem Rückweg Anni und Bernhard in Bottrop.

Hermine übernachtete in Bremen zum ersten Mal in einem Hotel. Damals war es noch üblich, am Abend die Schuhe vor die Zimmertür zu stellen, und am Morgen waren sie tatsächlich geputzt. Aber Hermine sah mich ängstlich an. „Ich hab doch nur dieses eine Paar Schuhe mit. Wenn die nun morgen weg sind?" Ihre Sorge erwies sich als unbegründet. Mit blank geputzten Schuhen standen wir auf dem Marktplatz, nicht ahnend, dass wir hier, direkt vor dem Rathaus, 20 Jahre später eine große evangelistische Kundgebung abhalten würden.

Die Schwiegereltern boten uns in ihrem Haus eine Wohnung an. Aber mein Vater hatte mir einmal geraten: „Junge, wenn du mal heiratest, dann wohne weder bei ihr noch bei dir zu Hause. Dann baust du dir besser eine Grashütte am Waldrand."

In jenen Jahren herrschte in der Stadt wie auf dem Land eine große Wohnungsknappheit. Deshalb waren wir froh, als uns Hermines Tante in Rüscheid zunächst ein Zimmer zur Verfügung stellte und uns erlaubte, ihre Küche zu benutzen. Wir waren ohnehin von einer Evangelisation zur anderen unterwegs und gaben die Hoffnung nicht auf, bald irgendwo ein eigenes Heim zu finden.

Schon wenige Wochen später bot uns ein Fabrikant in Altenkirchen eine Kleinwohnung mit Schlafzimmer und Wohnküche an. Er hatte sie für seinen Sohn freigehalten, aber unter der Bedingung, dass wir sie umgehend räumten, sobald sein Sohn sie brauchte, war er bereit, sie uns zu überlassen. Nun, das war immerhin etwas.

Natürlich waren wir bereit, das Risiko einzugehen. Ich verkaufte mein Auto, damit wir das Schlafzimmer bezahlen konnten. Einen Tisch, Schrank und ausgediente Stühle bekamen wir von Verwandten geschenkt, und vom letzten Monatsgehalt kauften wir uns eine neue Couch. Hermines Schwester Irene brachte uns zum Einzug eine große Tasche voller Lebensmittel, und wir freuten uns wie die Kinder zu Weihnachten. Aber die Organisation, bei der ich damals beschäftigt war, befand sich in finanziellen Schwierigkeiten. Daraufhin wurde in einer Vorstandssitzung beschlossen, den Mitarbeitern zunächst keine Gehälter mehr auszuzahlen. So blieb mir durch vier Monate hindurch im Grunde nichts anderes übrig, als eine Evangelisation nach der anderen anzunehmen, denn dann war wenigstens für Unterkunft und Verpflegung gesorgt.

Als im Frühsommer die Zelteinsätze begannen, halfen die eingehenden Kollektengelder unserer Organisation wieder zu einem ausgeglichenen Finanzhaushalt, und die Zustände normalisierten sich. Ich habe damals gelernt, was man im Reich Gottes wohl besser nicht machen sollte. Aber für uns brachten jene Monate auch manche Erfahrung mit sich, die unseren Glauben stärkte.

An unserer Wohnung in Altenkirchen sollten wir nicht lange Freude haben. Manchmal geht es eben so, dass Söhne sich gerade dann verloben, wenn man es nicht erwartet. Der Sohn unseres Vermieters tat es plötzlich, und so standen wir, vereinbarungsgemäß, kurzfristig wieder auf der Straße.

Darauf waren wir natürlich nicht vorbereitet. Für die ganze folgende Woche waren evangelistische Veranstaltungen in verschiedenen Orten vereinbart. Eigentlich hätte ich alles absagen müssen, um mich vor allem um eine Wohnung zu kümmern. Aber als wir unsere Morgenandacht hielten, stieß ich einmal mehr auf ein Wort, das mein Denken und Handeln schon oft beeinflusst und bestimmt hatte: „Trachtet aber zuerst nach dem Reich Gottes und nach seiner Gerechtigkeit! Und dies alles wird euch hinzugefügt werden" (Matthäus 6,33). Unter „dies alles" fiel nach unserem Verständnis neben Essen und Kleidung auch die Frage der Wohnung. Wir verstanden dieses Wort als eine Zusage Gottes und traten die geplante Reise an; unsere Sorge sollte nicht der eigenen Wohnung, sondern dem „Reich Gottes" gelten.

Wir besuchten in jener Woche Gemeinden im Rheinland, in Duisburg und im Siegerland. Aber dabei legten wir die Hände nicht in den Schoß. Wir sagten überall, dass wir dringend eine Wohnung suchten, und nutzten jede Gelegenheit, um uns nach etwas Geeignetem umzuschauen. Aber es was einfach nirgendwo eine Wohnung zu bekommen. In Weidenau schien es fast, als würde sich eine Möglichkeit ergeben, doch dann zerschlug sich auch dies.

Am Montag sollten wir unsere Wohnung in Altenkirchen räumen. Am Sonntagabend sprach ich in einer Gemeinde in dem Ort Freusburger-Mühle. Als Predigttext hatte ich das Wort aus Matthäus 6 vorgesehen: „Trachtet aber zuerst nach dem Reich Gottes ..." Aber in mir wehrte sich alles dagegen, darüber zu sprechen. Es war so hautnah, so persönlich. *Gilt dieser Satz auch wirklich in allen Situationen?,* fragte ich mich.

Ich hatte die ganze Woche damit gerechnet, dass wir irgendwo eine Bleibe finden würden, doch es hatte sich nichts ergeben. Aber ich konnte vor mir selbst nicht davonlaufen; der Predigttext stand fest.

Als ich den Saal betrat, sprach mich ein junger Mann an, den ich gut kannte, und fragte, wie es mir gehe. Ich konnte nicht mit „gut" antworten. Es wäre einfach gelogen gewesen. So sagte ich ihm die Wahrheit: „Wir müssen morgen unsere Wohnung räumen und wissen noch nicht, wohin." Dann trat ich ans Rednerpult und predigte mir selbst. Während ich sprach, lernte ich, dem Text, den ich auslegte, neu zu vertrauen.

Am Schluss der Versammlung trat der junge Mann wieder auf mich zu, und diesmal war er von einem Ehepaar begleitet. Ich kannte beide gut; denn vor einigen Wochen waren sie in meiner Evangelisation zum Glauben gekommen. Es waren Karl Peter und seine Frau Christiane. Karl sagte: „Ich habe eine Wohnung für dich."

Wir fuhren hin. Der Neubau stand noch nicht lange, und als wir die Treppe hochstiegen, stellten wir fest, dass noch kein Strom verlegt war; unsere einzige Lichtquelle war eine Taschenlampe. Die uns zugedachte Wohnung bestand aus zwei Zimmern, aber sie waren noch nicht ausgebaut. Dennoch fand sich ein Weg. Am nächsten Tag holten wir mit einem Lastwagen unsere wenigen Habseligkeiten und lagerten alles auf dem Speicher. Junge Leute, die der Evangelischen Allianz von Kirchen und Freusburger-Mühle angehörten, legten den Fußboden, tapezierten, brachten die notwendigen elektrischen Anschlüsse an und schenkten uns darüber hinaus noch einen zweiflammigen Elektroherd. Fünf Wochen lang standen wir ihnen bei all diesen Arbeiten nicht im Weg, denn wir waren zu Evangelisationen in Klafeld bei Siegen und Duisburg-Ruhrort unterwegs.

Am Ende der Evangelisation auf dem Klafelder Marktplatz sprach uns ein Möbelhändler mit seiner Frau an: „Wir haben gehört, dass ihr noch keinen Wohnzimmerschrank habt. Wir möchten euch als Dank für Gottes Wirken in dieser Arbeit gern einen schenken."

Die guten Leute hatten recht; denn die kleine, wacklige Vitrine, mit der wir uns behalfen, konnte man beim besten Willen nicht als Wohnzimmerschrank bezeichnen.

Der Möbelhändler nahm uns mit zu seinem Lager, führte uns direkt zum größten und schönsten Schrank und sagte: „Wir hatten an diesen hier gedacht."

Nach unserer Rückkehr aus Ruhrort lieferten sie den Schrank in der soeben fertiggestellten Wohnung persönlich ab und schauten sich dabei auch in unserer Wohnküche um. Sie betrachteten den wurmstichigen Tisch und die altersschwachen Stühle, sagten aber nichts. Doch am nächsten Abend waren sie wieder da, diesmal mit einem neuen Tisch und neuen Stühlen. Von einem Dankeschön wollten sie nichts wissen.

An diesem Tisch sind später manche für mich und meine Arbeit wichtigen Entscheidungen gefallen. Hier entstanden Traktate, Buchmanuskripte und Radiosendungen. Hier diskutierten wir die Möglichkeiten der Gründung eines eigenen Missionswerks, beantworteten die seelsorgerliche Korrespondenz. Hier entstand unser erster Bibel-Korrespondenzkurs und auch unserer ersten Buchführung diente dieser Tisch als Unterlage.

„Stell dein Radio an!"

Die Anfänge der evangelistischen Rundfunkarbeit in Deutschland

---

Anfang der 50er-Jahre gab es in Deutschland noch kaum UKW-Geräte und vor allem noch kein Fernsehprogramm. So mancher sparte selbst das Geld für den Bezug einer Tageszeitung ein, und damit fiel dem Rundfunk als Massenkommunikationsmittel eine beherrschende Funktion zu.

Die Welt hörte Radio – die Hausfrau bei der Hausarbeit, der Arbeiter bei der Werkbank. Morgens, mittags und nachmittags, vor allem aber am Abend wurde der Rundfunk, neben der Tageszeitung, zum wichtigsten Informationsvermittler.

Der Aktionsbereich des Rundfunks übertrifft den der Tageszeitung. Während man Schulbrote streicht oder Strümpfe stopft, kann man zwar Radio hören, aber nichts lesen. Außerdem empfinden viele Menschen das

Hören als weniger anstrengend. Deshalb interessierte ich mich schon sehr früh für die Möglichkeit, evangelistische Ansprachen über den Rundfunk auszustrahlen.

Bereits während meiner Bibelschulzeit beschäftigte ich mich damit. In meinem jugendlichen Eifer spielte ich damals sogar mit der Idee eines Piratensenders. Als meine Schwester einwandte, dass dies gegen das Gesetz sei, wollte ich dieses Argument zunächst nicht gelten lassen. Ich führte dagegen an, dass auch die Apostel gegen die Anweisung ihrer politischen und religiösen Führer gehandelt hätten, als sie trotz des ausdrücklichen Verbots in der Öffentlichkeit weiter von Jesus sprachen und dafür sogar ins Gefängnis gebracht wurden. Manche evangelistische Arbeit in Ländern, in denen Mission verboten ist, verstoße gegen die Gesetze des betreffenden Landes, versuchte ich meine Position zu verteidigen. Aber irgendwo spürte ich, dass sie recht hatte. Man musste einen legalen Weg suchen. – Aber wie war das möglich?

Von 1953 an bemühte ich mich bei verschiedenen Rundfunkanstalten um eine regelmäßige wöchentliche Sendezeit zur Ausstrahlung evangelistischer Vorträge. Dieser Gedanke beschäftigte mich immer wieder. Und ich bat Gott, mir in dieser Sache einen Weg zu zeigen. Dabei wurde mir klar, dass die evangelistische Rundfunkarbeit weder den Gottesdienst noch die zahlreichen evangelistischen Aktivitäten im Lande oder die konkreten Aufgaben der Ortsgemeinden in den verschiedenen Bereichen ersetzen konnte oder durfte. Aber sie stellte nach meiner Auffassung eine wirkungsvolle, in der gegebenen Situation dringend notwendige Ergänzung dar.

Mir fiel auf, dass viele Menschen damals kritiklos glaubten, was Rundfunksprecher sagten. Oft hielt man es schlechthin für die Wahrheit. Dieselben Menschen, die in den 30er-Jahren den nationalsozialistischen Propagandasendungen Goebbels'scher Prägung auf den Leim gegangen waren, vertrauten jetzt der Stimme, die aus dem Radio kam, als wäre nichts gewesen. Welche Chance musste dann erst darin bestehen, die endgültige und letzte Wahrheit über den Rundfunk zu verbreiten: die Wahrheit des Evangeliums?!

Gewiss, auch zu jener Zeit übertrugen die öffentlich-rechtlichen Rundfunkanstalten Morgenandachten, Gottesdienste und geistliche Sendungen für Kranke. Aber was mir vorschwebte, war eine direkte, aggressive Darstellung der Not des Menschen, um ihn zur Rückkehr zu Gott zu bewegen. Es ging mir um den einfachen Ruf, sich für Jesus Christus zu entscheiden, sich zu ihm zu bekehren; denn dieser Akzent erschien mir in allen kirchlichen Sendungen nicht stark genug. Außerdem hielt ich es für einen Vorteil, wenn derselbe Redner regelmäßig zu einer bestimmten Zeit über denselben Sender zu hören wäre. Die Sorge, es könnte eine „Rundfunkgemeinde" entstehen, teilte ich nicht, zumal ein fester Hörerkreis auch Vorteile hat, über die man freilich kaum sprach.

Aber die Rundfunkanstalten in Deutschland hatten ohnehin ihr eigenes Konzept. Käufliche Sendungen gab es zwar für den Werbefunk, nicht aber für weltanschaulich-religiöse Sendungen. Die einzige Chance für „private" evangelistische Sendungen lag also bei den kommerziellen Rundfunksendern. Doch die waren nicht in Deutschland stationiert und in den Nachbarstaaten waren wir in den 50er-Jahren noch nicht sonderlich beliebt. *Radio Luxemburg* hatte nur auf der Langwelle einige deutsche Sendungen im Programm und legte keinen Wert darauf, diese um den religiösen Beitrag einer deutschen Gruppe zu erweitern. Trotzdem fuhr ich nach Luxemburg und sprach mit dem Programmdirektor. Er winkte mit beiden Händen ab. Für religiöse Sendungen, noch dazu in deutscher Sprache, wäre kein Raum. Aber so schnell gab ich mich nicht geschlagen. Mit immer neuen Argumenten versuchte ich, die Tür wenigstens einen Spaltbreit geöffnet zu bekommen. Aber der mächtige Mann sah mich nur lächelnd an. „Sie können ja dafür beten", meinte er.

Aus tiefster Überzeugung entgegnete ich: „Das werde ich auch."

Erschrocken hob er die Hände noch etwas höher. „Ich habe nur Spaß gemacht", versuchte er die Sache herunterzuspielen.

„Ich nicht", konterte ich.

Wir hatten später öfters miteinander zu tun und verstanden uns dabei eigentlich immer recht gut. Als wir wöchentlich acht Sendungen über Luxemburg ausstrahlten, machte ich ihn einmal darauf aufmerksam, dass ich seinen Rat von damals befolgt hatte. Auch andere deutsche Missionswerke benutzten nun den gleichen Kanal.

Zunächst aber war in Luxemburg keine einzige Minute Sendezeit zu holen. Deshalb versuchte ich mein Glück bei *Radio Monte Carlo*. Dieser Sender war zwar im norddeutschen Raum nicht so gut zu hören, doch dort hatte man eine Sendezeit frei; allerdings erst um 23:10 Uhr, und mitten in einem französischsprachigen Programm.

Aber in jenen Tagen konnte ich es mir nicht leisten, wählerisch zu sein.

Nun war ich also im Besitz einer Sendezeit. Die erste Sendung hatte ich – im Vertrauen darauf, dass Gott schon irgendwann und irgendwo eine Tür öffnen würde – bereits im Sommer aufgenommen. Dabei stellten sich Schwierigkeiten ganz anderer Art ein. Wie sollte ich meine Sendungen produzieren?

Ein professionelles Tonstudio damit zu beauftragen kam aus finanziellen Gründen nicht infrage. Als Müller aber hatte ich zwar mit Förder-, aber nicht mit Tonbändern zu tun gehabt, und auf einer Bibelschule der 30er-Jahre kam Rundfunktechnik auf dem Lehrplan naturgemäß nicht vor.

Alles, was ich besaß, war ein Grundig-Tonbandgerät. Also nahmen wir die erste Life-Sendung an einem Augustsonntag 1953 in einem Missionszelt in Wülfrath auf. Der Chor stand bereits, die Entfernung des Klaviers zum Mikrofon hatten wir genau ausgemessen, und meine Frau saß hinter der Bühne und fungierte als Tontechniker, indem sie das Tonbandgerät aussteuerte. Die Möglichkeit, das Band nachträglich zu schneiden und so auf die richtige Länge zu bringen, hatten wir nicht; deshalb musste die Sendung ohne nachträgliche Korrektur die vorgegebenen 15 Minuten auf Anhieb füllen.

Zuerst sang der Chor, und die Ansage machte ich, ganz nahe ans Mikrofon tretend, während der Chor im Hintergrund leise weitersang. Dann sprach ich über Offenbarung 3,20: „Siehe, ich stehe vor der Tür und klopfe an." Der abschließende gemeinsame Gesang klappte nur, weil alle Besucher bereits vor Beginn der Sendung aufgestanden waren. Als der Schluss des letzten Liedes verklang, hatten wir unsere 15 Minuten fast auf die Sekunde genau erreicht.

Alle Zeltbesucher atmeten erleichtert auf. Unsere erste Rundfunksendung war aus der Taufe gehoben. Sie wurde am 4. Dezember 1953 um 23:10 Uhr über *Radio Monte Carlo* ausgestrahlt. Die folgenden Sendungen nahmen wir mit demselben kleinen Tonbandgerät auf. Dazu stellte unser Hausherr sein Wohnzimmer zur Verfügung, weil unsere beiden Räume sich akustisch für diese Arbeit nicht eigneten. Aber ich lernte – jedenfalls in bescheidenem Umfang –, mit der Materie „Tonband" umzugehen.

Zunächst endete der Versuch, eine evangelistische Rundfunkmission aufzubauen, allerdings bereits nach drei Monaten, denn die Organisation, mit der ich zusammenarbeitete, sah diese Arbeit nicht als ihre Aufgabe an. So beschlossen wir, uns zu trennen.

Für die Zusammenarbeit mit Monte Carlo hatte das keine negativen Auswirkungen. Dort bot man mir, obwohl ich ein völlig unbekannter Mann war, einen Zwölfmonatsvertrag mit einem finanziellen Volumen von 28.000 DM an. Im Vertrauen auf Gott unterschrieb ich diesen Vertrag damals, obwohl mir niemand Hilfe in Aussicht gestellt, geschweige denn zugesagt hatte. Alle Adressen, die ich aus der Zeit der Zusammenarbeit mit *Jugend für Christus* besaß, habe ich vernichtet und bei null begonnen. Aber das bereitete mir kein großes Kopfzerbrechen; mein Problem lag ganz woanders.

Ich fand nämlich keine christliche Organisation, die mich mit meinen Ideen und meinem Vertrag unter die Fittiche nehmen wollte. Als Privatmann aber erhielt ich keine Genehmigung, Devisen auszuführen, selbst wenn ich das Geld gehabt hätte. Wer ins Ausland reiste, durfte nur 40 DM mitnehmen, und man erwartete von ihm, dass er möglichst viel davon wieder mit zurückbrachte. So war das damals. Wenn ich meinen Vertrag erfüllen wollte, brauchte ich entweder eine Firma oder einen eingetragenen Verein.

Der Verein war für diesen Zweck die richtige juristische Form. Zur Eintragung beim Amtsgericht aber waren insgesamt sieben Mitglieder nötig, die damit zugleich die Haftung für die finanzielle Verpflichtung des Unternehmens übernahmen. Sechs Leute hatten wir schließlich beisammen, aber ein siebter wollte und wollte sich nicht finden. Zu guter Letzt unterschrieb einfach meine Frau, und so wurde der „Verein evangelistisches Jugendwerk" gegründet, der später in „Missionswerk Neues Leben" umbenannt wurde. Als „stolze" Mitglieder zeichneten: Irmgard Jeromin, Bernhard Kastrup, Erich Kram, Jochen Lagemann, Helene Wiefelspütz, Anton und Hermine Schulte.

Das Vereinsbüro fand zusätzlich in unserer Wohnküche Aufnahme. Als Echo auf die ersten Sendungen erreichten uns 11, dann 16 Briefe. Wir freuten uns über jeden einzelnen. Niemand von uns ahnte damals, dass auf spätere Sendungen 300, 400, ja bis zu 700 Menschen schreiben würden. Als wir dann nach Wölmersen umzogen, konnte unser Wohnzimmer als Tonstudio dienen. Meine Frau hatte sich daran gewöhnt, neben Kartoffelschälen, Gemüseputzen und Kinderhüten auch das Tonband auszusteuern, während ich die Sendungen sprach.

Im gemeindeeigenen Stromnetz gab es tagsüber so viele Schwankungen, dass wir die Programme am

Abend aufnehmen mussten. Dann waren auch die Kinder im Bett, aber regelmäßig blökte um diese Zeit eine Kuh. Also verlegten wir die Aufnahmen auf den frühen Morgen. Um 5:00 Uhr hatte sich die Kuh beruhigt, und selbst die Frühaufsteher unter den Bauern waren mit ihren laut tuckernden Traktoren noch nicht zu fürchten. Bloß der Hahn war um diese Zeit natürlich aktiv. Den haben wir dann einfach draufgelassen, und die Techniker in Luxemburg meinten schmunzelnd: „Das passt ganz gut zu einer Morgensendung."

Eines Morgens kam unser Sohn Peter, inzwischen vier Jahre alt, die Treppe herunter, und wieder wurde ihm als Erstes entgegengezischt: „Psst! Vati macht Sendung." Da hatte er endgültig genug. Zornig und verzweifelt stieß er hervor: „Blöde Sendung!" Es war nicht leicht, ihm klarzumachen, dass wir für unsere Arbeit ein Tonbandgerät im Wohnzimmer brauchten wie die Bauern im Dorf ihre Kühe im Stall und den Traktor auf dem Hof. So lernten unsere Kinder früh, evangelistische Arbeit in ihr Leben einzubeziehen.

Nach einiger Zeit fanden wir dann ein preiswertes Tonstudio, und damit waren die technischen Probleme gelöst. Aber bis es so weit war, mussten die sieben Mitglieder, die das Missionswerk „Neues Leben" gegründet hatten, manche Glaubensprüfung durchstehen.

Um die Rundfunkarbeit zu finanzieren, nahm ich jede Einladung zu Evangelisationen, evangelistischen Einzelvorträgen und Predigten an. Zum Schluss der Veranstaltung erbat ich jeweils die Kollekte für die Rundfunkmission. Außerdem versuchte ich, Christen dafür zu gewinnen, diese Arbeit monatlich mit einem festen

Betrag zu unterstützen. „Wenn jeder monatlich 1 DM gibt, können wir die Sendungen bezahlen", argumentierte ich, und der Freundeskreis wuchs. Viele schickten tatsächlich 1 DM, manche 2 oder 5 DM, selten war es mehr. Besonders beteiligten sich junge Leute und Menschen, die in unseren Evangelisationen zum Glauben gekommen waren. Ich war in jener Zeit fast pausenlos unterwegs.

Einige Monate später standen wir vor der Tatsache, dass wir eine Rechnung für Sendekosten in Höhe von 1.600 DM nicht bezahlen konnten. Ich sehe uns noch in unserem Wohnzimmer in Kirchen niederknien und Gott um Hilfe bitten. Dass wir aufhören sollten, konnten wir uns einfach nicht vorstellen. Gerade in jenen Tagen hatte uns eine Frau aus Süddeutschland geschrieben, dass sie durch die Sendungen sehr angesprochen worden sei, und nun habe sie plötzlich Angst, ich könnte diese Sendereihe einstellen. Sie bat mich, dies nur ja nicht zu tun, denn für sie wäre es die einzige Möglichkeit, das Evangelium zu hören.

Wir baten Gott um Klarheit. Wir prüften uns, ob unser Glaube zu klein war oder ob persönliche Schuld vorlag, und befahlen dann Gott demütig die ganze Sache an.

An einem der nächsten Tage erhielten wir einen Brief mit einem Scheck über 1.600 DM. Damit waren unsere Fragen beantwortet. Soweit ich es übersehe, konnte der Spender nicht wissen, in welchen Schwierigkeiten wir uns befanden. Ich war ihm vorher nur ein einziges Mal begegnet, und es war die einzige Spende dieser Größenordnung in den folgenden Jahren. Das war eine Bestätigung Gottes, die uns Mut machte weiterzuarbeiten.

Weitere Prüfungen sollten uns nicht erspart bleiben; wir sollten aber immer wieder erleben, wie Gott seinen Leuten auf wunderbare Weise helfen kann.

Einem Evangelisten geht es immer darum, dass Menschen ihr Leben Jesus Christus anvertrauen. Das gilt natürlich auch für die Rundfunkarbeit. Ich hatte mir gewünscht, dass gleich aufgrund der ersten Programme Menschen schreiben würden, dass die Sendung für sie konkreter Anstoß zum Glauben geworden war. Aber die ersten Briefe kamen von suchenden Menschen und enthielten vor allen Dingen Fragen. So bot ich den Hörern ein Neues Testament an und forderte sie auf, mir zu schreiben, wenn sie seelsorgerlichen Rat brauchten.

Und doch hat Gott schon durch die erste Sendung gewirkt. Vier Jahre später schrieben mir zwei junge Männer aus dem Raum südlich von Karlsruhe: „Lieber Herr Schulte! Wir sind 22 und 23 Jahre alt und möchten Ihnen einmal mitteilen, was wir vor vier Jahren erlebt haben. Wir saßen damals, kurz nach 23:00 Uhr, im Wohnzimmer und suchten im Radio Musik. Da hörten wir Ihre Predigt. Sie sprachen über das Wort Jesu: ‚Siehe, ich stehe vor der Tür und klopfe an.' Das hat uns so getroffen, dass wir im Wohnzimmer niedergekniet sind und unser Leben Jesus Christus weihten. Heute gehören wir zum Jugendbund für entschiedenes Christentum (EC). Wir meinten, Sie brauchten vielleicht einmal eine Ermunterung, deshalb haben wir Ihnen diese Zeilen geschrieben."

Was diese jungen Männer nicht wussten, war, dass sie die Frucht unserer ersten evangelistischen Radiosendung waren. So geht es in der Rundfunkarbeit oft. Manchmal erhält man erst nach langer Zeit ein Echo, und vieles erfährt man nie. Aber manchmal lässt Gott einen doch „hinter den Vorhang" blicken.

Einige Zeit später stellte dann auch *Radio Luxemburg* Zeit für regelmäßige evangelistische Rundfunksendungen zur Verfügung, zunächst am Nachmittag auf der Langen Welle, dann auch über Mittel- und Kurzwelle. Nun kamen auch andere Missionswerke hinzu, die Sendezeit kauften und evangelistische Sendungen ausstrahlten.

Mit der Hilfe ausländischer Evangelisten produzierten wir nun auch Sendungen in russischer, ungarischer und spanischer Sprache, die über *Radio Tanger* ausgestrahlt wurden, eine Station, die der amerkanischen Rundfunk-Missionsgesellschaft *Trans World Radio* gehörte.

Wenn ich mit unseren Mitarbeitern über Land fuhr, wurde uns die ungeheure Möglichkeit der Rundfunk-Evangelisation immer neu deutlich. Wenn wir durch Dörfer und Städte kamen, sprach ich den Gedanken, der mich beschäftigte, immer wieder aus: „Stellt euch vor, in jedem Haus ist ein Radio. Was bedeutet das für eine Möglichkeit?!" Und meist erklang dann die Stimme von Ruth Frey, die in jenen Jahren die Kinderarbeit in unserem Werk aufbaute, wie ein Echo hinterher: „Und in jedem Haus gibt es Kinder!"

Anfangs erschien uns das wie ein Widerspruch. Ich dachte immer nur an das Radio, sie an die Kinder, die das Evangelium hören sollten. – Eines Tages löste sich der scheinbare Gegensatz: Wir begannen gemeinsam, um eine Radiosendung für Kinder zu beten. *Radio Luxemburg* stellte uns dafür zunächst keine geeignete Sendezeit zur Verfügung. Bis uns plötzlich klar wurde, dass wir, wenn wir um eine Rundfunksendung für Kinder beteten, auch beginnen mussten, die ersten Programme herzustellen. Wir dachten an die Träger der Bundeslade unter Josua, die in den Jordan hineinwaten mussten, bis das Wasser ihre Knie erreichte; erst dann staute es sich, und sie konnten den Fluss trockenen Fußes durchqueren.

Vielleicht mussten auch wir Kinderprogramme produzieren, bevor Gott unsere Bitte erhören wollte? Also begannen wir, Kindersendungen aufzunehmen. Wenig später erhielten wir prompt eine günstige Sendezeit für unsere Sendung *Die fröhliche Kinderstunde*. Als Ergänzung dazu gaben wir eine Kinderzeitschrift mit dem gleichen Titel heraus.

Bei *Radio Luxemburg* wurden im Laufe der Zeit die evangelistischen Rundfunksendungen schrittweise auf die frühen Morgenstunden verdrängt. Vielleicht bestand der Grund darin, dass die religiösen Sendungen den nachfolgenden Werbeeinschaltungen abträglich waren. Das brachte zwangsläufig eine Reduzierung der Sendungen über Luxemburg mit sich. Im gleichen Ausmaß dehnte der *Evangeliums-Rundfunk* in Deutschland seine Sendungen aus und auch ich wurde zu vermehrter Mitarbeit eingeladen. Im Übrigen wurden meine Vorträge über Stationen in Südamerika, USA und Kanada ausgestrahlt, insgesamt weit über 10.000-mal.

Welche Bedeutung dabei selbst den Sendungen über Kurzwelle zukam, wurde mir deutlich, als ich in Vancouver in Kanada eine Frau traf, die mir dankbar beide Hände drückte. Sie war kurz vorher aus Russland angekommen. „Ich habe am Ural gewohnt", berichtete sie, „und dort Ihre Sendungen über *Radio Luxemburg* auf

Kurzwelle gehört. Durch diese Ansprachen bin ich zum Glauben an Jesus Christus gekommen. Dann habe ich mir gesagt: *Der Gott, der mich errettet hat, kann mich auch zu meinen Verwandten nach Kanada bringen.* Und Gott hat mein Gebet erhört. Jetzt bin ich mit meinen Angehörigen wieder zusammen."

In Österreich traf ich einen Mennonitenprediger, der die Möglichkeit hatte, Gemeinden in Sibirien zu besuchen. Er fragte mich: „Weißt du eigentlich, dass du in Sibirien ein bekannter Mann bist?" Als ich ihn erstaunt anschaute, erklärte er mir, dass man dort *Radio Luxemburg* im 49-Meter-Band direkt neben *Radio Moskau* empfangen kann. „Die Zeitverschiebung bewirkt", erklärte er, „dass du zu einer sehr guten Zeit zwischen 9:00 und 10:00 Uhr morgens gehört wirst." In Sibirien gab es immerhin eine Million Menschen, die Deutsch verstanden.

Ein Auswanderer aus Russland erzählte mir, dass sie oben am Eismeer nicht nur unsere Sendungen gehört, sondern sie auf Tonband aufgenommen und diese Bänder von Haus zu Haus weitergegeben hätten. Viele Menschen seien dadurch zum Glauben an Jesus Christus gekommen.

Als ich in Wettingen in der Schweiz eine Evangelisation durchführte, kam am ersten Abend ein Mann auf mich zu und sagte: „Ich bin Ingenieur und begeisterter Kurzwellenjäger. Ich höre gern die DX-Sendungen ab, eine Spezialsendung für Kurzwellenfreunde. Dabei stieß ich auf Ihre Sendung, die in Südamerika über die Station *Die Stimme der Anden* ausgestrahlt wird. Sie wurde zum Anstoß für meine Entscheidung für Christus. Als ich in der Zeitung las, dass Sie hierherkommen, dachte ich, das sollte ich Ihnen erzählen."

Man könnte lange davon berichten, wie es Gott gefallen hat, durch die evangelistische Rundfunkarbeit Menschen anzusprechen und für sein Reich zu gewinnen. Und immer würde man nur einen Bruchteil dessen erfassen, was tatsächlich durch die unsichtbaren Rundfunkwellen, die zwangsläufig auch zu unsichtbaren Ergebnissen und Reaktionen führen, geschehen ist.

IM AUFNAHESTUDIO

Von Duisburg nach Wien

Als Evangelist im deutschen Sprachraum unterwegs

Die Evangelisation auf Straßen und Marktplätzen erschien mir von Anfang an als eine der wirkungsvollsten Möglichkeiten, um Menschen zu erreichen, die sich vom Glauben und von der Kirche entfernt hatten. „Wenn die Leute nicht mehr in die Kirche kommen, muss die Kirche zu ihnen auf die Straße gehen" (Johann Hinrich Wichern). Meine Liebe zum Marktplatz hängt dabei sicher mit meinen ersten eigenen Erfahrungen zusammen. Für die schottischen Christen war es selbstverständlich, dass sie an den Sonntagen solche Veranstaltungen an der Straßenecke oder im Park durchführten. Auch ich selbst erlebte dort meinen ersten „Auftritt".

In Deutschland versuchte ich dann, junge Leute aus den Jugendkreisen der Gemeinden dafür zu gewinnen, als eine Art evangelistischer Stoßtrupp auf dem Bahnhofsvorplatz oder an der nächsten Straßenecke zu agieren. Dieser Stil der Straßenversammlungen war übrigens in Deutschland erfolgreicher als in England, denn bei uns bleiben die Leute eher stehen, sie traten näher heran und hörten aufmerksamer zu. Nun war man derartige Zusammenkünfte bei uns auch nicht gewohnt, während sie in England zum täglichen Straßenbild gehörten. Doch es dauerte nicht lange, bis ich erkannte, dass diese Form der Veranstaltung Grenzen hat. Man kann dabei das eigentliche Thema nur anreißen; denn es sind immer nur Wortfetzen, Sätze und Ausschnitte, die der einzelne Hörer aufnimmt. Für eine umfassende Darstellung der guten Nachricht fehlen Zeit und Ruhe.

Also erprobte ich „Varianten" dieser Spielart. Als mich die Landeskirchliche Gemeinschaft in Duisburg-Ruhrort zu einer Evangelisation einlud, gelang es mir, die Verantwortlichen davon zu überzeugen, dass das Evangelium auf den Marktplatz gehört. Im Juni 1953 hing dann auch ein großes weißes Spruchband über dem Marktplatz. Es trug die Aufschrift: „Straßenpredigten vom 14.–28. Juni. Es spricht Anton Schulte." Den Stoff dazu hatte mir ein Geschäftsmann in Rheydt geschenkt, beschriftet hatte ihn ein junger Mann aus der Gemeinde, und aufgehängt hatten das fertige Erzeugnis die Arbeiter der Stadtwerke.

In Ruhrort habe ich gemerkt, welchen Einfluss eine Schwesternhaube haben kann, wenn sie von einer mutigen und engagierten Frau getragen wird. Dieser Gemeindeschwester gelang es, von einer Firma das Kabel geliehen zu bekommen, das wir für den Lichtanschluss auf dem Platz brauchten. Und sie überzeugte einen Bauunternehmer davon, dass wir seine Bretter und

Hohlblocksteine benötigten, um daraus Abend für Abend Sitzbänke aufbauen zu können, die im Anschluss an die Veranstaltungen von den jungen Leuten wieder weggeräumt werden mussten. Die Firma Haniel stellte einen Lastwagen mit Fahrer zur Verfügung.

Alles, was ich mitbrachte, war ein Volkswagen mit einer auf dem Dach montierten Lautsprechereinrichtung. Das dazugehörige Mikrofon befestigten wir am Abend an dem Rednerpult, das wir uns von der Landeskirchlichen Gemeinschaft geliehen hatten. Dahinter hatten wir ein Spruchband aufgespannt, auf dem nur das Wort „Jesus" stand. Das Ganze garnierten wir mit ein paar Lorbeerbäumen, die uns das Friedhofsamt freundlicherweise überlassen hatte. Die Werbeplakate hatte eine ortsansässige Druckerei kostenlos geliefert. Alle Mitarbeiter wohnten in Privatquartieren. Die gesamte Evangelisation kostete uns keinen roten Heller. Anders wäre es auch nicht gegangen, denn unsere Taschen waren leer.

An jenem Abend hörten Hunderte von Menschen dem kleinen, untersetzten Mann zu, der beim Reden kräftig mit den Armen ruderte. Ich sprach jeweils über einen anderen Bibeltext. Aber immer ging es mir darum zu erklären, wie ein Mensch sein Leben Jesus Christus anvertrauen kann und dadurch die gleiche Befreiung und Veränderung erfährt, die ich selbst erlebt hatte.

An einem Abend sprach ich über die Geschichte vom reichen Jüngling. Von ihm wird im Neuen Testament gesagt: „Er ging traurig davon; denn er hatte viele Güter." So rief ich in die nun schon über 1.000 Besucher zählende Menge hinein: „Willst du auch traurig weggehen, weil dir andere Dinge wichtiger sind als Jesus?"

An diesem Abend ging die Druckereibesitzerin Helene Wiefelspütz nachdenklich nach Hause und kam zu dem Entschluss, dass sie nicht länger vor Jesus weglaufen wollte. Als ich am letzten Abend alle Menschen, die sich während der Evangelisation für Jesus entschieden hatten, aufforderte, als öffentliches Bekenntnis nach vorn ans Rednerpult zu treten, war sie die Erste, die aufstand und nach vorn kam. Ihr gehörte die Druckerei Brendow & Sohn, der auch ein Verlag angeschlossen war.

In jenen Jahren nahm ich alle Gelegenheiten wahr, in Missionszelten zu sprechen und in Stadthallen oder anderen neutralen Sälen Evangelisationen durchzuführen. Und diese Gelegenheiten mehrten sich. Aber dazwischen zog es mich immer wieder ins Freie. Mit der Unterstützung des CVJM sprach ich an einem verkaufsoffenen Samstag vor Weihnachten auf dem Platz gegenüber dem Kaufhof in Siegen. Und zu einer der kuriosesten Freiversammlungen kam es im Oktober 1954 in Gießen. Die kleine Freie evangelische Gemeinde, die sich damals noch in einem Privathaus traf, hatte mich zu einer Evangelisation in die Aula einer Schule eingeladen. Der Besuch war anfangs denkbar schlecht, lediglich die ersten vier bis fünf Stuhlreihen waren besetzt.

Daraufhin versuchte ich, bei der Stadtverwaltung eine Genehmigung für Freiveranstaltungen zu erhalten, wurde aber abgewiesen. Nun blieb nur noch die Selbsthilfe übrig. Zusammen mit einem Mitarbeiter zog ich am Nachmittag in die belebteste Verkaufsstraße. Als einziges Requisit hatten wir einen Stuhl mit. Den stellten wir nun zwischen uns auf, und ich fragte meinen Partner laut: „Weißt du, warum dieser Stuhl hier steht?"

Vereinbarungsgemäß antwortete er mit ebenso kräftiger Stimme: „Nein, ich weiß nicht, wozu der Stuhl hier steht."

„Aber einer muss doch wissen, wozu der Stuhl hier steht!", konterte ich.

Einige Menschen blieben stehen und beobachteten uns interessiert.

Da wandte ich mich an sie: „Weiß jemand von Ihnen, weshalb der Stuhl hier steht?"

Die Leute schauten sich gegenseitig an, als ob jeder vom anderen die Antwort erwarte. Dann schüttelten sie den Kopf. Daraufhin setzten mein Partner und ich das Gespräch über die Frage, warum hier mitten auf dem Bürgersteig ein Stuhl stehe, fort. Inzwischen waren wir von einer Menschentraube von etwa 50 bis 60 Leuten umgeben. Da kletterte ich auf den Stuhl, damit mich auch jeder hören konnte, und erklärte: „Dieser Stuhl steht hier, weil ich Ihnen etwas Wichtiges mitzuteilen habe."

Mit knappen Sätzen skizzierte ich ein Bild des Menschen, der nach dem Sinn seines Lebens sucht und sich nach Freude, Frieden und Geborgenheit sehnt. Als ich den Leuten gerade erklären wollte, dass nur Jesus Christus diese entscheidende Frage beantworten, die damit verbundenen Probleme lösen könne, sah ich einen Polizisten herankommen. Zum Glück blieb er zunächst beobachtend stehen, sodass ich meine Ansprache zusammenfassen und die Menschen aufrufen konnte, an Christus zu glauben.

Da aber hatte sich der Beamte einen Weg durch die Menge gebahnt und wollte die Genehmigung sehen, die mir erlaubte, hier einen solchen Aufruhr zu veranstalten. Als ich ihm erklärte, dass ich zu meinem Bedauern über ein solches Papier nicht verfüge, erklärte er: „Dann müssen Sie sofort aufhören."

„Ich möchte den Leuten nur noch etwas mitteilen", sagte ich schnell, und er erlaubte es mir. So konnte ich noch zu unserer Evangelisation einladen, in der ich ausführlich über dieses Thema sprechen würde, und ihnen den Weg zur Aula beschreiben. Damit war meine Redezeit endgültig abgelaufen. Gegen Ende der Woche war die Aula, sicher nicht nur deshalb, voll besetzt.

Für den Sommer hatte ich weiterreichende Pläne: Ich wollte ins Ruhrgebiet. Zwar war das für Evangelisationen noch nie ein besonders fruchtbarer Boden, aber schließlich war es meine Heimat. Und die Herausforderung reizte mich. Zu guter Letzt lud uns die Gemeinde in Gelsenkirchen-Buer ein. Dort war ich mit meiner Art schon bekannt, denn im vorausgegangenen Sommer hatten wir mit dem *Jugend-für-Christus*-Zelt einen Einsatz in dieser Stadt durchgeführt.

Als wir an den ersten Abenden fast nur vor leeren Bänken sangen und predigten, klebte ich ein Plakat mit der Aufschrift „Kommt zur Zeltmission" auf ein großes Pappschild und befestigte daran rechts und links je eine Dachlatte. Zusammen mit einer Helferin trug ich nun das Plakat an den Vor- und Nachmittagen durch die belebten Geschäftsstraßen. Und nach fünf Tagen hatte sich das Zelt gefüllt. – lnzwischen kannten mich die Christen von Buer auch als Redner. Der CVJM, die Evangelisch-Freikirchliche Gemeinde und die Landeskirchliche Gemeinschaft unterstützten unser Vorhaben.

Seit einiger Zeit hatte ich nun auch einen tüchtigen Mitarbeiter, der die organisatorischen Vorbereitungen übernahm. Jochen Lagemann, Vater von fünf Kindern und von Beruf Drogist, hatte im Anschluss an eine Missionskonferenz von *Jugend für Christus* in Weidenau spontan seinen Beruf und sein Geschäft aufgegeben. Kurz darauf tauchte er in einer meiner Evangelisationen auf und sagte einfach: „Hier bin ich." Er hatte den Ruf in die Missionsarbeit persönlich gehört und befolgt; so viel Liebe zu Christus und Bereitschaft, für ihn zu arbeiten, habe ich selten gefunden.

Dabei war die Situation, wenn man sie menschlich betrachtete, alles andere als rosig. Ich konnte ihm weder ein Gehalt noch eine sonstige finanzielle Vergütung garantieren. Daraufhin entschied Jochen Lagemann: „Gott hat mich gerufen. Ich bleibe auch ohne Bezahlung." Ich schluckte mehr als einmal, aber dagegen hatte ich keine Argumente. Jochen kam mit. Und Gott versorgte seine Familie immer wieder auf wunderbare Weise; entscheidenden Anteil daran hatten Christen in Siegen, die die Situation kannten.

Nun verhandelte Jochen mit den Behörden in Gelsenkirchen darüber, welche Plätze sie uns für die evangelistischen Veranstaltungen zur Verfügung stellen konnten. Eine Woche blieben wir in Gelsenkirchen Buer und für eine zweite erhielten wir den gerade neu hergerichteten und frisch geteerten Marktplatz von Gelsenkirchen-Horst. Eine Woche der geistlichen Zurüstung in Gelsenkirchen-Stadtmitte sollte sich anschließen, bevor wir für drei Wochen auf dem Elisabethplatz an die Öffentlichkeit traten. Während dieser sechs Wochen hoffte ich, das Evangelium in diese von Bergbau und Stahlindustrie geprägte Stadt hineinzutragen.

Seit Kurzem gehörte auch der Sänger Franz Knies zu unserem Team. Er war von Jugend an Christ und hatte ein bewegtes Leben hinter sich; die Spannung zwischen Gemeinde und Bühne charakterisierte seinen Lebensweg. Jetzt hatte er sich bereit erklärt, evangelistische Lieder zu singen und auf diese Weise die Verkündigung des Evangeliums in unseren Veranstaltungen zu unterstützen und zu umrahmen. Seine klare Aussprache, die auch vorbeieilenden Passanten half, den Text seiner Lieder zu verstehen, und seine Liebe zum Heilslied machten ihn für den Marktplatz wie geschaffen.

Hinzu kam für mich, dass ich seine Lieder auch für die musikalische Umrahmung der Rundfunkansprachen gut gebrauchen konnte. Und in Zusammenarbeit mit einem Chor aus Mettmann brachten wir nach dem Krieg die ersten christlichen Schallplatten heraus.

Wir hatten uns eine kleine elektronische Tutti-Fox-Orgel zugelegt. Ihr Vorteil bestand vor allem darin, dass man sie leicht transportieren konnte, und ihr Lautsprecher ließ sich auch mit einem Mikrofon für den Sänger verbinden. Für einige Hundert Menschen reichte eine solche Lösung aus.

An dieser Orgel demonstrierte Abend für Abend ein junger Mann sein Können. Er war Buchhalter bei den *Stinnes*-Werken, hieß Herbert Müller und kam am Abend direkt von der Arbeit auf den Platz. Jahre später verließ er die bekannte Firma, um in einer viel kleineren, von ständigem Geldmangel verfolgten Firma für finanzielle und andere Ordnung zu sorgen: im Missionswerk „Neues Leben".

Ähnliche Freiveranstaltungen führte ich anschließend in Düsseldorf, Marl-Hüls, Schwelm, Wuppertal und Lüdenscheid durch. In jenen Tagen entstand unsere Verbindung zu Pfarrer Paul Deitenbeck, der damals unserem Bruderrat beitrat. Er erzählte später einmal, wie sie mit zitternden Knien die Arbeit auf dem Marktplatz in Lüdenscheid gewagt hätten, aber damals seien über 100 Menschen zum Glauben gekommen. Mit einigen, die nun zum Bibelkreis kamen, hatte er regelmäßig Kontakt.

Die evangelistische Freiveranstaltung hatte einen beständigen Feind, und zwar das Wetter. Bei Regen musste man immer auf einen nahe liegenden Saal ausweichen können, aber damit ging natürlich einer der entscheidenden Vorteile, nämlich der Kontakt zum Straßenpassanten, verloren. Trotzdem konnten wir in den Jahren von 1957 bis 1961 viele evangelistische Veranstaltungen auf Marktplätzen durchführen. Dann erwuchs der Freiveranstaltung ein weiterer Gegner: das Auto. Die deutschen Bürger waren wieder wer, und zur Stärkung ihres Selbstwertgefühls gehörte nicht zuletzt ein eigener Wagen. Im Zuge der ständig wachsenden Motorisierung wurden viele Marktplätze in Parkplätze umfunktioniert. Die evangelistischen Freiveranstaltungen wurden abgedrängt: auf Nebenplätze, die mehr von Katzen und Hunden als von Menschen frequentiert wurden; auf Sportplätze weit ab von der City oder auf irgendeinen Abstellplatz neben der Müllhalde. Und damit hatte die Freiveranstaltung ihren entscheidenden Vorteil verloren, während die Nachteile immer deutlicher ins Blick- und Schussfeld gerieten.

Oft wussten die Leute nicht, ob die Veranstaltung nun im Freien oder in dem als Ausweichlösung vorgesehenen Saal stattfinden würde.

Außerdem konnte man nun für evangelistische Veranstaltungen Festzelte mieten; sie waren zwar teuer, aber sie schützten eben gegen Wind und Regen. Auch die Menschen wurden anspruchsvoller; sie gingen längst nicht mehr überall hin. Im Zuge der letzten Phase des Wiederaufbaus entstanden hin und her in den Städten neue Stadthallen und Veranstaltungszentren. Wer als Veranstalter etwas auf sich hielt und etwas gelten wollte, der konnte sich kein schlechteres Forum mehr leisten.

Das evangelistisch schwierigste Jahrzehnt der 60er-Jahre schickte seine Vorboten voraus. Der Auszug der jungen Leute aus den allgemeinen christlichen Veranstaltungen bahnte sich an; viele junge Menschen fanden zum Heilslied einfach keinen Zugang mehr und wandten sich der christlichen Popmusik zu. Alles, was in den Verdacht geraten konnte, groß und bombastisch zu sein, auch die evangelistische Großveranstaltung, wurde kritischer hinterfragt als in den Jahren zuvor; der Trend zum kleinen Kreis, zur Pflege der individuellen Persönlichkeit, war unverkennbar. Diese Entwicklung änderte sich erst mit dem Beginn der 70er-Jahre, als die jungen Leute plötzlich wieder in die Evangelisationsveranstaltungen

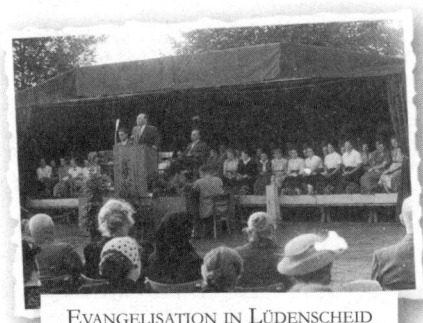

Evangelisation in Lüdenscheid

zurückkehrten und oft 60 bis 70 Prozent der Besucher stellten.

Mir wurde in jenen Jahren deutlich, dass es viele Dinge gibt, die man menschlich nicht machen, oft nicht einmal wesentlich beeinflussen kann; sie sind von Zeitsituationen und zeitgebundenen geistigen Strömungen abhängig, und es gilt, dahinter den souverän handelnden Gott zu erkennen, um den jeweils richtigen Ansatz für die evangelistische Arbeit immer neu zu finden.

Zu einer evangelistischen Großveranstaltung im Freien kam es in jener Zeit doch noch: Wir erhielten die Genehmigung, auf dem Karlsplatz in Stuttgart drei Wochen lang evangelistische Veranstaltungen durchzuführen, und hier konnten wir noch einmal viele Tausend Menschen auf Christus aufmerksam machen. Diese Arbeit erforderte alle Kräfte. Es kam zu Störversuchen, die von sporadisch auftretenden Randalierern bis zu dem Versuch reichten, die Leitungen zu den Lautsprechern durchzuschneiden. Aber das Wetter blieb bis weit in den September hinein schön und trocken, und von Abend zu Abend kamen mehr Menschen. Hans-Herbert Weigel, als Junge Mitglied des Leipziger Thomanerchors und jetzt als Musikpädagoge und Sänger tätig, leitete den großen Chor, dem der Sockel des Denkmals von Kaiser Wilhelm I. als Bühne diente. Am Rand des Platzes hatten wir ein kleineres Zelt aufgebaut, in dem wir suchenden Menschen die Gelegenheit zu einem seelsorgerlichen Gespräch anboten.

Von der zweiten Woche an hielt ich für Menschen, die in diesen Tagen zu Christus gefunden hatten, besondere Weiterführungsversammlungen in der nahe gelegenen

Schlosskirche. Die Betreuung dieser jung im Glauben stehenden Menschen war mir besonders wichtig. Sie brauchten eine gewisse „Erste Hilfe", bevor sie in einer Ortsgemeinde Fuß fassten.

Deshalb führten wir am ersten Sonntag nach Abschluss der Evangelisation am Nachmittag und am Abend je eine auf diese Menschen besonders zugeschnittene Veranstaltung in der Stuttgarter Liederhalle durch. Wir mussten Platzkarten verkaufen, um all denen, die wir wirklich meinten, in diesen Veranstaltungen einen Sitzplatz zu sichern.

In den 60er-Jahren wurde ich dann nur noch selten zu Freiveranstaltungen eingeladen. Es war das Jahrzehnt, in dem in der Evangelisation die Großzelte und die großen neutralen Säle dominierten. Ich reise in diesen Jahren von Stadt zu Stadt. Manchmal bauten wir unsere Zelthallen in ländlichen Gebieten auf und richteten eigene Buslinien ein, um auch den jungen und den alten Menschen, die meistens über keinen fahrbaren Untersatz verfügten, die Teilnahme zu ermöglichen. In den Städten war es unser Prinzip, die größte und bekannteste Halle zu mieten. Sie besaß für Nichtchristen eine gewisse eigene Werbewirkung, und sie forderte die Christen heraus, nun wirklich hinter dem Kirchenzaun hervorzukommen und die Nachricht von Jesus zu den Menschen zu bringen, die sie noch nicht gehört oder nicht richtig verstanden hatten.

Wenn man junge Menschen erreichen wollte, musste man für sie auch im Rahmen einer Evangelisation eigene Jugendveranstaltungen einrichten. Ich selbst änderte in diesen Jahren meinen Predigtstil. Das aggressive

Moment, das manche als rücksichtslos und frech empfunden hatten, trat zugunsten einer stärker erklärenden und argumentierenden Redeweise in den Hintergrund. Ich erweiterte meinen Themenkreis, sprach nun auch stärker die Probleme der Christen an und forderte die Zuhörer nicht mehr auf, zum Zeichen der Bereitschaft, ihr Leben Christus zu überantworten, nach vorn zu treten, sondern ich bat sie, nach Beendigung der Veranstaltungen zu einer Nachversammlung zurückzubleiben. Manche Leute hielten diese Art für tiefgründiger, seelsorgerlich hilfreicher und reifer; auf jeden Fall nahm sie mehr Zeit in Anspruch.

Meine Redezeit stieg von 30 auf 50 Minuten und manchmal kam ich auch damit nicht aus. Das tat zwar dem Besuch keinen Abbruch, aber ich weiß, dass etliche Leute darunter seufzten. Mir selbst war wichtig geworden, dass die evangelistische Verkündigung durch eine Art Glaubenslehre, die über die biblischen Grundwahrheiten informiert, begleitet und ergänzt werden muss. Ich sah, dass viele Menschen, die sich in Evangelisationen für Christus entschieden hatten, anschließend in große Schwierigkeiten gerieten, weil ihnen niemand half.

Um hier im Rahmen meiner Möglichkeiten zur Abhilfe beizutragen, entwickelte ich eine umfangreiche Schriftenmission. Trotzdem bin ich rückblickend keineswegs über alles glücklich, was wir damals – es waren die Jahre zwischen 1961 und 1970 – gemacht haben. Meine eigene Arbeit wurde zwar zunehmend von den Landeskirchen akzeptiert, aber man sprach von einer allgemeinen Krise der Evangelisation.

Zelte und Säle waren zwar voll, aber die Zahl der Menschen, die sich bei Evangelisationen für Christus entschieden, ging zurück. Die jungen Leute suchten einen eigenen, ihrer Art entsprechenden Weg, aber der war oft so radikal, dass er sich mit den Frömmigkeitsvorstellungen der älteren Generation nur schwer vereinbaren ließ.

Ich evangelisierte zwar weiter in Deutschland, aber mein Interesse konzentrierte sich zunehmend auf das Nachbarland Österreich. Den entscheidenden Anstoß dazu bildete die Einladung zu einer Zeltevangelisation in Linz im Mai 1958. Eigentlich hätte ich sie gar nicht annehmen dürfen; denn die wachsende Mitarbeiterzahl, unser aufwendiges Nacharbeitssystem, die Ausdehnung von Schriften- und Rundfunkmission führten zu immer größer werdenden finanziellen Verpflichtungen, denen ich nur gerecht werden konnte, wenn ich mit den Gemeinden, die uns unterstützten, durch persönliche Besuche Kontakt hielt. Aber als ich den Absagebrief nach Österreich bereits diktiert hatte, wusste ich, dass ich ihn zerreißen musste.

Ein Freund lieh mir seinen Wohnwagen, und ich fuhr mit meiner Familie nach Österreich. Wir hatten zwar ein nagelneues Zelt, das der Europa-Mission gehörte, zur Verfügung, aber das konnte nicht verhindern, dass die Zeltarbeit selbst ein Reinfall wurde. Es gelang nicht, in dieser großen Industriestadt mehr als 40 bis 70 Personen zum Besuch des Zeltes zu bewegen, das abgelegen am Rande eines großen Schuttplatzes stand. Zum ersten Mal erlebten wir, wie schwierig Evangelisationsarbeit in Österreich sein kann. Gespräche mit katholischen Geistlichen, mit den Menschen in der Stadt, zeigten mir, dass hier ein zwar schwieriges, aber riesiges Arbeitsfeld vor uns lag, eine Aufgabe, die darauf wartete, in Angriff genommen zu werden.

1960 lud mich die Evangelische Allianz zu vier evangelistischen Abenden nach Wien ein. Es ging um ein Kennenlernen, aus dem sich ergeben sollte, ob wir für eine Evangelisation in Wien die geeigneten Partner waren. Ich hatte meine Liebe zu den Menschen dieses Landes längst entdeckt. Als ich dann in einer Sitzung der Wiener Allianz gefragt wurde, ob ich bereit wäre, zu einer größeren evangelistischen Arbeit in die Stadt zu kommen, war meine Antwort klar, und dennoch zögerte ich; mir schien alles, was ich hier bisher an evangelistischer Arbeit kennengelernt hatte, so klein, zaghaft und ängstlich. Niemand, der die Geschichte des Landes kannte, würde das je kritisieren. Aber musste es immer so bleiben? Also erklärte ich ihnen, dass ich sehr gern bei einer Evangelisation in Wien mitarbeiten würde, aber nicht, wenn man dafür einen kirchlichen oder freikirchlichen Raum auswählen sollte. Dahin würden die Menschen, die es zu erreichen galt, am allerwenigsten kommen. Die meisten Wiener, zumindest nominell katholisch, würden naturgemäß um evangelische Kirchen oder Gemeindehäuser einen Bogen machen.

„Welches ist der größte und schönste Saal, den ihr habt?", fragte ich, und spontan antwortete Karl Zedlacher, der Generalsekretär des CVJM: „Da gibt's nur die Wiener Stadthalle. Aber das ist unmöglich!"

Wir fuhren hinaus und schauten sie uns an. Als ich in der großen Halle mit ihren Tausenden Sitzplätzen stand, wurden mir die Knie weich. Und doch dachte ich

Anton, hier ist dein Platz. Mir war klar, dass man mit einer verhältnismäßig kleinen Besucherschar würde beginnen müssen, denn die größte Veranstaltung evangelischer und katholischer Christen, die nach der Gegenreformation in Wien stattgefunden hatte, wies ganze 800 Besucher auf. Mit mehr konnte ich am Anfang unter keinen Umständen rechnen. Und man brauchte mindestens drei Wochen, um diese Zahl wesentlich zu steigern. Aber es gab einen anderen Saal, die Halle B mit etwa 2.000 Sitzplätzen. Das war eine Möglichkeit.

Dann berieten wir über die erforderliche Werbung. Wenn man die größte Halle der Stadt füllen wollte, musste man versuchen, alle Haushalte zu erreichen, in den Straßenbahnen zu plakatieren und so weit wie möglich Zugang zu den Massenmedien Zeitung, Rundfunk und Fernsehen zu finden. Eine nüchterne Bestandsaufnahme zeigte, dass alle mitarbeitenden Gemeinden zusammen nicht in der Lage waren, einen Chor in der Größe auf die Beine zu bringen, wie er für eine solche Halle notwendig war. Also beschlossen wir, parallel zur Evangelisation eine Missionsfreizeit durchzuführen, um auf diese Weise zusätzliche Sänger und Schriftenverteiler zu gewinnen. Wie man die Sache auch wendete, ich brauchte 150.000 DM, die in Wien nicht aufzutreiben waren, um diese Evangelisation zu finanzieren.

In den folgenden Monaten besuchte ich viele Gemeinden in Deutschland. Ich sammelte nicht nur das Geld, sondern ich gewann vor allem auch Menschen, die diese Arbeit durch ihre Fürbitte unterstützen wollten. Es gab genügend Leute, die mich warnten; die ganze Sache würde mit einer Pleite enden, und das hätte man

EVANGELISATION IN WIEN

voraussehen können. Aber der Eröffnungsabend strafte allen Pessimismus, auch wenn er noch so berechtigt war, Lügen. In Halle B kamen über 1.000 Menschen zusammen. Das wirkte wie ein Signal. Der Besuch stieg langsam, aber von Abend zu Abend. Und selten habe ich aufmerksamere Zuhörer gehabt. Der österreichische Rundfunk berichtete über die Eröffnungsveranstaltung, und ich erhielt die Gelegenheit, in einem Interview, das von vielen Menschen gehört wurde, knapp, aber eindeutig darzulegen, worum es mir ging.

Das Fernsehen berichtete erst eine Woche später, aber der Negativschlag kam von den Zeitungen. Sie schnitten die Pressekonferenz und schwiegen uns tot. An manchen katholischen Kirchentüren waren unsere Einladungszettel angeschlagen, verbunden mit der Warnung, diese Veranstaltungen nicht zu besuchen.

Aber der „Feldzug des Glaubens" in der Wiener Stadthalle war nun nicht mehr aufzuhalten. Hans-Herbert Weigel dirigierte den großen Chor, der zur Hälfte aus Wienern, zur Hälfte aus deutschen Freizeitlern bestand. Willi Buchwald und Ernst Jung, die seit einigen Jahren als Evangelisten in unserem Werk arbeiteten, übernahmen die Leitung der Versammlungen und die Schulung der Seelsorgehelfer, Ruth Frey war für die Kinderstunden zuständig.

Weil die Zeitungen über unsere Veranstaltungen nicht berichteten, mussten wir die Zeitungswerbung verstärken, denn der Wiener ist der geborene Zeitungsleser. Zusätzlich kauften wir Anzeigenraum im redaktionellen Teil. Wir veröffentlichten regelmäßig evangelistische Kurzartikel unter der Überschrift: „Der Mann in der Stadthalle sagt".

Abend für Abend blieben viele Menschen zu seelsorgerlichen Gesprächen zurück. Von der zweiten Woche an hielt ich für alle, die sich für Christus entschieden hatten, Einführungsveranstaltungen in den christlichen Glauben im Café der Stadthalle. In der dritten Woche wurde das Café zu klein. Da kam mir der Gedanke, eine Schallplatte mit einem wichtigen Predigtausschnitt und auf der Rückseite mit praktischen Anweisungen für die ersten Schritte im Glauben herauszubringen und sie jedem Besucher der Schlussveranstaltung zu schenken.

Am nächsten Abend besuchte mich ein deutscher Geschäftsmann auf der Durchreise und fragte: „Hast du eine besondere Sache, bei der ich dir helfen kann?"

Ich erklärte ihm, was ich vorhatte, und nannte ihm auch den Preis dafür.

„Darüber muss ich erst nachdenken", meinte er. Aber am nächsten Morgen kam er auf mich zu und erklärte: „In Ordnung. Ich bezahle die Geschichte." – Das war der Auftakt zu einer Nacharbeitsaktion, die genau in die Zeit fiel, in der die Schallplatte bei uns allgemein besonders populär wurde. Insgesamt haben wir zur Unterstützung unserer Nacharbeit über 300.000 Schallplatten kostenlos verteilt, und in vielen Briefen und Berichten wurde uns bestätigt, dass wir damit auf dem richtigen Weg waren.

Die Schlussveranstaltung der Wiener Evangelisation verlegten wir in die große Halle D. Und als die etwa 3.500 Besucher das Lied *Ein feste Burg ist unser Gott* anstimmten, stieg so manchem Wiener doch das Wasser in die Augen. Es war die größte Zusammenkunft evangelischer Christen seit der Gegenreformation.

Der „Feldzug des Glaubens" in Wien hatte ähnliche Evangelisationen in anderen Städten Österreichs zur Folge. Wir erhielten Einladungen nach Graz und Salzburg, nach Linz und ins Burgenland. Aber Österreich bot auch noch Gelegenheit zur Evangelisation auf dem Marktplatz. Das herausragende Ereignis waren vielleicht die Abende auf dem Marktplatz von Steyr, zu denen sich eine große Menschenmenge einfand. Am ersten Abend erklärte der katholische Pfarrer öffentlich in einem Grußwort: „Ich freue mich, dass nach 400 Jahren auf diesem Platz zum ersten Mal das Evangelium wieder durch einen evangelischen Missionar verkündigt wird." Und die Nachversammlungen fanden im Mariensaal der Jesuitenkirche statt.

Über die Arbeit in Wien hatten wir einen 30-Minuten-Film drehen lassen, um die evangelistische Predigt, wie sie für die Abende in der Wiener Stadthalle charakteristisch war, auch kleineren Orten und Gemeinden zugänglich zu machen. Eine Filmvorführung konnte sich schließlich jeder leisten.

Österreich war für mich nicht nur ein besonderes Erlebnis, es brachte mich auch in meiner evangelistischen Predigt einen wesentlichen Schritt weiter. Ich erkannte, dass ich nicht nur von meiner Art, sondern auch aufgrund der Tatsache, dass ich selbst aus einem katholischen Elternhaus kam, den katholischen Österreicher, der sich – wie ich – von seiner Kirche abgewendet hatte, verstehen und ansprechen konnte. Das führte dazu, dass der evangelistische Ernst, der mich früher zur Aggressivität veranlasst hatte, nun durch das einfühlende und behutsame Erklären christlicher Grundwahrheiten, die bei vielen nicht mehr vorhanden oder verschüttet waren, ergänzt wurde. Wenn mich ein Wiener Pfarrer einmal als den „Sonnenschein Gottes" bezeichnete (in der Gegenüberstellung zu Billy Graham, den man „das Maschinengewehr Gottes" nennt), so charakterisiert das vielleicht die Veränderung, die mit mir vorgegangen war. Im Blick auf den Sonnenschein bin ich nach wie vor skeptisch; aber es besteht kein Zweifel daran, dass ich früher ebenfalls mehr zum „Schießen" neigte.

EVANGELISATION IN GELSENKIRCHEN

Trautes Heim, doch oft allein

Die Schwierigkeiten im Familienleben eines Evangelisten

Wie regelt ein Evangelist sein Familienleben? Als unsere Söhne größer wurden, konnte mich meine Frau immer seltener zu der einen oder anderen Evangelisation begleiten. Hinzu kamen hin und wieder Probleme mit der Schule. Daraufhin entschlossen wir uns schweren Herzens, unsere Söhne für einige Jahre auf ein Internat zu schicken. Positiv war, dass beide Buben den gleichen Wunsch geäußert hatten, sodass es also nicht wir, die Eltern, waren, die sie loswerden wollten.

Fast vier Jahre hielten sie es aus – zunächst in Korntal bei Stuttgart und später in Ravensburg am Bodensee. Nun wurden die Evangelisationen anders geplant; wir nutzten, soweit möglich, jeden Besuchstag. In der Ferienzeit waren wir ganz für die Kinder da, und falls es sich ergab, nahmen wir sie auch zu Evangelisationen mit.

Diese Zeit war weder für meine Frau noch für die Kinder leicht. Mich selbst drückte das Problem noch von einer anderen Seite, denn ich musste eine weitere Hypothek auf das ohnehin noch nicht bezahlte Haus aufnehmen, um die schulische Ausbildung unserer Kinder zu sichern. Schließlich sind Internate nicht gerade die billigsten Bildungsinstitute. Aber die schulische Ausbildung rechtfertigte den finanziellen Einsatz. Wir hatten unseren Kindern auch versprochen, dass sie nur so lange im Internat bleiben mussten, wie sie wollten. Als Peter dann nach vier Jahren schrieb, dass er nach Hause wolle, gaben wir einem schulischen Traum den Abschied und holten beide nach Altenkirchen zurück.

Es gehört zum Schicksal eines Evangelisten, dass er Dreiviertel seiner Zeit in irgendwelchen Städten verbringt und Evangelisationen durchführt. Wer mag es ihm verdenken, dass er dann ab und zu seine Frau bei sich haben möchte? Es war ein ständiges Hin und Her, denn oft musste Hermine zwischen den Kindern und mir wählen. Bei Wochenendevangelisationen war es noch am einfachsten, denn da kam der gesamte Familientross am Samstag einfach nach. Wenn wir auch oft getrennt waren, so blieben wir doch als Familie eng verbunden, sodass uns das häufige Getrenntsein die Stunden der Gemeinsamkeit nur umso wertvoller werden ließ. Einmal saßen wir zu Hause um den Wohnzimmertisch. Die Schulzeit unserer Söhne näherte sich ihrem Ende, und damit ergab sich automatisch die Frage nach der Berufswahl. Da überraschte uns Peter: „Vati, kann ich nicht auch das werden, was du bist – ein Evangelist? Ich könnte doch auch eine Bibelschule besuchen und mich ausbilden lassen."

Meine Frau und ich schauten uns an. Auf diese Idee waren wir noch nie gekommen. Ich konterte auch prompt: „Willst du etwa so ein Leben führen wie ich? Diese ständige Unruhe, das dauernde Hin und Her?"

Er nickte nur, und seine Antwort war ein schlichtes Ja.

Nun war ich gezwungen, meinen Söhnen auseinanderzusetzen, dass man für eine solche Aufgabe eines göttlichen Auftrags bedürfe. Natürlich wollte er sofort wissen, was es mit einer solchen göttlichen Berufung auf sich habe. Also versuchte ich, meinen Söhnen das Geheimnis göttlicher Berufung zu erklären. Obwohl es ein kläglicher Versuch war, hörte mir Peter aufmerksam zu. Wilfried dagegen saß am anderen Ende des Tisches. Er hatte seine Hände tief in den Taschen seiner Jeans vergraben, streckte seine Beine lang unter dem Tisch aus und sagte nur: „Ob Gott mich ruft oder nicht – ich gehe sowieso." Welche Argumente bleiben Eltern gegenüber solchen Behauptungen? Peter wurde im Herbst in der Bibelschule Wiedenest angenommen. Wilfried war noch zu jung.

In diesem Sommer wurde mir klar, dass unsere Familie bald nicht mehr so zusammen sein würde wie bisher, und ich dachte über einen gemeinsamen Urlaub nach. Der Kompromiss ergab sich dann in Form einer Kanadareise, während ich noch eine Reihe dienstlicher Verpflichtungen zu erledigen hatte.

Obwohl uns Freunde die Flugtickets großmütig geschenkt hatten, war das Ganze doch nur möglich, weil wir ein striktes Sparprogramm aufstellten. Da wir uns ein Wohnmobil gemietet hatten, konnten wir zwischen den Evangelisationen beieinander sein. Vor unserem

Abflug in Frankfurt fragte mich Wilfried: „Wenn ich doch noch zu jung für eine Bibelschule bin, könnte ich dann nicht ein Jahr in Kanada bleiben und meine Englischkenntnisse verbessern?" Meine

FAMILIE SCHULTE

Antwort fiel vermutlich ziemlich barsch aus: „Sei bloß still! Du verdirbst uns den ganzen Sommerausflug. Und kein Wort zu Mutti, verstehst du?"

Trotzdem blieben meiner Frau die Ideen unseres jüngeren Sohnes nicht verborgen, sodass sie schon nach wenigen Wochen bemerkte, wie sich Wilfried für Kanada interessierte. Wir konnten ja nicht ahnen, dass Wilfried sich entschließen würde, vier Jahre an diesem College zu studieren. Und nachdem er sich schließlich in Vancouver mit Erfolg um die Aufnahme in ein theologisches *College of Regular Baptists* beworben hatte, fuhren wir nur noch zu dritt nach Hause – damals noch relativ arglos. In dieser Zeit lernte er seine Frau Doris kennen, brachte mit ihr zwei Kinder zur Welt und baute ein Haus. So ergab es sich nahezu zwangsläufig, dass er die Menschen, die durch die kanadische Radioevangelisation angesprochen worden waren, weiter betreute. Nach Deutschland kam er nur noch zu Besuch. Seine Liebe galt Kanada.

Doch das Wunder geschah: Eines Tages kam er mit seiner Familie für fünf Monate nach Deutschland, denn sie wollten herausfinden, was Gott mit ihnen vorhatte: Sollten sie in Kanada bleiben oder nach Deutschland zurückkehren? Mit der naiven Frechheit junger Leute hatten sie Gott für diesen Fall eine ganze Reihe von Bedingungen gestellt: Bekehrungen, Lösung der Wohnungsfrage usw. Gott erhörte ihre Gebete so schnell, dass sie schon nach einigen Wochen wussten, wie ihr Weg weitergehen würde, obwohl es nicht leicht für sie war, von den Schwiegereltern Abschied zu nehmen. In Deutschland aber kam Wilfried sein Interesse an der Medienarbeit zugute, und er arbeitete nicht nur als Evangelist, sondern übernahm den gesamten Bereich der Medienarbeit bei *Neues Leben* und gestaltete deshalb auch unsere Fernsehprogramme.

Peter wechselte nach zwei Jahren von Wiedenest auf die Bibelschule Bergstraße. Als er sein Studium dort begann, wurde unter Leitung der *Greater European Mission* die Planung einer „Freien Theologischen Akademie" ins Auge gefasst, die später ihren Sitz in Gießen haben sollte. Peter erhielt dort seine weitere theologische Ausbildung und wurde nach seinem Abschluss in die Geschäftsführung der Akademie berufen. Dort dann entschied er sich, ins Missionswerk *Neues Leben* zurückzukommen. Das hatte er mit seiner Frau Jutta so entschieden, die er während des Studiums an der Bergstraße geheiratet hatte. Beide versuchten zunächst, unsere Arbeit in der Schweiz aufzubauen, um die Distanz zum Vaterhaus genügend groß zu halten, doch das

ANTON SCHULTE MIT EHEFRAU HERMINE

scheiterte an den Einreisegenehmigungen für Ausländer in der Schweiz, sodass ihnen nur der Weg zurück nach Altenkirchen blieb. Peter übernahm die Leitung des *Neues-Leben*-Zentrums.

Wer informiert ist,
kann besser beten und leichter glauben

Zeitschrift und Broschüre als Ergänzung der evangelistischen Predigt

Zwei Bibelworte haben vor anderen mein Leben und meine Arbeit bestimmt. Das erste steht in Matthäus 6,33 und lautet: „Trachtet aber zuerst nach dem Reich Gottes und nach seiner Gerechtigkeit! Und dies alles wird euch hinzugefügt werden." Damit waren die Prioritäten in meinem Leben eindeutig festgelegt. Es sollte immer zuerst um Gottes Sache, um sein Reich gehen; meine eigenen Dinge kamen erst später dran. Wenn ich mich daran hielt, durfte ich darauf vertrauen, dass Gott mich nicht im Stich lassen würde.

Der zweite Text heißt: „Bittet, und es wird euch gegeben werden; sucht, und ihr werdet finden; klopft an, und es wird euch geöffnet werden! Denn jeder Bittende empfängt, und der Suchende findet, und dem Anklopfenden wird geöffnet werden" (Lukas 11,9–10).

Dieses Wort drängte mich immer wieder selbst dazu, über Dinge, die mich beschäftigten, mit Gott zu reden, sie vor ihm auszubreiten und die letzte Entscheidung und das Startsignal ihm zu überlassen. Dazu gehörte nicht nur, dass man eine regelmäßige Zeit zum Gespräch mit Gott festgelegt hatte; es war darüber hinaus eine Art betendes Staunen: das Erkennen von Situationen, Möglichkeiten und Gelegenheiten.

Leicht zu begeisternde Leute wie ich kommen im Laufe eines Tages auf mancherlei Gedanken und Ideen. Was Gott davon wirklich will, was es festzuhalten und was es abzustoßen gilt, das stellt sich erst heraus, wenn man kontinuierlich mit Gott darüber redet. Natürlich kann es hilfreich sein, auch mit Menschen darüber zu sprechen; aber nicht jeder wohlmeinende Rat eines Christen muss in jedem Fall dem Willen Gottes entsprechen; umgekehrt kann sich natürlich auch herausstellen, dass man eine Sache zunächst für von Gott gewollt hält, während sie sich später doch als selbst gestrickt erweist.

Der zitierte Lukasvers hat für mich immer zugleich die Aufgabe eingeschlossen, andere Christen über bevorstehende Aufgaben zu informieren, um die Unterstützung durch ihre Fürbitte zu erhalten. Wenn Gott sein Handeln von meiner Bitte abhängig macht, wie viel mehr muss das gelten, wenn eine ganze Schar von Betern ihm die gleiche Sache vorträgt?

Jesus hat das bestätigt. Er sagt: „Wenn zwei von euch auf der Erde übereinkommen, irgendeine Sache zu erbitten, so wird sie ihnen werden von meinem Vater, der in den Himmeln ist" (Matthäus 18,19–20). Wenn ich in eine Stadt zur Evangelisation eingeladen wurde, habe ich mich immer bemüht, die Christen am Ort zur zielbewussten Fürbitte für diese Arbeit zu gewinnen.

Bald wurde mir klar, dass es ohne konkrete Information nicht geht. Wer nur allgemein für „Evangelisation" oder „Weltmission" betet, wird bald wieder aufhören oder zumindest wird sein Interesse nachlassen, weil diese Begriffe zu abstrakt und unpersönlich sind. Etwas ganz anderes ist es, wenn ich einen Missionar persönlich kenne, durch seinen Vortrag in der Gemeinde über seine Aufgaben und Schwierigkeiten im Einzelnen informiert bin. Und das Gleiche gilt, wenn ich für eine Evangelisation an einem ganz bestimmten Ort bete. Dann muss ich die Schwierigkeiten kennen, die sich möglicherweise ergeben, aber auch über Erfolge und Hilfen regelmäßig unterrichtet werden.

Um den kleinen Freundeskreis, der sich inzwischen für meine Arbeit gebildet hatte, regelmäßig mit diesen Informationen zu versorgen, gab ich monatlich ein kleines Heft heraus. Der Titel „Unter freiem Himmel und durch die Ätherwellen" sprach bereits die Schwerpunkte unserer damaligen Arbeit an: evangelistische Freiversammlungen und Rundfunksendungen. Dabei kam mir nun die Bekanntschaft mit der Druckereibesitzerin Helene Wiefelspütz zugute. Durch ihre Hinwendung zu Christus erhielten Druckerei und Verlag eine zusätzliche Aufgabe: die Herstellung von Werbematerial für evangelistische Veranstaltungen und Produktion und Vertrieb von christlicher Literatur. Die Druckerei Brendow half mir, mein Nachrichtenblatt herauszugeben. Der Verlag Brendow veröffentlichte meine ersten Broschüren: „Himmel oder Hölle?" – „Ein neues Leben, aber wie?" – „Wiedergeboren, und dann?". Im Laufe der Jahre kamen viele andere hinzu. Zusätzlich wurden meine Rundfunkpredigten als Traktate gedruckt und kostenlos verteilt. Ihr Kennzeichen war ein grüner Sendeturm auf weißem Feld.

Alles fing sehr klein und bescheiden an. An manches Projekt konnten wir uns überhaupt nur heranwagen, weil die Firma Brendow zugleich als unsere „Bank" fungierte und uns den erforderlichen Kredit gewährte. Aber mit der Zeit kam dann doch das Geld wieder rein, sodass wir nie etwas schuldig blieben. Zu bestimmten Zeiten machten es großzügige Spenden aus dem Freundeskreis möglich, große Mengen von Schriften und Traktaten kostenlos abzugeben.

Die Herausgabe von Traktaten und Broschüren mit evangelistischem Inhalt sind für mich eine unverzichtbare Ergänzung zu jeder anderen Aktivität, seien es Rundfunksendungen, evangelistische Veranstaltungen auf dem Marktplatz, in Missionszelten oder in Stadthallen. Und ich sah in der Literatur auch von Anfang an eine wichtige Möglichkeit, die Menschen zu begleiten und im Glauben weiterzuführen, die sich während unserer Evangelisationen für Christus entschieden hatten.

Dabei ging es nie darum, eine Sache um ihrer selbst willen zu betreiben, sondern jeweils das zu tun, was wir als notwendige und uns von Gott zugewiesene Aufgabe erkannten. Pastor Horst Donath, der neben Dr. Hans Voßloh seit der Gründerzeit zum Vorstand des Missionswerks gehörte und der deshalb wusste, wovon er redete, hat das einmal so ausgedrückt: „Bei *Neues Leben* kam immer zuerst die Aufgabe, erst später folgte die Organisation."

Entsprechend fand unser erstes „Büro" in unserer Wohnküche in Kirchen seinen Platz. Als das dann beim besten Willen nicht mehr ging, mieteten wir ein leer stehendes Zimmer in einem ehemaligen Gasthof, aber auch dort konnte man sich vor Traktaten, Karteien und Briefumschlägen bald nicht mehr bewegen. Daraufhin mieteten wir Büroräume in Siegen, zunächst in der Blücherstraße, dann in der Bahnhofstraße, und nach unserem Umzug nach Wölmersen folgte das Büro nach Altenkirchen. Trotz immer noch herrschender Wohnungsnot konnten wir hier einige nahe beieinanderliegende Wohnungen mieten und zu Büros umfunktionieren, aber wir verfügten fast über mehr Flure als Arbeitsräume. Zu einer befriedigenden Lösung kam es erst, als Herbert Müller, der inzwischen die Verantwortung für unsere Verwaltung übernommen hatte, einen Geschäftsmann in Altenkirchen ausfindig machte, der bereit war, nach unseren Vorstellungen einen Büroneubau zu errichten und uns das Mietwohnrecht einzuräumen.

Zwar kam die Organisation bei uns immer hinterher, aber das bedeutete nicht, dass sie zweitrangig behandelt wurde. Wir waren immer gern bereit, kritisch nachfragenden Zeitungs-, Funk- oder Fernsehjournalisten Einblick in unsere Finanzen zu gewähren, denn wir ließen selbst einen staatlich anerkannten Buchprüfer jährlich kontrollieren, dass alles korrekt abgewickelt wurde. Das erwies sich umso mehr als unerlässlich, als die wachsende Arbeit zur Einstellung immer weiterer Mitarbeiter führte, und mehr Jugendmissionarinnen und Evangelisten im Außendienst erforderten naturgemäß auch einen größeren Verwaltungsapparat. Insgesamt stieg die Zahl der Mitarbeiter im Laufe der Jahre von 8 auf 80.

Schon in den ersten Jahren des Bestehens des Missionswerkes erkannte ich, dass ein kostenloses Nachrichtenblatt nicht die ideale Lösung war. Entweder würde es immer ein kleines Blättchen bleiben, das uns nicht erlaubte, unseren Freunden alles das mitzuteilen, was wir für wichtig und notwendig hielten, oder das Ganze musste in eine Zeitschrift umgewandelt werden. Am leichtesten fiel es uns, einen Titel dafür zu finden. Da unsere Rundfunksendung *Neues Leben* hieß, sollte die Zeitschrift den gleichen Titel tragen. Im September 1956 verfügte ich über etwa 3.500 Anschriften von Christen, die sich mehr oder weniger für meine evangelistische Arbeit interessierten. In dem Glauben, dass unsere Arbeit ihnen dies wert sein würde, sandte ich ihnen allen im September 1956 die erste Nummer der Zeitschrift *Neues Leben* per Post zu und ließ durch den Postboten, im so genannten Posteinzugsverfahren, gleich an der Haustür 1 DM dafür kassieren.

Das war vermutlich einmal mehr die nicht ganz vornehme Schulte'sche Art, aber 2.100 der mit der neuen Zeitschrift beglückten Freunde zahlten. In den darauffolgenden Monaten verlor ich zwar noch 400 Bezieher, aber bei etwa 1.700 pendelte sich die Zahl der festen Abonnenten allmählich ein – weit unter dem Minimum, das die wirtschaftliche Lebensfähigkeit des Unternehmens gesichert hätte. Wir würden jeden Monat kräftig in die roten Zahlen marschieren, solange sich daran nichts änderte.

Der Entschluss, dennoch weiterzumachen war eine Glaubensentscheidung – nicht nur für mich, sondern auch für den geldgebenden Verlag.

Nun begann ich in meinen evangelistischen Veranstaltungen mit einer umfassenden Informationsaktion: Ich versuchte, den Leuten klarzumachen, warum eine solche Zeitschrift als Bindeglied zwischen dem Missionswerk und seinem Freundeskreis notwendig war, und tatsächlich stieg die Bezieherzahl auf 4.000, im folgenden Jahr sogar auf 8.000 an. Nun trug die Zeitschrift sich nicht nur selbst, sondern der erwirtschaftete Gewinn half mir, die Kosten für unsere Rundfunkarbeit zu decken, und das war ein Ziel, das ich von Anfang an ins Auge gefasst hatte.

Allmählich gewannen wir auch die nötigen Autoren und Mitarbeiter. Hatte ich das erste Heft noch allein zusammengestellt und bei den folgenden nur die Hilfe einer Sekretärin zur Verfügung, so schickte uns Gott in der höchsten Not Margret Schneider, die dann viele Jahre verantwortlich in der Schriftleitung arbeitete.

Über 30 Jahre hat Gerd Rumler als Chefredakteur die Zeitschrift Neues Leben geprägt und ebenfalls fast alle meine Veröffentlichungen überarbeitet, sodass aus meinem Redestil Literatur wurde. Dafür bin ich besonders dankbar.

Der Wert christlicher Literaturarbeit wurde mir bei vielen Gelegenheiten bestätigt. So klingelte es zum Beispiel an einem Samstagnachmittag an unserer Haustür in Wölmersen. Ein etwa 45-jähriger Geschäftsmann, der auf der Rückfahrt von Süddeutschland den Abstecher nach Altenkirchen auf sich genommen hatte, stand draußen. Er hielt meine Broschüre *Es begann in Schottland* in der Hand und fragte unvermittelt: „Haben Sie dieses Heft geschrieben?"

Als ich bejahte, fragte er weiter: „Stimmt das, was hier steht? Haben Sie das wirklich so erlebt?"

Wieder konnte ich nur antworten: „Alles, was in diesem Heft steht, ist wahr. Ich habe es persönlich erlebt."

„Dann möchte ich dieses Leben auch haben."

Eine Stunde später verließ er unser Wohnzimmer als ein Mensch, der Christus sein Leben anvertraut hatte. „Danke", sagte er an der Tür, „dieser Abstecher hat sich gelohnt."

Erstes Cover der Zeitschrift „Neues Leben"

Eine Wiese am Waldrand, darauf ein Haus

Die Entstehung des Neues-Leben-Zentrums

Für einen Evangelisten ist es oft schwer, die Menschen, die sich von der Kirche und vom Glauben entfernt haben, zu erreichen. Aber genauso schwierig gestaltet sich für diese Menschen, wenn sie zum Glauben kommen, der Rückweg in die christliche Gemeinde. Diese Erfahrung habe ich gleich am Anfang meiner missionarischen Tätigkeit auf deprimierende Weise machen müssen.

Es war noch während meiner Düsseldorfer Zeit. Mit einigen Leuten aus dem Jugendkreis besuchte ich an mehreren Abenden den ehemaligen Luftschutzbunker vor dem Düsseldorfer Hauptbahnhof, der jetzt als Notunterkunft für Flüchtlinge diente. In den engen, fensterlosen Räumen standen zweistöckige Holzbetten dicht aneinandergereiht; Stimmen von Frauen, Männern und Kindern schwirrten durcheinander, und wenn man die Luft als „zum Schneiden" bezeichnete, so war das, gelinde gesagt, eine Untertreibung. Aber die Übernachtung kostete eben nur 5 DM. Vor allem Menschen aus den deutschen Ostgebieten fanden hier erste Zuflucht. Sie besaßen zwar eine Einreiseerlaubnis, aber noch keine Arbeit und vor allem noch keine Wohnung.

Hier sangen wir, in eine Ecke des Raumes gedrückt, unsere Lieder. Wir sprachen von unserem Glauben an Jesus Christus, von der Hoffnung und von der Zuversicht, die wir durch ihn gewonnen hatten. Immerhin wohnte ich selbst damals in der Mühle ebenfalls in einer Art Notunterkunft. Ich wusste, wovon ich redete, und dass sich der Glaube an Jesus Christus auch in den äußeren Beengtheiten des Lebens bewährte. Oft ergaben sich mit den Bewohnern der einzelnen Zimmer Gespräche bis tief in die Nacht. Ein junges Ehepaar und zwei junge Leute kamen zum Glauben, und ich lud sie ein, mich am kommenden Sonntag in die Gemeinde zu begleiten. An zwei Sonntagen kamen sie mit, dann erklärten sie: „Du meinst es zwar gut, aber wir passen da gar nicht hin. Der Laden ist so piekfein und die Leute schauen über uns hinweg. Wir sind zwar jetzt auch Christen, aber um sich in einer solchen Gemeinde zu Hause zu fühlen, dazu reicht es nicht."

Es gibt eben keine „stubenreinen" Jungbekehrten. Auch später fanden in meiner Arbeit immer wieder Menschen zum Glauben, die trotz ihrer Treue zu Christus nicht ohne Weiteres, manchmal nicht ohne schwierige Übergangszeit, in die bürgerliche Atmosphäre einer normalen christlichen Gemeinde hineinpassten. Es war nicht eine Frage der ärmlichen Kleidung wie etwa bei den Flüchtlingen. Bei jungen Leuten wurde manchmal das Gegenteil zum Problem: Sie kleideten sich so modern, wie man es in der Gemeinde nicht für „schicklich" hielt. Und dem einen oder anderen rutschte da schon mal ein Ausdruck heraus, der so manchem behüteten Christen eine Gänsehaut über den Rücken jagte.

Je weiter ein Mensch sich von den christlichen Lebensnormen entfernt hatte, umso schwerer war es für ihn, zu begreifen, was in seinem Leben nun alles anders werden sollte. Heute, wo vor allem viele junge Menschen aufwachsen, ohne je wirklich gehört zu haben, was Christsein bedeutet, stehen wir vor einer ähnlichen Situation. Geistliches Wachstum ist, wie der Name sagt, eine allmähliche Entwicklung, die Zeit braucht, und das gilt besonders da, wo dieser Prozess im Blick auf christliche Kenntnis und Erkenntnis beim Punkt null beginnt.

Viele Gemeinden erwarten von einem Menschen, der sich gestern Abend für Christus entschieden hat, einfach zu viel. Deshalb habe ich mich von Anfang an darum bemüht, die Adressen der Menschen zu erhalten, die sich in meinen Evangelisationen für Christus entschieden hatten. Ich schrieb ihnen noch während der Evangelisation einen Brief und kurz darauf einen zweiten. In einem weiteren Schreiben lud ich sie zu einer Veranstaltung ein, die sich ganz praktisch mit den ersten Schritten des Christseins befasste. Ich sprach etwa eine halbe Stunde, und anschließend saßen wir oft stundenlang zusammen, um persönliche Fragen zu klären.

Es waren vor allem die Erfahrungen bei diesen Veranstaltungen, die mich dazu bewogen, Wochenendtagungen mit dem gleichen Ziel einzurichten: Unterweisungen in den Grundfragen christlichen Glaubens und persönliche Gespräche mit den Menschen, die erst vor Kurzem Christen geworden waren. Zu Ostern und

Pfingsten erstreckten sich diese Treffen, die wir oft in Jugendherbergen durchführten, über mehrere Tage. Wir bezeichneten sie auch als „Bibelfreizeiten", denn vor allem ging es dabei um eine Einführung ins persönliche Bibelstudium. Es ist die Voraussetzung dafür, dass ein Christ erkennen kann, wie er sich in den einzelnen Situationen seines Lebens praktisch verhalten soll. Das begann schon sehr konkret mit der Frage: „Wie benehmen wir uns als Christen hier in der Jugendherberge?"

Manchmal versuchten wir, mit einer solchen Bibelfreizeit in einem christlichen Erholungsheim unterzukommen. Stand ein besonderes Jugendhaus zur Verfügung, so war das eine feine Sache. Sonst störten die jungen Leute, denen der „christliche Schliff" ja in mancher Beziehung fehlte, oft die Ruhe und Erholung suchenden älteren Menschen. Aber meist waren zu den günstigen Zeiten sowohl christliche Heime wie Jugendherbergen ohnehin voll belegt.

In jener Zeit tauchte bei mir zum ersten Mal der Gedanke auf: *Wenn man für diese Arbeit doch ein eigenes Haus hätte ...!* Darin könnte man Menschen, die jung zum Glauben gekommen waren, all die Hilfen anbieten, die sie so nötig brauchten. Und daneben hätte man Schulungswochen für junge Christen durchführen können. Viele waren bereit, sich missionarisch zu betätigen, aber zu jener Zeit gab es kaum Lehrgänge, auf denen ihnen beigebracht wurde, wie man das macht.

Den ersten evangelistischen Kurs dieser Art plante ich zunächst in einem Hotel, das im Januar ohnehin praktisch leer stand, weil die Feriengäste erst später kamen. Aber Geld war knapp in jener Zeit, und selbst das Sonderangebot des Wirts war für uns noch zu teuer. Daraufhin bat ich die verantwortlichen Männer der Gemeinde „Freusburger Mühle", uns für einen Monat den Versammlungssaal zur Verfügung zu stellen. In einem Nachbarhaus konnten wir uns im Keller die Küche einrichten. Bei einem Bauern erstand ich ein Schwein, und damit war zumindest die Fleischversorgung für die 30 Teilnehmer, die in Privatquartieren wohnten, sichergestellt. Von Montag bis Samstag waren täglich jeweils sechs Stunden Unterricht angesetzt, und ich war der einzige Lehrer. Ich denke, ich habe ihnen alles gesagt, was ich selbst wusste, und manches vielleicht auch zwei- oder dreimal. Aber dass dies notwendig war, hatte ich bei Erich Sauer gelernt. „Die Wahrheit muss wiederholt werden, sonst wird sie nicht an- und aufgenommen", pflegte er zu sagen.

Ähnliche Lehrgänge in anderen Häusern, vor allem in christlichen Erholungsheimen, folgten. Neben den Freizeiten für Menschen, die erst seit Kurzem Christen waren, kamen nun auch missionarische Lehrgänge für Männer und Frauen hinzu und Ruth Frey begann mit Schulungskursen für missionarische Kinderarbeit.

Mangel an Fantasie war nie mein Problem gewesen, und dies war ein besonders lohnendes Objekt: Ich malte mir aus, wie man irgendwo am Waldrand oder an einem See, am besten an beidem, kleine Häuschen oder ein oder mehrere größere Gebäude bauen könnte, um auf diese Weise ein richtiges Schulungszentrum zu erhalten. Pläne wurden entworfen und wieder verbannt. Immer, wenn ich mit Gott darüber sprach, merkte ich, dass die Ampel noch nicht auf Grün stand. Hin und wieder wurde uns ein Haus angeboten, aber wovon hätten wir es bezahlen sollen? Bei näherem Hinschauen zeigte sich auch meist, dass es für unsere Zwecke nicht geeignet war.

So gingen die Jahre dahin. Ich suchte, wartete und betete. Als wir das erste Jahr in unserem neuen Haus in Wölmersen wohnten, führten wir eine Freizeit für junge Leute durch, für die jeder nur 3 DM bezahlen musste. Draußen auf der Wiese hatten wir das Zelt errichtet, das uns bei Freiveranstaltungen oder Zeltmissionen für seelsorgerliche Aussprachen diente. Hier wurden jetzt die Mädchen untergebracht. Strohsäcke und Decken bildeten das gesamte Mobiliar. Für die Jungen hatten wir 100 Meter entfernt unter den Apfelbäumen drei Zelte stehen. Sie waren zwar nicht ganz dicht, aber zum Glück regnete es in dieser Woche nicht oft. Die Zusammenkünfte und die Mahlzeiten spielten sich in unserem Wohnzimmer ab; Möbel für diesen Raum besaßen wir ohnehin noch keine. Gekocht haben wir im Keller. Das Bad im Parterre war für die Jungen, die Dusche im ersten Stock für die Mädchen reserviert. Einer der Teilnehmer hatte sein Schifferklavier mitgebracht und begleitete uns, wenn wir sangen. Es war eine fröhliche Zeit. Eine Zusammenkunft haben wir sogar auf Tonband aufgenommen und als Sendung über *Radio Luxemburg* ausgestrahlt.

Im nächsten Jahr wollte ich meiner Familie diese Belastung nicht noch einmal zumuten. Doch inzwischen hatte die Evangelisch-Freikirchliche Gemeinde in Wölmersen ein neues Gemeindehaus gebaut, und dort stand ein Jugendraum zur Verfügung, dazu Waschräume und Toiletten. Also brauchte man nur noch auf der angrenzenden Wiese ein großes Zelt für die Zusammenkünfte aufzuschlagen und einige kleinere Zelte als Unterkünfte für die Kinder zu errichten. Sie wurden in einem großen Kreis angeordnet und in der Mitte stellten die Kinder selbst ein großes Holzkreuz auf. Sogar zwei Duschen wurden gebaut: die Wände aus Zeltleinwand, dazu ein Wasserschlauch, der an einem Ast befestigt war.

Es wurde fröhlich gesungen und musiziert. Die Kinder lernten, gemeinsam in der Bibel zu lesen; sie kamen Jahr für Jahr wieder und brachten ihre Geschwister mit, und immer neue Kinder kamen dazu. Ein Elternpaar erzählte mir einige Jahre später: „Durch diese Freizeiten haben alle unsere Kinder zu Christus gefunden."

Nun gab es viele Orte, die für die Durchführung von Kinderfreizeiten geeignet waren. Dass es mich immer wieder nach Wölmersen zog, hing nicht in erster Linie damit zusammen, dass ich nun selbst hier lebte. Das hatte vielmehr eine eigene Vorgeschichte, die schon begonnen hatte, als wir noch in Kirchen wohnten. Meine Überlegungen, die immer wieder um die Enichtung eines eigenen Schulungszentrums kreisten, verdichteten sich damals zu einer bildhaften Vorstellung. Zum ersten Mal wurde mir das bewusst, als ich an einem Morgen wieder einmal mit Gott über diese Sache redete. Dabei maß ich dem bildhaften Eindruck gar nicht viel Bedeutung bei. Ein Mensch mit einer regen Fantasie wie ich denkt schnell etwas und stellt sich bald etwas vor. Ich möchte das eindeutig klarstellen: Ich hatte weder eine Vision noch hörte ich eine Stimme. Ich habe mich lediglich mit einem bestimmten Gedanken so oft und intensiv beschäftigt, dass er sich mit einer bildhaften Vorstellung verband: Es war ein Feld am Rande eines Waldstücks be-

Wölmersen, darauf ein Podest, das einer Tribüne ähnelte, und davor viele Menschen.

Ich fragte Gott, was er mir mit diesem Bild zeigen wolle und warum es mir nicht aus dem Kopf gehe. In der Zwischenzeit war es für Menschen, die außerhalb des Raums der Kirche gelebt hatten, nach ihrer Entscheidung für Christus nicht einfacher geworden, in der christlichen Gemeinde Fuß zu fassen. Eine Brücke war nötig. Sie konnte in einem Jugendkreis bestehen, einem Hauskreis – oder eben in einer Schulungswoche, die auf diese Menschen besonders zugeschnitten war.

Der Gedanke ließ mich nun nicht mehr los. Ich kannte diesen Platz, und genau hier könnte unser *Neues-Leben*-Zentrum stehen. Es war ein Fingerzeig Gottes, der für mich zur Gewissheit wurde. Kurze Zeit später besuchten wir Hermines Angehörige in Wölmersen. Ich saß mit einigen Verwandten zusammen und erzählte ihnen von meinem Plan: „Ich möchte gern hier in Wölmersen ein Schulungszentrum bauen." Und dann fragte ich: „Wem gehört eigentlich das Grundstück dort oben am Wald?"

„Ach, du meinst das Stümpfchen", sagten sie gleich. Dieses Feld war früher ebenfalls einmal Wald gewesen, und nach der Rodung waren die Baumstümpfe lange Zeit stehen geblieben; daher der Name. „Es gehört der Waldinteressentenschaft", klärte man mich auf. Davon hatte ich schon gehört. Es war eine Genossenschaft, der 23 Familien des Dorfes angehörten, die zusammen 27 Anteile an verschiedenen Waldstücken besaßen. Nach der Satzung dieser Gesellschaft durfte ohne die Zustimmung aller Teilhaber nichts verkauft werden.

„Und einige der Leute werden dir zu diesem Zweck das Land nie geben", meinte einer aus unserer Runde überzeugt.

Er sollte recht behalten. Mein Angebot, das Grundstück für etwa 4,50 DM pro Quadratmeter zu kaufen, wurde abgelehnt, obwohl die Bauaufsichtsbehörde eine Bauvoranfrage positiv beantwortet hatte.

Die Dinge zogen sich über lange Zeit hin. Inzwischen hatten wir unser kleines Haus in Wölmersen bezogen. Etwa drei Jahre nach unseren ersten Verhandlungen arbeitete ich an einem Vormittag in unserem Vorgarten, als drei Männer aus dem Dorf den Weg entlangkamen und vor mir stehen blieben. „Willst du dein Kinderheim da oben immer noch bauen?", fragten sie.

Ich stützte mich auf meinen Spaten und antwortete: „Ich schon, aber ihr wollt ja nicht verkaufen."

Sie räusperten sich. „Wir haben jetzt eine neue Satzung, danach ist der Vorstand handlungsbevollmächtigt. Wir drei sind der Vorstand und wir bieten dir das Grundstück an."

Mir war, als träumte ich. Es ging also vorwärts. Der Kaufpreis des Grundstücks belief sich auf insgesamt 72.000 DM. Ich rief unser Büro in Altenkirchen an und fragte bei der Buchhaltung nach unserem Kontostand. Sie lachten mich aus. „Alles, was wir haben, sind ein paar unbezahlte Rechnungen", erklärten sie.

Da war guter Rat im wahrsten Sinne des Wortes teuer. Es gab nur eine Möglichkeit: die Sache erneut vor Gott auszubreiten. Es vergingen keine 14 Tage, da erhielten wir einen Brief von einem Notar, in dem dieser uns mitteilte, dass uns jemand in seinem Erbe bedacht hatte. Wir fragten zurück, welchen Betrag wir in etwa zu erwarten hätten. Das könnte man noch nicht genau sagen, hieß es im Antwortbrief, da mehrere Erben vorhanden wären und es noch Aktien zu verkaufen gelte, aber überschlägig würde uns wohl ein Betrag von etwa 72.000 DM zufallen. Es war genau die Summe, die wir brauchten. Wir konnten zur Bank gehen und die Übertragung des Grundstücks vornehmen lassen.

In der Folgezeit müssen die Aktien, aus deren Erlös unser Anteil bestritten werden sollte, noch gestiegen sein, denn schließlich wurde uns ein Betrag überwiesen, der zusätzlich zur Deckung der Umschreibungskosten ausreichte.

Ermutigt durch diese sichtbare Hilfe Gottes, informierte ich unseren Freundeskreis. Wir zogen einen Architekten heran, der die Baupläne entwarf, und die Spenden, die zur Finanzierung dieses Projektes eingingen, stiegen an. Schließlich erfuhren wir, dass wir vom Staat einen Zuschuss in Höhe von 500.000 DM erhalten könnten, wenn das Haus der Familienerholung dienen würde. Diese Mittel würden ziemlich großzügig vergeben, sodass wir gute Aussichten hätten, versicherte man uns.

500.000 DM – das war genau das Limit, das wir uns selbst gesetzt hatten. Auf einer Bruderratssitzung war beschlossen worden, mit dem Bau zu beginnen, sobald uns diese Summe zur Verfügung stand. Das wollten wir als Startsignal Gottes ansehen. Wenn wir diesen Betrag nun wirklich vom Staat erhielten, konnten wir sofort anfangen.

Zu dieser Zeit veranstalteten wir unsere erste Israel-Studienreise. Hier traf ich erneut mit Schwester

Gertrud Wehl zusammen, und sie stand in ihrer Hamburger Zigeunersiedlung ebenfalls vor Bauproblemen. Sie war sich nicht klar, ob sie die staatlichen Zuschüsse, die ihr angeboten worden waren, in Anspruch nehmen sollte oder nicht.

Wir unterhielten uns über dieses Problem ausgerechnet in der Jordan-Ebene, gewissermaßen auf den Spuren Abrahams. Ich gestand ihr, dass auch ich mit der Frage nicht fertig würde und darüber tief beunruhigt sei. Und hier am Jordan kam mir dann ein Ausspruch Abrahams in den Sinn: „Damit du später nicht sagst: Ich habe Abram reich gemacht." Mit dieser Begründung hatte er es vor langer Zeit abgelehnt, von heidnischen Königen einen Beuteanteil anzunehmen, obwohl er ihnen im Krieg wesentliche Hilfe geleistet hatte. Als ich wieder nach Hause kam, stand mein Entschluss fest, und er schlug wie eine Bombe ein: „Wir werden das Geld vom Staat nicht annehmen."

„Ja, aber ..." Über diesen Punkt konnte man sicher viel und lange reden, aber für mich war das hinfällig geworden; denn über Gewissensentscheidungen gibt es keine Diskussionen. Damit war auch klar, dass diese Regelung ganz allein für mich galt. Andere Christen in anderen Situationen können ganz anders entscheiden.

Als ich noch überlegte, wie ich das meinen Brüdern im Bruderrat erklären sollte, kam mir ein weiteres völlig überraschendes Ereignis zu Hilfe. Nach der Rückkehr aus Israel hatte ich unseren Freunden in einem Rundbrief mitgeteilt, dass es beim derzeitigen Spendeneingang etwa vier Jahre dauern würde, bis wir mit dem Bau des Zentrums beginnen könnten. Diesen Satz las ein

Fabrikant in Süddeutschland. Am nächsten Morgen rief er im Büro in Altenkirchen an und sprach mit Herbert Müller.

„Warum wollen Sie das Zentrum erst in vier Jahren bauen? Als ich zum Glauben kam, hätte ich einen solchen Ort dringend gebraucht; dann hätten sich viele Dinge für mich wahrscheinlich schneller geklärt. Warum fangen Sie nicht früher an?"

„Es ist eine Geldfrage. Wir haben festgelegt, dass mit dem Bau erst begonnen werden darf, wenn eine bestimmte Summe dafür zur Verfügung steht."

„Wie viel brauchen Sie denn?"

„Es ist ein großer Betrag."

„Wie viel?"

„Bei Baubeginn müssen 500.000 DM vorhanden sein."

Auf der anderen Seite der Leitung blieb es einen Augenblick still. Dann fragte der Mann nur: „Wohin soll ich sie schicken?"

Acht Tage später wurde unserem Konto bei der Westerwaldbank der Betrag von 500.000 DM gutgeschrieben.

Nun ging es aufwärts. Tausende von Spendern, darunter viele Jugendliche, ja selbst Kinder, schickten kleinere Beträge. Letztere opferten einen Teil ihres Taschengeldes, nicht selten das ganze.

Ein Mann rechnete aus, was er vor seiner Bekehrung im Monat für Dinge ausgegeben hatte, die er nun nicht mehr für richtig hielt, und überwies uns diesen Betrag regelmäßig. – Eine Frau, die in einer meiner ersten Evangelisationen zum Glauben gekommen war, verkaufte ein Haus, das sie geerbt hatte, und bezahlte damit die gesamte Kücheneinrichtung des Zentrums. Der Auftakt zu dieser Spendenaktion war durch einen Mann erfolgt, der später selbst Evangelist wurde. Er hatte durch die Auszahlung einer Unfallrente 6.000 DM in die Hand bekommen; diese Summe stellte er in vollem Umfang zweckgebunden zur Verfügung und legte damit den Grundstock zum Bau des *Neues-Leben*-Zentrums.

Ein Ehepaar verkaufte ein Grundstück in Berlin und finanzierte mit dem Erlös den Anbau der Konferenzhalle. Viele Freunde stellten uns zinslose Darlehen zur Verfügung, die zum Teil später in Spenden umgewandelt oder zurückgezahlt wurden.

„Neues Leben"-Zentrum in Wölmersen

Die „grünen" Freizeitjahre

Die Urlaubswelle rollt

Aufgrund der vielen Spenden konnten wir nun das ganze Jahr über Wochenendtagungen, Schulungen, Konferenzen und zwei- bis dreiwöchige Freizeiten durchführen. Eine Reihe von Christen stellte sich ehrenamtlich zur Verfügung, um dazu einzuladen und sogar die Freizeiten zu betreuen.

Während in den Schulferien hauptsächlich Kinder-, Jugend- und Familienfreizeiten angeboten wurden, waren in den übrigen Monaten vor allem Erwachsene unsere Gäste: Für sie wurden evangelistische Seminare, Wochenendkurse für Kindergottesdiensthelfer, Musikfreizeiten und Tage der Besinnung angeboten.

Rund 10.000 Menschen besuchten in den 70er-Jahren jährlich das *Neues-Leben*-Zentrum. Für viele Christen war es der erste Urlaub, den sie sich nach dem Krieg leisten konnten, weil die Preise niedrig kalkuliert und deshalb für viele erschwinglich waren. Wirtschaftlich hat sich das *Neues-Leben*-Zentrum in diesen Jahren nicht getragen, aber die Nachricht an junge Christen und die Schulung von Christen für den missionarischen Dienst waren uns einen sechsstelligen Zuschuss wert.

Zu Beginn der 80er-Jahre gingen die Großstadtevangelisationen zurück. Da viele Gemeinden und Gemeinschaften nun einige Freizeiten und Mitarbeiterschulungen durchführten, war das Haus auch während der Freizeiten nur knapp belegt. Der Gedanke, ein Predigerseminar ins Leben zu rufen, beschäftigte mich schon lange und war bereits im Gründungsprotokoll unseres Missionswerks berücksichtigt worden.

Bis jetzt hatte uns Gott jedoch für diesen Plan kein grünes Licht gegeben, aber nun schien die Zeit dafür reif zu sein. Das Projekt beschäftigte vor allem auch meinen Sohn Peter.

1983 wurde mir dann endgültig klar, dass wir eine theologische Schule eröffnen sollten. Wir wollten Ausbildungsgänge von ein, zwei oder vier Jahren anbieten mit dem Ziel, Mitarbeiter für die Gemeinden, Pastoren, Evangelisten und Missionare auszubilden. Wenn man in Deutschland eine Erweckung erwartete, benötigte man gerade Gemeindeleiter und Pastoren, die sich an den Maßstäben der Heiligen Schrift orientierten. Peter bemühte sich um die Lehrer für dieses Projekt, und so entstand 1985 das *Neues-Leben*-Seminar. Dessen Ausrichtung sollte überkonfessionell sein, aber den Schülern wurde auferlegt, die Bibel als irrtumsloses Wort Gottes anzuerkennen. Wie sich in den darauffolgenden Jahren zeigen sollte, wurde dieses Seminar ein voller Erfolg.

Versuche, ähnliche Seminare in Österreich durchzuführen, haben nicht zu dem gewünschten Erfolg geführt. Die Gäste in „Haus Clusemann", das wir dort angemietet hatten, waren vor allem Deutsche, die zum Teil ihre nichtchristlichen Freunde mitbrachten.

In den 80er-Jahren änderte sich das. Es entstand ein Überangebot an christlichen Freizeiten, und die Ansprüche stiegen. Wir waren gezwungen, „Haus Clusemann" 1988 aufzugeben. Seitdem führen wir Freizeiten in verschiedenen Orten Österreichs durch, die wir punktuell anmieten können.

In den 70er-Jahren erhielten wir auch das Angebot, Freizeiten in einem neu erbauten Hotel in Calvi auf Korsika durchzuführen, und zwei Jahre später bot sich uns die Möglichkeit, dieses Haus ganzjährig anzumieten. Allein der Alpenflug stellte eine Attraktion dar, und Korsika bot die einmalige Möglichkeit, Freunde, die noch keine Christen waren, zu einem solchen Urlaub einzuladen, da einem dort viele Freiheiten gelassen wurden: Man durfte die Morgenandacht verschlafen und am Abend lieber am Strand spazieren gehen, als an einer christlichen Veranstaltung teilzunehmen. Niemand guckte einen deshalb scheel an.

Die Folge: Nur wenige versäumten die Morgenandachten und die meisten nahmen auch an den Abendveranstaltungen teil. „Man darf, aber man muss nicht", lautete das Motto.

Herbert Müller, der sich in Altenkirchen schon bewährt hatte, übernahm die Verantwortung für den Ausbau der Freizeitanlage auf Korsika. Adolf Karos, ein ehemaliger Fremdenlegionär, der durch eine Evangelisation zum Glauben gekommen war, kümmerte sich um die Verwaltung des Hotels in Calvi. Doch die französische Mittelmeerinsel war teuer. Auch für unsere Freizeiten bot sich keine Möglichkeit, die kontinuierlichen Preissprünge zu umgehen. Wir mussten also einen anderen Weg finden, unsere Freizeiten preisgünstig zu gestalten. Dabei kam uns das Angebot entgegen, ein benachbartes Haus zu mieten. Es handelte sich um eine Appartement-Anlage, deren Appartements im Wesentlichen noch nicht verkauft worden waren. Wir griffen sofort zu.

Herbert Müller beschäftigte immer wieder der Gedanke, die Appartements als Eigentumswohnungen an deutsche Freunde zu verkaufen. Sie sollten uns diese dann, solange sie sie nicht selbst in Anspruch nahmen, auf Mietbasis zur Verfügung stellen, damit wir unsere Freizeiten während der gesamten Saison ungestört durchführen konnten. So entstand eine schöne Anlage – komfortabel und umweltfreundlich. Ein Restaurant, Terrassen und eine gepflegte Gartenanlage sorgen für das Wohlbefinden der Gäste. Von März bis November finden hier 200 bis 500 Personen Unterkunft.

Da Korsika landschaftlich zu jeder Jahreszeit schön ist, merkten es sich viele als Zuflucht für den Winter vor. Die Bucht von Calvi, von malerischem Pinienwald umgeben, die alte Stadt und die trutzige Burg sind schon ein Fleckchen Erde, das man gesehen haben muss.

Für ein entsprechendes geistliches Menü sorgen bis heute die Mitarbeiterinnen und Mitarbeiter des Missionswerkes *Neues Leben* und die zahlreichen Gastredner.

Für uns als Missionswerk ist es besonders wichtig, dass die Ferienanlage *Residence Pinea* keine Spendengelder in Anspruch nimmt. Sie finanziert sich selbst. Nachdem eine Chartermaschine die Freizeitgäste direkt von Düsseldorf nach Korsika gebracht hat, folgt bis zum Ziel nur noch eine zehnminütige Busfahrt. Das sollte auch keinen Rentner überfordern.

Das gesamte Projekt wurde vorwiegend von Herbert Müller entworfen. Ein solches Management, verbunden mit dem Glauben an Christus, kann durchaus mithelfen, Menschen mit dem Evangelium in Verbindung zu bringen.

Les Résidences Pinéa in Calvi

Freud und Leid

Auch ein Evangelist muss kämpfen

Als ich an einem Nachmittag vom Büro in Altenkirchen nach Wölmersen fuhr und das Dorf im Sonnenlicht des Herbstes sah – im Dorf die Kirche, links oben über dem Dorf das *Neues-Leben*-Zentrum – da dankte ich Gott für all den Segen in meinem Leben.

Aber es waren nicht nur gute und schöne Tage. Es gab im Laufe der Jahrzehnte, in denen ich als Evangelist unterwegs war, auch viel Negatives. Es gab Anfechtungen und Versuchungen, es gab Fehlentscheidungen von meiner Seite. Aber Gott hat mich immer wieder aufgerichtet und mir Mut und Glaubenszuversicht gegeben. Vor allem in den Jahren, in denen die Arbeit wuchs, brauchte ich mehr Mitarbeiterinnen und Mitarbeiter. Manchmal kam es dann zu finanziellen Engpässen. – Bei einer Firma weiß man, wie viel Umsatz man macht; in einem Glaubenswerk weiß man zwar ungefähr, wie viele Kosten das Jahr bringt, aber wie viele Spenden kommen, weiß man nicht. Keiner weiß, ob Spenden eingehen werden oder ausbleiben. Als gemeinnütziges Werk darf man auch keinen Überschuss machen, sodass man wie eine Firma Rücklagen hätte. Die Spenden, die in einem Jahr bei einem gemeinnützigen Werk eingehen, müssen auch in demselben Jahr für einen solchen Zweck ausgegeben werden. Missionswerke, die das nicht getan haben, sind schon in arge Schwierigkeiten gekommen. Aber wenn man alles ausgeben soll, kann es schnell passieren, dass man bei einem kleinen Rückgang von Spenden in Zahlungsschwierigkeiten gerät. In solchen Situationen muss man dann „abspecken". Gut, man verfügt einen Ausgabenstopp, der auch eine Zeit lang durchzuhalten ist. Aber wenn all diese Maßnahmen nicht ausreichen, muss man Personal abbauen. Das aber ist schwierig, weil es Menschen betrifft, die ja eigentlich nichts dafür können.

Es war nicht lange nach diesem Nachmittag, an dem ich so froh und dankbar den Kirchweg hinuntergefahren war und mich über Wölmersen, Gemeinde und Zentrum freute, als für uns als Familie Schulte eine schwere Stunde schlug.

Schon vor einigen Jahren, kurz bevor meine Frau und ich unsere Silberhochzeit feiern durften, hatte sie sich wegen eines Myoms einer Totaloperation unterziehen müssen. In der Zeit danach war sie nicht mehr so gesund wie früher und bald fiel ihr auch das Reisen schwer. Sie sagte: „Ich habe immer gern die Koffer gepackt und habe mich gefreut, mit dir zur Arbeit zu fahren, aber das ist einfach vorbei. Ich habe keine Kraft mehr. Das packe ich nicht mehr."

Im Oktober 1986 mussten wir dann das Urteil des Arztes hören, dass sie an Krebs erkrankt sei, doch die befallenen Stellen in Brust und Darm konnten operiert werden. Wir schöpften Hoffnung, weil es danach mit ihr gesundheitlich bergauf ging. Aber ein Jahr später erkrankte sie an einem Tumor im kleinen Becken, der durch eine Operation nicht mehr beseitigt werden konnte. Durch die Glaubensgebete der Ältesten segnete der Herr sie sehr und stärkte sie im Glauben. Aber seit dieser Zeit meinte sie auch selbst, dass sie nicht mehr geheilt werden würde. Sie wartete dann noch elf Monate darauf, dass der Herr sie heimhole. Es war für mich eine sehr schwere Zeit – vor allem in den letzten Monaten, in denen ich sehen musste, wie verheerend sich diese Krankheit auswirkte. Ich sagte fast alle Dienste ab und pflegte sie zu Hause, bis sie am 19. November 1988 in die Ewigkeit abberufen wurde. Ihr Kommentar war: „Es war ein schönes Leben, ein erfülltes Leben. Ja, ich habe Schmerzen, aber ich gehe ja heim zu meinem Herrn." Das letzte Lied, das ich sie singen hörte – sie sang sehr gerne –, lautete: „Und hat seine Hand uns geschlagen, so hatte er dennoch uns lieb; und gab es auch Lasten zu tragen, die Hoffnung der Herrlichkeit blieb."

Diese ganze Zeit des Leidens und auch die schwere Zeit danach habe ich in meinen persönlichen Tagebuchnotizen, die ich „Novembergedanken" nenne, festgehalten. In ihnen habe ich mein Herz offengelegt. Es geht mir hierin darum, auch anderen Menschen Mut zu machen, in jeder Situation mit Jesus zu rechnen. Denn er hat ja gesagt: „Ich bin bei euch alle Tage" – also auch an grauen Novembertagen. Und hinter der dicksten Nebelwand ist immer noch die Sonne, auch wenn wir sie nicht sehen oder kaum erahnen.

Meine verstorbene Frau kannte mich sehr gut, was sich bei so mancher Gelegenheit zeigte. Sie hielt sich zwar sehr im Hintergrund, aber in entscheidenden Situationen meines Lebens war sie eine gute Ratgeberin, die mir sehr fehlte. Aber ich hatte viele Menschen um mich herum, die an meinem Schicksal Anteil nahmen und für mich sorgten. Vor allen Dingen kümmerten sich meine Kinder und Schwiegerkinder, ja, selbst die Enkelkinder in rührender Weise um mich. Ich habe also in den darauffolgenden Jahren viel Liebe und Gutes erfahren, und es wäre einfach Unrecht, wenn ich mich über diese Zeit beschweren würde. – Im Gegenteil, ich habe gerade in dieser Zeit erkannt, was für gute Kinder, Verwandte und Freunde ich habe.

Aber schon in den letzten Monaten vor ihrem Heimgang sagte meine Frau mir wiederholt: „Ich rate dir, nach meinem Tode bald wieder zu heiraten! Du bist einfach kein Typ, der alleine leben kann." Ich wies das weit von mir, aber sie beharrte darauf und hätte mir am liebsten in ihrer Fürsorge gleich schon eine Nachfolgerin gesucht.

Nach ihrem Tod stand ich zunächst einmal neutral der Frage gegenüber, ob ich noch mal heiraten sollte oder nicht. Ich trauerte so sehr um meine Frau und es war mir einfach alles eine große Last. Aber ich versuchte zu zeigen, dass ich auch alleine klarkam. Ich merkte, wie kritisch mich die Leute anschauten, und in ihren Augen stand die Frage: „Na, schafft er's?" – Aber ich schaffte es nicht. Es fehlte hier und da. Ich vergaß nicht nur Geburtstage, sondern auch Zusagen und andere Termine, denn mein wandelndes Notizbuch war nicht mehr bei mir. Jetzt merkte ich erst, wie sehr meine Frau mir eine

Stärke und Hilfe gewesen war. Sie hatte mich beeinflusst, auch da, wo es mir selbst gar nicht bewusst war. Und überall dort war jetzt ein gewaltig großer, leerer Platz.

Ich hätte nie gedacht, wie sehr ein Trauerjahr doch ein Trauerjahr ist, wie sehr es einen Menschen hin und her schmeißen kann. Ich stürzte mich in Arbeit, reiste viel mehr als früher, aber das alles half nichts. Man muss diese Zeit einfach durchleiden – ob man will oder nicht. Verdrängen nützt da auch nichts. Ich musste lernen, Ja zu sagen zu Gottes Weg mit mir, zu mir selbst als Witwer und der ganzen Verantwortung, die ich mit niemandem mehr teilen konnte. Ein Jahr später befasste ich mich dann doch intensiv mit der Frage, ob ich wieder heiraten sollte. Aber das hatte sich meine Frau viel leichter vorgestellt, als es war; selbst ich hatte gemeint, es ginge leichter. Aber es war schon schwer genug für mich, über eine neue Heirat nachzudenken, denn wer würde schon zu mir passen? Wer sollte an der Seite eines solch ideenreichen, ungeduldigen Menschen leben, der an einem Tag zehn Einfälle hat und weiß, dass neun davon bestimmt falsch sind?

Ich musste dann nach und nach von meinen eigenen Vorstellungen immer mehr Abstriche machen, sodass von diesen am Ende nichts mehr übrig blieb. Es war nicht leicht einzusehen, dass es eine Frau, die meinen selbst gezimmerten Ansprüchen genügen würde, nicht gab. Ich begann mich damit abzufinden, dass es Gott wohl anders beschlossen hatte und ich den Rest meines irdischen Weges alleine gehen sollte.

So zog ich um in das gerade leer stehende kleine Nachbarhaus, das sich direkt am *Neues-Leben*-Zentrum befand. Peter zog mit seiner Familie in das dadurch frei werdende größere Haus ein. Für mich hatte das den Vorteil, dass ich nahe beim Zentrum, meinem Büro und vor allen Dingen auch bei meinen Kindern war, denn mein anderer Sohn Wilfried wohnte mit seiner Familie auch nicht weit von uns entfernt. Peter und Jutta waren jetzt also ganz in der Nähe des Zentrums, für das sie ja große Verantwortung trugen, was zwar für die Familie nicht einfach war, aber für das Werk sehr hilfreich. Ich freute mich über diese Lösung.

Im Mai 1991 machte ich zwei Wochen Urlaub in unserer Ferienanlage *Residence Pinea* in Calvi auf Korsika. So predigte ich auch dort am Sonntagmorgen und führte hier und da ein paar Gespräche – aber im Großen und Ganzen schaffte ich es, trotz des Freizeittrubels einmal Urlaub zu machen. Schon morgens früh, wenn kaum jemand aufgestanden war, lief ich gerne am Strand entlang oder schwamm der aufgehenden Sonne in der Bucht von Calvi entgegen – dankbar und zufrieden, weil ich wusste, dass mein Leben in Gottes Hand steht.

Ich kam gerade aus der Andacht, die ich für die Mitarbeiter gehalten hatte, und schaute mir die schöne Gartenanlage an. Mich als Gärtnerssohn erfreute dieser wunderschöne Garten mit südlichem Flair immer wieder. Da kam plötzlich eine Frau auf mich zu und sagte: „Meine Tochter arbeitet hier in der Küche, und sie hat eine Frage, die sie mit Ihnen gerne mal besprechen würde."

Ich erwiderte: „Oh, sie kann kommen!"

„Ja, sie muss jetzt arbeiten", sagte die Mutter.

„Na ja", war meine Antwort, „machen wir dann einen Termin!"

Dann zögerte sie und meinte: „Eigentlich habe ich das gleiche Problem. Ich würde es gerne mit Ihnen besprechen."

So lud ich sie ein und wir saßen uns gegenüber und sprachen über die Frage nach Tod und Ewigkeit: Wo sind unsere Toten? Kennen sie uns? Wie sind Zeit und Ewigkeit zu verstehen? – Und während wir uns über diese Fragen unterhielten und ich versuchte, von der Bibel her eine Antwort darauf zu geben, merkte ich, dass ich mich bedeutend länger mit dieser Frau unterhielt, als das eigentlich üblich war. Auch sie war sehr aufgeschlossen und sprach nicht nur über diese Dinge, sondern über dies und das und erzählte mir auch, dass sie nach 22 Ehejahren im vergangenen Jahr Witwe geworden war.

Da kam mir plötzlich der Gedanke: *Ist das vielleicht die Frau, die Gott dir zugedacht hat?* Ich tat diesen Gedanken sofort ab – und doch, er kam wieder. Da es Mittag geworden war, schlug ich vor, essen zu gehen, und so trafen wir uns wieder an der Selbstbedienungstheke und saßen dann zusammen hinten in der Ecke des Speisesaals. Den Gedanken, den ich zuvor gehabt hatte, musste ich immer wieder von mir weisen. Am nächsten Tag fuhr sie nach Hause und auch ich musste ein paar Tage später abreisen.

Auf Umwegen erfuhr ich eine Woche später, dass sie ein Telefax nach Korsika zu ihrer Tochter geschickt und darin erwähnt hatte, wie schrecklich es gewesen sei, alleine in ihre Wohnung zurückzukommen und wie einsam sie sich vorkomme. – Die Frau tat mir leid, und ich dachte daran, dass am nächsten Mittwoch unser Flugzeug von Düsseldorf nach Calvi einige freie Plätze hatte, die sowieso leer blieben. Wir nutzten sie manchmal zum Mitarbeitertransport, oder es gab Interessenten, die einmal kostenlos hin und her flogen. Nach ein paar Anrufen wusste ich, dass in unserer Ferienanlage auf Korsika Platz war und sie auch diesen Flug nehmen konnte. Also rief ich sie an und fragte, ob sie das Angebot annehmen wolle. Sie war davon so überrascht, dass sie weder Ja noch Nein sagen wollte, und ich bot ihr an, sie etwas später noch einmal anzurufen.

Beim zweiten Anruf fragte sie mich, ob irgendeine Bedingung dabei sei.

„Aha", dachte ich, „eine vorsichtige Frau!" Und als ich das verneinte, nahm sie gerne an. Aber dann kam mir der Gedanke, dass ich im Grunde nach einer kleinen Umstellung in der kommenden Woche auch frei haben könnte. Da ja sowieso noch Platz im Flugzeug wäre, könnte ich wohl mitfliegen. Der Gedanke, nun vielleicht doch eine Partnerin für den Rest des Lebens zu finden, hatte sich in mir festgesetzt. Vielleicht war das ja wirklich Gottes Plan. So traf ich sie wieder und flog zusammen mit ihr nach Calvi. Der Gedanke in meinem Herzen wurde sehr bald zur Gewissheit. Bei ihr dauerte es etwas länger: Nach 49 Tagen hatte Gott ihr klargemacht, dass sie Ja zu meinem Antrag sagen dürfe. Im Dezember desselben Jahres heirateten wir dann und sind nun eine große Familie: Ich habe zwei Söhne, die verheiratet sind, und vier Enkelkinder – und meine Frau Heidi hat einen Sohn und eine Tochter, die noch nicht verheiratet sind.

Die Hochzeitsanzeige verschickten unsere Kinder und schrieben: „Wir freuen uns, die Hochzeit unserer Eltern bekanntzugeben." Und unser Hochzeitsspruch lautete:

„Eure Traurigkeit soll in Freude verwandelt werden." – So ist es, und wir sind dankbar, dass wir nun gemeinsam dem Herrn dienen dürfen.

Hochzeitsfoto von Anton und Heidi Schulte

Eine Mutter und ihre Kinder

Die Entstehung der Neues-Leben-Gruppe

Ein Missionswerk ist keine Gemeinde, sondern sozusagen ein „Dienstleistungsbetrieb" für Ortsgemeinden. Man kann ein Missionswerk mit einem Baugerüst vergleichen: Wenn ein Haus gebaut werden soll, braucht es entsprechend seiner Größe und Höhe ein geeignetes Gerüst. Es kommt zwar darauf an, dass dieses Gerüst genau zweckentsprechend gebaut wird, jedoch sollte man es weder versilbern noch vergolden. Es ist ja nur ein Mittel zum Zweck, denn das Eigentliche ist das Haus, das gebaut werden soll, und wenn das steht, wird an dieser Stelle das Gerüst abgerissen und woanders wieder aufgebaut.

Das eigentliche Gebäude ist also die Gemeinde und das Missionswerk leistet deshalb beim Aufbau der Gemeinden nur einen vorübergehenden Dienst. Daher muss ein Missionswerk ebenso wie das Gerüst beweglich bleiben, und der Bauunternehmer sollte sich immer wieder neu überlegen, wo und wie er es aufbaut, wann und wie lange.

Das Gleiche gilt im Grunde für alle Missionswerke der inneren und äußeren Mission. Wenn aber das Missionswerk Selbstzweck wird, wird es hinderlich, alt und brüchig, morsch und marode. Mit anderen Worten: Es verfällt, wenn es seiner Aufgabe nicht mehr gerecht wird. Deshalb muss auch die Struktur eines Missionswerkes beweglich sein. Was man auch tut, sollte kritisch hinterfragt und der Zeitpunkt für Veränderungen nicht verpasst werden.

Auch unser Missionswerk musste sich etlichen Veränderungen anpassen. Evangelistische Großveranstaltungen auf freien Plätzen, in großen Zelten oder Hallen hatten ihre „große Zeit" in den 60er- und 70er-Jahren. In den 80er-Jahren wendete sich das Blatt. Die Gemeinden besannen sich auf ihre eigenen Kräfte, schulten die eigenen Leute und konzentrierten sich auf gemeindeeigene Evangelisationen. Gemeinsame Aktionen, etwa die der Evangelischen Allianz, traten in den Hintergrund und reduzierten sich in manchen Städten beinahe auf die jährliche Allianzgebetswoche.

Auch die großen Evangelisationen im Ausland veränderten sich – selbst bei Billy Graham. Die eigentliche Veranstaltung fand oft in einem kleineren Saal statt, wurde aber in Dutzende, ja Hunderte von Städten übertragen. Örtliche Veranstaltungen nahmen per Bildschirm die Evangelisation auf, sodass diese doch ein örtlich überschaubares Ereignis wurde. Diese Erfahrungen aus Großbritannien und anderen Ländern standen Pate für die Aktion *ProChrist* im Jahr 1993 in Deutschland.

Auch wir haben in der zweiten Hälfte der 80er-Jahre und in den 90er-Jahren nicht weniger evangelisiert, aber eben nicht mehr in Großveranstaltungen in deutschen

Großstädten, sondern in vielen Einzelevangelisationen der Gemeinden in Stadt und Land.

In den 70er-Jahren hatten wir Tausende von jungen Christen für die Arbeit in Kindergottesdienst und Sonntagsschule nicht nur im *Neues-Leben*-Zentrum, sondern auch in anderen Häusern ausgebildet.

Die Kindermissionarinnen, die zu der Zeit bei uns beschäftigt waren, vermittelten ihre Erfahrungen befähigten Leuten weiter, die dann in den Gemeinden und Verbänden angewandt wurden. Als Folge davon bauten die konfessionellen Gruppierungen in den 80er-Jahren ihr eigenes Schulungsprogramm und ihre eigene Arbeit mit Kindern in den Gemeinden auf, sodass wir 1985 nur noch 20 Einladungen zu ausgesprochenen Kinderwochen hatten und die Kindermissionarinnen stattdessen ein Vielfaches an Familienfreizeiten, Frauenstunden, Frauentagen usw. durchführten. Als wir noch dazu in eine schwierige finanzielle Lage kamen, mussten wir diesen Arbeitszweig in Deutschland zugunsten anderer – wie zum Beispiel des *Neues-Leben*- Seminars und der Fernsehevangelisation – vorübergehend aufgeben.

Außerdem riefen uns bei unserer Telefonkurzpredigt über zwei Millionen Menschen in ein paar Jahren auf rund 50 „Apparaten" in Deutschland, Österreich und der Schweiz an. Aber als die Geräte älter wurden und die Reparaturen häufiger, wurde es notwendig, diese Arbeit örtlichen Komitees, Gemeinden oder Gruppierungen zu übertragen, die die Nacharbeit sowieso besser durchführen konnten. Das funktionierte an einigen Orten hervorragend, in denen heute noch diese Anlagen – zwar total überarbeitet und erneuert – weiterlaufen.

Da das Telefon heutzutage aber immer billiger wird und die meisten Leute über mehr Geld verfügen als früher, bietet sich ein landesweites System der Telefonkurzpredigt wieder an. Auch könnte man sich andere technische Neuerungen nutzbar machen.

Die 80er-Jahre brachten einen Wechsel im Prinzip der gemeinsamen Evangelisation für Jung und Alt zur gruppenspezifischen evangelistischen Arbeit mit sich. Die Kinderevangelisationen wurden zu einem anderen Zeitpunkt durchgeführt als die Erwachsenenevangelisationen, denn die Eltern schafften es nicht mehr, nachmittags die Sprösslinge zu bringen und abends selbst zu kommen. Auch wurde die Bibelwoche zu einem anderen Zeitpunkt durchgeführt als die Evangelisation. Immerhin hat in unserer Zeit eine durchschnittliche Familie einen Terminkalender, der randvoll ist mit Terminen für Schule, Beruf, Weiterbildung, Urlaub, Volkshochschule, Musik, Computerhobby oder möglicherweise auch Gemeindeveranstaltungen. Da muss man sich etwas einfallen lassen, will man den richtigen Zeitpunkt für eine Evangelisation erwischen.

Der Sonntagmorgen bietet sich zum Beispiel für eine missionsgesinnte Gemeinde zur Evangelisation an. Um 9:30 Uhr schläft allerdings noch der größte Teil der Bundesrepublik, da wir uns ja allmählich englischen Verhältnissen annähern: Anstelle des sonntäglichen Frühstücks um 8:00 Uhr und des festlichen Mittagessens mit Braten tritt immer mehr der englische Brunch: Frühstück und Mittag in einem, nicht vor 11:00 Uhr. Deshalb sollte man heutzutage in Deutschland einen Gottesdienst viel später ansetzen. – Aber wer kann das den Frommen beibringen? Außerdem ist, abgesehen vom Sport, der Sonntag ziemlich veranstaltungsfrei und bietet deshalb die ideale Chance für die christliche Gemeinde, evangelistisch tätig zu sein. Schon viele Gemeinden haben durch Gästesonntage etliche Fernstehende für Christus gewonnen.

Aber auch sonst ist der Mensch in der Gruppe leicht zu erreichen – zum Beispiel als Urlauber. Nicht nur die Gottesdienste in einer Kurstadt werden gut besucht, auch christliche Freizeiten und ähnliche Angebote erfreuen sich großer Beliebtheit. Im Urlaub hat der Mensch Zeit auszuspannen, zu lesen oder einen Vortrag zu hören. Manch einer hat während einer christlichen Freizeit zum Glauben gefunden.

So erreichen die christlichen Sportler über den Sport Menschen für den Glauben. Wenn ein Deutscher Meister, ein bekannter Fußballspieler oder ein Fernsehmoderator seinen Glauben an Jesus Christus bezeugt, kann das einen größeren Eindruck auf die sportinteressierten Menschen machen, als wenn nur der Pfarrer von seinem Herrn Jesus spricht.

Die Geschichte der Missionswerke zeigt, dass diese entweder einer ständigen Strukturerneuerung unterliegen oder in einer Generation ihre Hauptaufgabe beendet haben. Wenn es sinnvoll sein soll, ein Missionswerk in die zweite Generation überzuleiten, dann ist es notwendig, dass jeder einzelne Arbeitsbereich im Hinblick auf seine Zeitgemäßheit neu überprüft wird.

Als ich mich dem Rentenalter näherte, wurde es mir immer stärker ein Anliegen, die einzelnen Zweige des Werkes als selbstständige zu sehen. Das führte zuerst dazu, die Auslandswerke eins nach dem anderen aus dem Gesamtwerk herauszulösen. Wir erkannten auch, dass es besser war, den einen oder anderen Zweig ganz einzustellen und Mitarbeiter aufzufordern, sich anderen Werken anzuschließen, denn jeder Zweig muss eben zielorientiert arbeiten, und ein Missionswerk kann kein großer Kolonialwarenladen sein, in dem es alles gibt und jeder findet, was er braucht. Wenn ein Zweig gruppenspezifisch orientiert ist, ist es leicht für ihn, diesem Ziel entsprechend Freunde zu gewinnen, die die Arbeit fördern, mitarbeiten, dafür beten und spenden.

So wurde auch der Bereich *Sportler ruft Sportler* ein eigener e. V. Ich selbst blieb zwar im Vorstand und ging dann später in den Beirat, aber auf diese Weise brauchte ich nicht das gesamte Missionswerk *Neues Leben* dem Deutschen Sportbund anzuschließen, sondern nur die Arbeit *Sportler ruft Sportler*.

Den Verlag *Neues Leben* hatten wir schon in den 60er-Jahren gegründet, um eine klare Trennung von den Büchern, die verkauft wurden, und dem von Spenden lebenden Verein *Neues Leben* zu ziehen. Denn Dinge, die man verkauft, können einem gemeinnützigen Werk schaden und zum Verlust der Gemeinnützigkeit führen. So war es konsequent, dass wir auch den ganzen Bereich der Freizeiten und Reisen der GmbH zuordneten, deren eventuelle Gewinne nach Versteuerung an das Missionswerk *Neues Leben* gehen.

1991 wurde dann auch zur weiteren Entflechtung des ganzen Werkes *Neues Leben Medien e. V.* gegründet. Dazu gehören die Printmedien wie die Zeitschrift *Neues Leben* oder Traktate und Schriften sowie Radio und Fernsehen also der ganze Bereich der „indirekten" Verkündigung des Evangeliums. Das Missionswerk *Neues Leben* bleibt dadurch frei für die „direkte" Evangelisation und die Arbeit des *Neues-Leben*-Zentrums mit dem *Neues-Leben*-Seminar. So ist dieses Missionswerk zwar die Mutter all der Kinder, die da nach und nach aufgewachsen sind, aber juristisch gesehen ist es ein Werk unter zehn Werken, die nebeneinander arbeiten und doch einen gemeinsamen Missionsrat bilden – mit einem gemeinsamen Fond zur Unterstützung neuer Projekte.

Aufgrund all dieser Entwicklungen hatte ich als Gründer und Leiter des Missionswerkes nun auch den Vorzug, nicht einem einzigen Nachfolger das Werk übergeben zu müssen, sondern zehn Werke bilden mit ihren Leitern die *Neues-Leben*-Gruppe. Deren Entwicklung hat schon in den ersten Anfängen gezeigt, dass es zwar für die verselbstständigten Werke anfangs manche Schwierigkeiten der Selbstfindung gab – auch Geld- und Personalmangel mussten und müssen überwunden werden –, aber die einzelnen Werke wachsen, und zwar bedeutend schneller als vorher.

Ich glaube, dass Gott diese Entwicklung segnet. Wir halten nicht fest an den Strukturen der ersten Generation, sondern haben uns aufgabenspezifisch entwickelt und die Struktur den Erfordernissen angepasst. Mir hat dabei ein Bild aus der Natur geholfen: Ein Baum kann nicht immer größer werden. Er hat eines Tages eine von Gott vorgesehene Größe erreicht und kann danach nur noch durch seine Frucht wachsen. Es wachsen andere Bäume, sodass ein ganzer Wald entstehen kann. Aber kein Baum wächst in den Himmel: Arbeiten im Reich Gottes bedeutet Ausbreitung.

Einige Gedanken möchte ich nun zum Schluss meinen Nachfolgern und ihren Mitarbeitern in den verschiedenen Werken mit auf den Weg geben:

Die Formen, in denen das Evangelium verkündigt wird, verändern sich mit jeder Generation. Deshalb ist es die Aufgabe, darin beweglich zu bleiben.

Sorge habe ich um den Inhalt evangelistischer Verkündigung. Es gilt, die Liebe Gottes zu verkündigen! Aber wir dürfen Gottes Gerechtigkeit, Heiligkeit und Gericht nicht unterschlagen, denn nur auf dem dunklen Hintergrund des Gerichts Gottes erscheint die Heilsbotschaft sinnvoll. Wer diese Botschaft unterschlägt, hat auch keine frohe Botschaft vom Heil durch Jesus. Wer den Ewigkeitscharakter des Evangeliums vernachlässigt, verliert sich schnell in ideologischer Diesseitsbetrachtung.

Die Liebe Gottes offenbart sich am deutlichsten im Wort vom Kreuz, in der Errettung aus Gnaden allein. Deshalb darf auch bei der Verkündigung der Heilsbotschaft von Jesus Christus die Aufforderung nicht fehlen, die Rettung anzunehmen. Das wiederum geht nur durch eine Sinnesänderung des Menschen. Die „altmodische Bußpredigt" gehört also in die modernste Form der Verkündigung.

Ich bin der Überzeugung, dass die evangelistische Durchdringung Deutschlands nur möglich ist durch geistliche Erneuerung und Neugründung evangelikaler Gemeinden – Gemeinden, die sich der Autorität Gottes so verpflichtet wissen, dass sie die gesamte Bibel als richtiges Wort Gottes akzeptieren und Jesus Christus, den Sohn Gottes, als einzigen Mittler zwischen Gott und den Menschen verkündigen.

Mögen die Werke, die ich gegründet oder mitgegründet habe, genau diesem Ziel dienen, damit möglichst viele Menschen durch Jesus Christus errettet werden und den Vater im Himmel preisen und zu seiner Ehre leben.

Für mich hat jetzt eine sehr interessante Zeit begonnen. Ich kann an den Sitzungen der einzelnen Werke der *Neues-Leben*-Gruppe teilnehmen, hier und da meine Meinung sagen, aber ich trage nicht mehr die ganze Verantwortung.

Im *Neues-Leben*-Seminar unterrichte ich an einem Tag in der Woche die Fächer „Evangelisation" und „Biblische Seelsorge". Gerade als „älteres Semester" passe ich ganz gut zu den jüngeren Lehrern. Es ist sehr hilfreich, wenn man neben einer gründlichen Theologie auch einige Erfahrungen mit Gott und den Menschen einbringen kann.

Natürlich merke ich auch, dass ich genau wie andere Menschen jedes Jahr älter werde. Aber zu einzelnen evangelistischen Abenden oder Vorträgen bei Konferenzen werde ich immer wieder eingeladen. Außerdem besuche ich jetzt auch gerne Gemeinden, bei denen ich schon längere Zeit nicht mehr gewesen bin.

Ich freue mich auch, dass ich im *Evangeliums-Rundfunk* und auch für andere Sender der Welt Botschaften in unserem Studio sprechen kann. In der wöchentlichen Fernsehsendung von *Neues Leben* Medien mit dem Namen „Leben konkret", die mein Sohn Wilfried leitet, wirke ich voll mit und bringe eine sechs Minuten lange Botschaft.

Vor allen Dingen ist es mir aber wichtig, dass ich jetzt Zeit und Kraft für die Arbeit an meinem Schreibtisch habe. Dieses ist mein siebtes Buch in diesem Jahr – und noch weitere Themen brennen mir auf dem Herzen.

Im vergangenen Jahr hat meine Frau Heidi eine christliche Buchhandlung übernommen. So schreibe ich Bücher und meine Frau verkauft sie. Wir haben dieses Geschäft bewusst *Bibel-Shop* genannt, weil wir vor allen Dingen Bibeln unter die Menschen bringen wollen – und solche Bücher und Schriften, die den Menschen die Botschaft der Bibel näher bringen.

Wenn ich auf die vier Jahrzehnte meines evangelistischen Dienstes, auf meine Begegnungen mit den vielen Menschen in den verschiedensten Situationen des Lebens zurückschaue, merke ich immer mehr, wie entscheidend und wichtig Gottes Wort für unser Leben ist. Deshalb möchte ich, solange Gott es mir erlaubt, sein Wort den Menschen nahe bringen.

Grüße von der Vulkaninsel Lanzarote

Ein kurzer Rückblick über die letzten Jahre

Ich sitze auf dem Balkon meiner Mietwohnung, 300 Meter vom Strand entfernt in der Stadt Costa Teguise auf der Vulkaninsel Lanzarote. Noch vor circa 300 Jahren haben hier etwa 100 Vulkane den Süden der Insel mit glühender Lava bedeckt. Das ganze Gebiet der Feuerberge ist heute ein Touristenmagnet und steht auf dem Programm vieler Kreuzfahrtschiffe. Auch der berühmte und oft gefilmte kleine schwarze Strand wird nicht ausgelassen. Das vermittelt den falschen Eindruck, als wären hier alle Strände schwarz.

Die Sonne scheint heute – wie an den meisten Wintertagen. Es ist wie im Frühling. Zwischen zwei Häusern hindurch kann ich das Meer sehen. Es ist nur ein kleiner Ausschnitt, aber ich habe es nicht weit, um an den Strand zu gehen. Mit meiner Frau Heidi habe ich gerade eine Stunde Spanisch gelernt und jetzt ist sie zum Einkaufen gefahren. Die Lebensmittel sind hier nicht teurer als in Deutschland, vorausgesetzt, man geht dort einkaufen, wo die Spanier leben. Ich bin so froh, dass ich seit November wieder hier sein kann und dass wir bis nach Ostern bleiben werden. Dann freue ich mich auf Deutschland, um mit frischer Kraft und relativ guter Gesundheit wieder predigen zu können.

Nun mag man fragen: Warum sitzt der Anton Schulte einige Monate im Winter auf der Insel Lanzarote? Vor sieben Jahren wurde ich sehr krank. Ich hatte schon im Zweiten Weltkrieg eine asthmatische Krankheit bekommen, aber die Symptome waren später ganz verschwunden. Im Alter aber haben sie mich wieder eingeholt. In der Zwischenzeit ist eine im Ausland falsch behandelte Rippenfellentzündung dazugekommen und hat meine Lungenkapazität auf ca. 30 Prozent eingeschränkt.

Ich war so krank, dass ich kaum noch predigen konnte. Vor allem im Winter litt ich sehr an einem Belastungs- und Kälteasthma, sodass ich einige Monate lang eine Sauerstoffflasche im Wohnzimmer stehen hatte, an die ich mehrmals täglich angeschlossen werden musste. Mein Hausarzt riet mir, im Winter in den Süden zu gehen. Ich hatte schon öfter einen Urlaub auf den Kanarischen Inseln Gran Canaria und Teneriffa verbracht, aber nun hatte ich gelesen, dass Lanzarote durch die Nähe zu Afrika und zur Sahara das trockenste Klima hat und für Erkrankungen, wie ich sie habe, die besten Heilungschancen bietet. So verbrachte ich im Dezember 2000 vier Wochen in einer Ferienwohnung auf Lanzarote.

Die Wohnung war mir durch Bekannte vermittelt worden. Da meine Frau nicht mitkommen konnte, weil sie ihre Mutter pflegte, nahm ich meine Schwester Anni mit. Sie hatte ähnliche Gesundheitsprobleme. In dem milden

Klima habe ich mich gut erholt. Ich konnte einige Kilometer laufen und bekam Tag für Tag mehr Luft. Ich brauchte nicht einmal mehr ein Sauerstoffgerät. Am Telefon sagte meine Frau: „Dann miete doch für das kommende Jahr eine Wohnung." So bin ich im nächsten Jahr mit meiner Frau einige Monate hier gewesen. Danach stand unser Entschluss fest: Wir werden alles daransetzen, die Wintermonate in diesem milden Klima zu verbringen.

Das war eine schwerwiegende Entscheidung. Einerseits bin ich für eine längere Zeit von der Familie, also von Kindern und Enkeln getrennt. Zum anderen bedeutete dieser Entschluss, dass ich meinen Unterricht im *Neues-Leben*-Seminar aufgeben musste. Mir lag es immer schon am Herzen, junge Menschen für die Verkündigung auszubilden. Schließlich hatte ich doch selbst in der Bibelschule und in der Zusammenarbeit mit bewährten Evangelisten erlebt, dass praktische Bildung hilft, den empfangenen Auftrag gut auszuführen.

Meine ganze Lehrtätigkeit musste ich jetzt aufgeben.

So sind wir, meine Frau und ich, im Januar 2001 nach Lanzarote gezogen und wohnen seitdem im Winter in der Stadt Costa Teguise.

Was mache ich aber geistlich hier?, fragte ich mich. Da kam mir der Gedanke: *Ich schreibe ein Buch.* „Das vierundfünfzigste?", fragte lächelnd meine Frau. Ja, abgesehen von den circa 150 Schriften, die ich geschrieben habe, war es wohl das vierundfünfzigste und vielleicht das letzte Buch, so kam es mir vor. Was sollte ich noch schreiben? Da kam mir der Gedanke: *Beantworte doch einmal in diesem Buch einem nach Gott fragenden Menschen all jene Fragen, die dir von Menschen häufig gestellt werden.* Es sollte also ein Buch über Gott und die Ewigkeit, über Himmel und Hölle, über Jesus Christus und sein Leben, über Buße, Glauben, Bekennen, Gewissheit, Freude und Frieden werden. Mit frohem Herzen machte ich mich daran. Es wurde das Buch *Neues Leben mit Gott – Gott berühren*. Das kam nicht nur als Buch, sondern auch auf einer Doppel-CD heraus, sodass die Leute, die nicht gern lesen beziehungsweise lieber hören, es auch als Hörbuch erhalten konnten.

Ich hatte das Buch noch nicht zur Hälfte diktiert, da kam die Anfrage von dem damals einzigen deutschsprachigen Radiosender auf der Insel Lanzarote, morgens zehn Minuten vor neun täglich ein „Wort zum Tag" zu bringen. Sonntags könnte ich mir in der Zeit zwischen 9 und 10 Uhr aussuchen, wie lange ich da predigen wollte.

Wir fuhren zum Sender. Dort machte man gleich live ein fast einstündiges Interview mit mir, sodass ich mich den deutsch sprechenden Menschen auf der Insel vorstellen konnte. In der darauffolgenden Woche begann meine Frühsendung. Für sonntags ließ ich mir im Tonstudio in Altenkirchen meine Vorträge, die ich im *Evangeliums-Rundfunk* gehalten hatte, zu einem Programm zusammenstellen, natürlich mit passenden modernen Liedern, die für einen so weltlichen Sender den günstigsten Rahmen darstellen. Die Ansage und alles andere wurde im Studio in Altenkirchen gemacht.

Als ich das nächste Mal zum Sender kam, sagte mir die Reporterin: „Herr Schulte, Sie können sich gar nicht vorstellen, welch ein gutes Echo wir haben. Es ist gewaltig. Wir haben eine Stadtumfrage hier in Puerto del Carmen gemacht und stellen fest, dass sehr viele Leute die Sendungen hören." Hinter vorgehaltener Hand sagte sie:

„Das Echo war aber nicht nur positiv." Ja, das hätte ich mir denken können. Und so war es auch. Es gab etliche Kritik, aber immerhin, drei Jahre lang hielt der Sender durch. Dann musste der Eigentümer, wie er mir sagte, aufgrund des Drucks der Firmen, die ihre Werbung über den Sender laufen ließen, die Sendungen einstellen. Ich war einfach zu deutlich in meinen Aussagen. Ich musste dem Inhaber des Senders sagen, ich könne ihm in allem entgegenkommen, aber nicht im Inhalt meiner Predigten. Und das war es dann.

Ab April war ich wieder in Deutschland. Gern wäre ich noch ein paar Wochen auf Lanzarote geblieben, aber ich war eingeladen worden, auf einem *Spring*-Kongress im Norden Deutschlands zu predigen. Ich hatte schon in England auf einem solchen Kongress gepredigt und war begeistert von dieser Mischung aus Urlaub und geistlicher Ausrichtung. Danach begleitete ich mit meiner Frau eine *Neues-Leben*-Israelreise und es folgten Predigteinladungen in verschiedene Gemeinden. Gesundheitlich ging es mir gut genug, obwohl mir manchmal die Pollen Probleme bereiteten.

Wenn für die Sommermonate Einladungen kamen, eine Freizeit zu begleiten – ob nach Kanada, Indonesien oder Israel –, dann nahmen wir das gerne an. Besonders Indonesien lag mir am Herzen, weil ich seit circa 30 Jahren dort eine Arbeit unterstütze, die zuerst rein evangelistisch war und sich nach einiger Zeit mehr auf die Betreuung von Kindern erstreckte, weil die Evangelisation verboten wurde. Später wurde eine Englischschule eingerichtet, und jetzt haben wir dort ein sozialpädagogisches Institut mit einer öffentlichen Schule unter christlicher Leitung. Heute suche ich in Deutschland Freunde für unser Kinderhilfswerk und ermutige Christen, es mit zwölf Euro im Monat möglich zu machen, dass ein Kind aus armen Verhältnissen unsere Schule besuchen kann. So flogen wir alle zwei Jahre einmal nach Indonesien, um unsere Partner zu ermutigen und nach dem Rechten zu sehen. Danach war ich wirklich wieder „reif für die Insel". Inzwischen muss ich diese lange Reise nicht mehr selbst machen. Mein ältester Enkel Steffen hat diesen Reisedienst für mich übernommen.

Zu unserer Freude hatte sich, wie fast in jedem Jahr, eine christliche Freizeit auf Lanzarote angemeldet. Ich wurde eingeladen, einige biblische Vorträge zu halten. Meine Frau Heidi übernahm mit großer Freude die Führungen bei den Besichtigungsfahrten. Ich predige gerne in deutscher Sprache, denn in der kleinen Gemeinde, zu der wir gehen, spricht man hauptsächlich Spanisch. Für die englisch sprechenden Besucher predige ich auf Englisch und werde auch ins Spanische übersetzt. Diese spanische Gemeinde besteht aus 21 verschiedenen Nationen. Fast alle Besucher sind Südamerikaner oder stammen aus Kuba und anderen spanisch sprechenden Ländern, in denen es politische Schwierigkeiten gibt. So ist auch die Bevölkerung auf den Kanarischen Inseln eine „Multikultigesellschaft" mit jeder Hautfarbentönung und Tradition, die man sich denken kann.

Die wenigsten Leute auf Lanzarote sind *Conejos* (Kaninchen), wie sich die Menschen selbst nennen, die hier auf der Insel geboren wurden. Einen echten *Conejo* durfte ich evangelistisch betreuen und mithelfen, dass er zum Glauben an Jesus Christus fand. Es war gleich bei meinem ersten Besuch im Krankenhaus, als ich für vier Tage dort lag, weil ich keine Luft bekam und mein Sauerstoffspiegel zu niedrig war, sodass ich künstlich Sauerstoff brauchte. Ich hatte gerade eine Lungenentzündung überwunden.

Mit mir im Zimmer lag ein älterer Herr. Er nahm nicht mehr viel wahr und wartete auf den Tod. Aber abends ab 17:00 Uhr kamen 40, 50 oder auch mehr Verwandte, um von dem Sippenältesten Abschied zu nehmen. Jeder ging zu seinem Bett und sagte, ich bin der und der, ich bin der und der. Vermutlich waren es seine Erben.

Ich unterhielt mich mit meiner Frau auf Deutsch. Plötzlich fragte ein junger Mann: „Sind sie Deutscher?" „Ja", sagte ich, und er erzählte mir, dass er in Köln Deutsch lernte. Ich schenkte ihm mein Buch, das gerade erschienen war: *Gott berühren*. Zwei Tage später war er wieder da und sagte, er habe es schon zur Hälfte gelesen und sei ganz begeistert, weil das ein Thema sei, das ihn interessierte. Ich lud ihn ein, mich anzurufen, wenn er wieder in Deutschland wäre. Ich wollte ihn gern am Zug abholen und Gemeinschaft mit ihm pflegen.

Aber ich hörte erst nach anderthalb Jahren wieder von ihm. Er rief mich an, und ich lud ihn ein, ins *Neues-Leben*-Zentrum zu kommen. Sein Deutsch hatte sich nicht sehr verbessert und mit meinem Spanisch sah es noch schlechter aus. Also holte ich zwei Seminaristen, die aus Spanien und Südamerika waren. Die nahmen ihn mit zum Mittagessen und Kaffeetrinken in ihre Wohnung. Dort konnten sie ihm das Evangelium noch deutlicher erklären. Am nächsten Morgen war er im Gottesdienst, in dem ich die Sonntagspredigt hielt. Sie übersetzten ihm die Predigt. Er war sehr beeindruckt, aber er wollte persönlich noch nicht Stellung nehmen, wie er über das Evangelium dachte.

Dann lud ich ihn ein, in die kleine Baptistengemeinde in Playa Honda auf Lanzarote zu kommen, wo ich ab und zu predigte. Er kam tatsächlich. Ich predigte auf Englisch, aber der Pastor, ein amerikanischer Missionar, übersetzte mich ins Spanische. Ich predigte nur für ihn, und nach meiner Predigt sprach der Missionar die Aufforderung aus, wer sich für Christus entscheiden wolle, möge sich melden. Der junge Mann tat es und führte mit dem Missionar ein seelsorgerliches Gespräch. Er blieb einige Zeit auf Lanzarote. Seitdem haben wir Kontakt miteinander, wenn auch nicht häufig, weil er anschließend an der Uni auf der Insel Teneriffa Pädagogik studierte. Evangelisieren macht Freude, egal, ob man vor tausend oder vor einem Menschen predigt – Hauptsache, Gottes Wort trifft den Menschen ins Herz.

Zu meinem fünfzigsten „geistlichen Geburtstag" am 2. Oktober 1998 waren wir in Schottland und feierten mit den Christen von Ayrshire. Ich hatte diese Gemeinden dort öfter besucht und 1977 auch eine Gebietsevangelisation durchgeführt, bei der besonders viele junge Menschen zum Glauben fanden.

Es war ein wunderbares Danken und Loben und sicherlich eine große Ermutigung, auch Ausländern, wie ich damals einer war, das Evangelium zu verkünden. Es war mir immer eine Freude, an den Absolvierungsfeiern des *Neues-Leben*-Seminars teilzunehmen und zu sehen, wie ständig mehr junge Menschen kommen, um sich für den Verkündigungsdienst ausbilden zu lassen. Manchmal habe ich auch die Festpredigt gehalten.

So war es im Jahr 2004, als das Missionswerk *Neues Leben* sein 50-jähriges Bestehen feierte, und auch 2006, als das Magazin *Neues Leben* 50 Jahre alt wurde.

Bei der Feier zum 30-jährigen Bestehen der Arbeit des Missionswerkes *Neues Leben* in Österreich waren meine Frau und ich ebenfalls zugegen und ich predigte dort am Sonntagmorgen. Bei verschiedenen Besuchen in Österreich ist mir aufgefallen, wie sehr sich dort die geistliche Landschaft verändert hat. Viele Gemeinden, die einst von ausländischen Missionaren gegründet wurden und sehr klein waren und oft auch Schwierigkeiten hatten, sind mittlerweile sehr gewachsen und große österreichische Gemeinden geworden. Die Saat, die über Jahrzehnte treu gesät worden war, ging auf. Das ist ermutigend für all die Leute, die am Anfang einer kleinen Arbeit stehen und nicht über den Horizont hinausschauen können. Gott kann Kleines groß machen, aber wir müssen genauso lernen, dass alles Große aus vielen Kleinigkeiten besteht. Nur wenn wir treu sind im Kleinen, macht Gott daraus Großes.

Bei der 90-Jahr-Feier der Bibelschule Wiedenest und des Missionshauses, wo ich ja als junger Mann ausgebildet worden bin, durfte ich die Festrede halten. Und bei der 100-Jahr-Feier war ich wieder da, denn an dieser Schule habe nicht nur ich meine Ausbildung bekommen und hat nicht nur mein Sohn Peter zwei Jahre studiert, sondern jetzt, bei der 100-Jahr-Feier, brachten wir auch meinen jüngsten Enkel René als neuen Bibelschüler mit – drei Generationen geprägt und gesegnet in der Bibelschule Wiedenest. Das ist ein Grund zum Danken und macht Mut für die Zukunft.

Große Freude hat mir in all den Jahren die Arbeit mit dem *Evangeliums-Rundfunk* gemacht. Ich hatte 1960 eifrig mitgeholfen, ihn zu gründen, und hatte, praktisch wie ich war, dafür Geld gesammelt. Heute habe ich dort alle zwei Monate einen festen Platz mit meiner evangelistischen Botschaft, meistens in einer Nachmittagssendung.

Hatte ich 1953 damit begonnen, regelmäßige evangelistische Sendungen über *Radio Monte Carlo* und über *Radio Luxemburg* und *Radio Tanger* zu bringen, so begann ich 1986 mit der Verkündigung des Evangeliums in filmischer Form und bemühte mich um Sendezeiten bei Fernsehstationen. Zuerst war *RTL* dazu bereit, uns Sendezeit einzuräumen, dann kam *Radio Eureka,* wo ich eine wöchentliche Sendung bekam, sonntagmorgens um 11:00 Uhr. Es war zwar für die Frommen nicht die beste Zeit, aber sie war ideal für die Leute, die nicht in eine Kirche oder in einen Gottesdienst gingen.

Aber der Sender wurde verkauft und wir flogen aus dem Programm. Wir versuchten es über einen englischen Sender, der über Satellit in Deutschland empfangen wurde, konnten das aber finanziell nicht durchhalten. Dann gab es Möglichkeiten, von einem italienischen Sender aus nach Kärnten zu senden. Wir machten das, solange es ging; das waren ein, zwei Jahre. Schließlich gab es die Möglichkeit, über *Spree Kanal* in Berlin, einen Sender, der über Kabel empfangen wird,

NEUES LEBEN MEDIEN

wöchentlich eine Botschaft zu bringen. Das nutzte ich sechs Jahre lang.

Als ich wieder einmal in Berlin zu einer Konferenz war und am Sonntagmorgen in der Gemeinde in Lichterfelde predigte, kam eine junge Frau und sagte: „Mein schwer kranker Vater war einer Ihrer eifrigsten Hörer. Er sagte über Sie: ‚Ich liebe diesen Glatzkopf.'" Doch sie erzählte weiter: „Er hat noch sechs Monate gelebt und Sie jeden Freitag gehört. Am Ende erzählte er uns, er sei Christ geworden und wisse jetzt, dass er in den Himmel kommen würde, wenn er stirbt." Die junge Frau fuhr fort: „Das hat mich sehr beeindruckt, und so bin ich hier in diese Gemeinde gekommen und bin hier gläubig geworden. Am letzten Sonntag habe ich mich taufen lassen." Solche Begebenheiten machen Mut, auch unter schwierigsten Bedingungen einen Weg in die Massenmedien hinein zu finden.

Bei der Gründung des christlichen Senders *Bibel-TV* hatten wir zwar nicht viel Geld, aber wir haben uns trotzdem als *Neues Leben Medien* mit einem Prozent als Gesellschafter daran beteiligt. Wir haben es von Anfang ganz klar als unsere Zielsetzung angesehen, dass wir „unter Nutzung aller technischen Möglichkeiten möglichst vielen Menschen in unserer Zeit das Evangelium von Jesus Christus verkündigen wollen". Dazu gehörte unbedingt der Gebrauch der Massenmedien.

Vor Kurzem war ich noch in Hamburg, um ein Interview zu geben. Dabei hielt ich fünf evangelistische Kurzansprachen. Darauf folgte eine Doppelsendung von 90 Minuten, in der ich aus meinem Leben erzählte. *Lauf des Lebens* ist eine neue Sendereihe, und ich bin froh, dass ich mit meinem Erzählen den Reigen eröffnen durfte.

Als ich mich, als alter Freund der Evangelischen Allianz, im vergangenen Jahr angemeldet habe, um endlich einmal an der Konferenz in Bad Blankenburg teilzunehmen, wurde ich gebeten, doch auch als Redner zu kommen und ein Seminar über Evangelisation zu halten. Hier hatte ich die Freude, viele Christen zu treffen, die mich nur über das Radio kannten.

Gott macht viel mehr aus unseren kleinen Bemühungen, als wir zu sehen bekommen. Wenn wir später im Leben hier und da erstaunt sind über die Wirksamkeit unseres Dienstes, dann dürfen wir auch sehen, dass es nicht wir waren, die die Frucht gewirkt haben, sondern dass es Gott war, der vieles trotz unserer fehlerhaften Bemühungen tat, einfach weil er es so beschlossen hatte. Gott hat mich sehr gesegnet, aber nicht weil ich alles richtig gemacht hätte – ich lebe nur aus der Vergebung –, sondern einfach weil er mich berufen hat.

Die größte Veränderung der letzten Jahre war nicht die Entscheidung, die Wintermonate auf der Insel Lanzarote zu verbringen, sondern nach 50 Jahren als Bürger von Wölmersen in die kleine Stadt Balve im Sauerland zu wechseln. Wir sind seit dem 1. April 2006 Balver Bürger. Ein alter Freund schrieb mir: *„Back to the roots"* (Zurück zu den Wurzeln). Ja, so kann man es sagen. Nicht nur, dass meine Vorfahren väterlicherseits zum Teil aus diesem Gebiet des Sauerlandes stammen, sondern auch meine Frau Heidi ist Lüdenscheiderin. Ich habe zu Beginn meiner evangelistischen Tätigkeit überwiegend im Gebiet des Sauerlandes evangelisiert. In Lüdenscheid, Werdohl, Nachrodt, Altena, Plettenberg, Hohenlimburg, Iserlohn usw. war so mein erstes „evangelistisches Kirchspiel". Das war auch die Zeit, in der das Missionswerk *Neues Leben,* die *Neues-Leben*-Radioarbeit und das Magazin *Neues Leben* entstanden sind. So hat der Umzug etwas von einem Nachhausekommen.

Balve ist ein geschichtsträchtiges kleines Städtchen. Es liegt in der Nähe der Sorpetalsperre, am Fuß des Hochsauerlandes, eingebettet in eine wunderbare Waldlandschaft. Es gibt Höhlen aus der Steinzeit, wovon die Balverhöhle durch Konzerte und andere Veranstaltungen die bekannteste ist.

Für unser geistliches Leben fanden wir eine Minigemeinde vor, die seit acht Jahren in der Entwicklung stand und heilfroh war, dass sie zwei weitere Gemeideglieder bekam. So sind wir nun 20 Erwachsene und eine große Kinderschar. Im vergangenen Sommer haben wir uns trotz vieler Reisedienste etwas eingelebt.

Nun habe ich vor, in den kommenden Sommermonaten nicht mehr so viel durch alle Welt zu reisen, sondern mich vor allen Dingen um die Gemeinde in Balve und die umliegenden Orte zu kümmern.

Ich möchte die frohe Botschaft von Jesus Christus so lange und so deutlich verkündigen, wie ich es nur kann. Dank der Technik könnte ich noch weiter reden, auch wenn ich eines Tages den Mund halten muss.

Ende

Ein Dankeschön

... von Heidi Schulte

Mein Mann Anton Schulte war 85 Jahre alt, als er starb. Er war alt, aber nicht „alt". Gerne hätte er eine eigene Website gehabt, er hatte ein Handy und konnte gut mit seinem Computer umgehen. Seine Sprache und sein krankes Herz waren immer jung geblieben. Er dachte darüber nach, wie man der jungen Generation das Evangelium nahe bringen könnte. Einige seiner Wünsche sind jetzt, nach seinem Tod, in Erfüllung gegangen, an anderen arbeite ich noch.

Viele seiner über 50 Bücher sind bereits als E-Book erschienen. Andere werden noch als solche erscheinen. Noch immer werden seine Predigten über Bibel TV und auch übers Telefon weiter gehört

Mein Mann hat in Deutschland und darüber hinaus viel bewegt. Viele Menschen haben zum lebendigen Glauben an Jesus Christus gefunden. Er diente seinem Herrn und Heiland in großer Hingabe und Treue.

Jesus war seine größte Liebe, er stand an erster Stelle in seinem Leben. Das kann ich bezeugen, durfte ich doch fast 20 Jahre als seine zweite Ehefrau an seiner Seite leben. Er ist auch mir in all den Jahren ein großes Vorbild im Glauben geworden. Er war ein Mann des Gebets und lebte auch in seinem Alltag sein Christsein aus.

Nein, er war kein Heiliger, er war auch der Mensch „Antonius Bernhard Schulte", so wie es in seinem Ausweis stand. Mit ihm verheiratet zu sein war für mich ein Stück „Himmel auf Erden". So lautete übrigens auch der Titel eines seiner Bücher. Darin schreibt er: „Wer wir wirklich sind, das zeigt sich am deutlichsten, wenn wir zu Hause die Wohnungstür hinter uns zugemacht haben. Es äußert sich im Verhältnis von Mann und Frau zueinander und ihrer beider Verhältnis zu den Kindern. Es zeigt sich da, wo uns keiner mehr zuschaut, wo wir uns gehen lassen, wo das, was wir vor anderen verbergen, offen zutagetritt. Wenn ein Mensch von Jesus Christus wirklich verändert wird, dann wirkt sich das nirgends deutlicher aus als an dieser Stelle – in Ehe und Familie.

Die Erfahrung der Vergebung und Erneuerung der Gemeinschaft wird hier am ausdrücklichsten sichtbar. Durch sie kann die Ehe – wie das Sprichwort sagt – schon ein Stück ‚Himmel auf Erden' sein."

Danke, Anton!

Teil 2
Mensch Anton

Das haben Menschen mit Anton Schulte erlebt

Vorwort von Sabine Langenbach

„Gott baut sein Reich mit ganz normalen Menschen."

„Weißt du eigentlich, dass Anton nächstes Jahr 90 Jahre alt geworden wäre?" Es war bei einem Frühstück im Frühjahr 2014, als Heidi Schulte, die Witwe von Anton Schulte, mir diese Frage stellte.

Ich antwortete spontan: „Tatsächlich? Wer schreibt ein Buch über ihn?"

Die Antwort auf diese Frage halten Sie in den Händen.

Ich habe Anton Schulte nie persönlich kennengelernt, aber mir waren seine Stimme und seine Predigten durch meine Redaktionsarbeit beim *Evangeliums-Rundfunk* wohlvertraut. Später, als Anton Schulte in Balve wohnte, kannte er wiederum meine Stimme: Sonntagsmorgens hörte er häufig das Kirchenmagazin im Lokalradio, das ich moderiere. Hin und wieder schickte er mir ermutigende Mails.

Heidi Schulte erzählte mir bei meinem Kondolenzbesuch so viel Interessantes aus ihrem Leben mit dem Evangelisten, dass ich neugierig wurde und mehr über diesen Mann erfahren wollte, der nach dem Krieg vielen Menschen Hoffnung gebracht hat.

Zwar hat Anton Schulte in seiner Biografie seine Lebensgeschichte und vor allem seine Liebe zu Gott und seinen Dienst für ihn beschrieben, aber das war mir zu wenig. Ich wollte wissen, wie Familienmitglieder, Weggefährten und Mitarbeiter ihn erlebt haben. Wie war der „Mensch Anton"?

Um das herauszufinden, habe ich viele interessante, tiefgehende und manchmal auch sehr humorvolle Gespräche geführt.

Die Eindrücke, Erzählungen und Gedanken haben sich wie Mosaiksteinchen zusammengefügt, sodass ich jetzt eine Vorstellung habe, wer Anton Schulte war.

Aber noch mehr: Ich sehe, welche Segensspuren sein Leben hinterlassen hat – obwohl und gerade weil er ein Mensch mit Ecken und Kanten war.

Er hat sich ganz auf Gott und seine Gnade verlassen. Das spiegelt sich in der deutschen Übersetzung von „Amazing Grace" wider, die aus der Feder von Anton Schulte stammt. Dieser Text ist so etwas wie sein Glaubensbekenntnis:

Oh Gnade Gottes, wunderbar
hast du errettet mich.
Ich war verloren ganz und gar,
war blind, jetzt sehe ich.

Die Gnade hat mich Furcht gelehrt
und auch von Furcht befreit
seitdem ich mich zu Gott bekehrt
bis hin zur Herrlichkeit.

Durch Schwierigkeiten mancher Art
wurd ich ja schon geführt,
doch hat die Gnade mich bewahrt,
die Ehre Gott gebührt.

Wenn wir zehntausend Jahre sind
in seiner Herrlichkeit,
mein Herz noch von der Gnade singt
wie in der ersten Zeit.

Eine Andacht zu diesem Lied finden Sie auf der Homepage des Verlages unter www.cv-dillenburg.de zum Download.

Beim Nachforschen und Fragen wurde mir klar, dass sich – generationsbedingt – immer weniger Menschen an Anton Schulte erinnern und immer mehr ihn gar nicht mehr kennen.

Dabei ist es doch eine gute biblische Tradition, Menschen, die vor uns im Namen Gottes unterwegs waren, nicht zu vergessen.

Im Hebräerbrief, Kapitel 12, werden sie als „Wolke der Zeugen" bezeichnet, die uns umgibt. Sie sollen unsere Vorbilder sein und uns anspornen, im Wettlauf des Glaubens durchzuhalten – mit dem steten Blick auf Jesus Christus.

Anton Schulte gehört für mich zu dieser „Wolke der Zeugen".

Die Biografie, aber auch die folgenden Interviews sollen dazu dienen, dass auch die nächste Generation darüber staunen kann, wie Gott in Anton Schultes Leben gewirkt hat.

Mein Wunsch ist es, dass Sie beim Lesen ermutigt werden, so wie ich selbst es schon im Zuge der Recherchen erlebt habe.

Gott baut sein Reich mit ganz normalen Menschen, wie Anton Schulte einer war.

Wir müssen nicht besonders weise, gebildet, hochgewachsen oder angesehen sein, um für Jesus unterwegs zu sein. Was er sich von uns, seinen Nachfolgern, wünscht, ist, dass wir ihm vertrauen und uns seiner Liebe und Gnade bewusst sind. Dann befähigt er uns für den Dienst – zu seiner Ehre!

Sabine Langenbach
Altena, im April 2015

Paula Plöger über Anton Schulte

„Für Anton war die Familie immer sehr wichtig."

Sie ist ein Wirbelwind. Ihr Alter sieht man ihr nicht an. Dafür sorgen auch ihre wachen, funkelnden Augen und ihr herzliches Lachen. Dass sie Anton Schultes jüngere Schwester ist, kann sie nicht verleugnen. – Aussehen, Größe und ihr Humor sprechen Bände.

Paula Plöger kennt ihren Bruder wie kein anderer und sie kann viele Geschichten aus ihrer gemeinsamen Kindheit erzählen.

Frau Plöger, wie war das Leben damals bei Familie Schulte?

Wir waren ursprünglich neun Geschwister, aber ein Zwillingskind ist acht Tage nach der Geburt verstorben. Also waren wir nur noch acht. Anton und ich sind in Bottrop-Fuhlenbrock geboren. Er war zwei Jahre älter als ich. Vom nächsten Bruder trennten Anton drei Jahre, und die beiden haben ganz schön ihre Kämpfe gehabt. Ich weiß, dass unser Vater manchmal dazwischengehen musste. Der eine Bruder wollte lieber ringen, der andere, Anton, lieber boxen. Er war immer sehr lebhaft. Anton ist mit fünf Jahren schon in die Schule gekommen, weil er es zu Hause nicht mehr aushielt. Er kam gut zurecht.

Meine Eltern hatten ein Samengeschäft und deshalb auch regelmäßig einen Stand auf dem Markt. Da kamen unsere Lehrerinnen und Lehrer immer mal vorbei. Unsere Mutter fragte dann einmal, wie wir Kinder in der Schule wären. Die Lehrerin antwortete: „Ja, die Paula ist ganz fleißig." Dann wollte Mutter wissen, wie es mit Anton stand. Da hat die Lehrerin geantwortet: „Oooch, der ist faul wie Mist." (Paula lacht) *Das stimmte wirklich. Er wusste ja alles und war deshalb faul und bequem.*

Wieso wusste Ihr Bruder denn so viel?

Mein Vater hat viel gelesen. Wir haben zu Hause immer über alles gesprochen. Da gab es oft Debatten – auch über Politik. Unsere Mutter hat immer auf Bildung geachtet. Sie war in Essen-Steele in einem Waisenhaus großgeworden und hatte später in guten Haushalten gearbeitet. Sie hat vor allem uns fünf Mädchen weitergegeben, was sie da gelernt hat.

Wie war Anton als Bruder? An was erinnern Sie sich?

Wir haben uns oft gezofft, wie das normal ist. Zwei Brüder gegen mich.

Ein bisschen mit der Puppe ärgern – das war halt so. (Sie lacht.) *Anton und ich haben auch viel im Garten gespielt.*

Als kleines Mädchen glaubte ich noch an den Osterhasen. Einmal kam Anton an Ostern und rief mir zu: „Komm mal gucken! Komm mal gucken! Der Osterhase war da."

Ich hatte für das Osternest ein schönes Loch gebuddelt, alles ausgekleidet mit Wolle, Grünzeug und Papier und ich hatte gemalt. Als ich an die Stelle kam, wo das Osternest sein musste, lagen da nur schwarze Kohleeier. Da war ich sauer! ... Aber Jungs ärgern nun mal gern die kleinen Schwestern ... (Sie lacht wieder.) *Aber sonst sind wir gut miteinander ausgekommen.*

Ich kann mich erinnern, dass Anton als Kind gerne und gut Leute nachgemacht hat.

Eine andere Geschichte, die ich nicht vergesse, ist, wie der Nikolaus kam und Anton ein Gedicht aufsagen sollte. Ich hatte mein Gedichtchen schon brav aufgesagt, aber Anton sagte: „Vater unser, der du bist, schmeiß den Niklas auf den Mist ...!" Da wollte ihn der Knecht Ruprecht schnappen, aber der Anton rannte los und flutschte ihm durch die Beine! (Sie lacht wieder herzhaft.)

Anton hatte auch viel Fantasie. Einmal gab es einen Aufruhr. Anton rief: „Da ist ein Löwe! Da ist ein Löwe!" Wir haben gesagt: „Das kann doch gar nicht sein." Wir gingen dann alle zur Wiese, wo der Löwe sein sollte. Da saß dann ein großer Kater. Das war Antons Fantasie.

Als Sie neun und Anton elf waren, sind Sie auf einen Bauernkotten umgezogen, einen alten Hof mit Landwirtschaft und Gärtnerei – ebenfalls in Bottrop. Ihre Eltern betrieben darüber hinaus auch ein Blumen- und Samengeschäft. Mussten Sie als Kinder viel ran und mithelfen?

Wir mussten Unkraut ausziehen, im Gewächshaus pikieren und im Frühjahr pflanzen. Wir mussten schon früh mithelfen. Auch beim Verkaufen. Vor allem, wenn Muttertag war.

Dann haben wir Blumen ausgeliefert und dann gab's auch schon mal ein bisschen Taschengeld.

Allerheiligen war dann das Hauptgeschäft in der Gärtnerei. Dann durften wir an der Straße in der Nähe vom Friedhof die Reste der Gestecke verkaufen, wenn die Eltern nach Essen zum Friedhof gefahren sind, wo die Verwandtschaft beerdigt war. Dann haben wir ein bisschen Geld gemacht. (Sie lacht herzhaft.)

Ja, ich meine: Jede Arbeit muss belohnt werden.

Wie ist Ihr Bruder mit anderen Kindern ausgekommen? War er ein Geselliger oder eher ein Einzelgänger?

Er hat immer viele Schulfreunde gehabt. Irgendwie war er immer „Hahn im Korb" und für jeden Mist zu haben. Ich weiß nicht, ob das stimmt, aber es gibt die Geschichte, dass er in der Schule mal einen Regenwurm verschluckt hat und dass er dafür Geld genommen hat. (Sie lacht wieder – diesmal ganz laut.)

Als er so 13 oder 14 war, ist beim Nachbarn die Scheune abgebrannt. Anton hat dort immer mit seinen Freunden gespielt ... Vielleicht haben die da heimlich eine Zigarette geraucht ... und dann ist was passiert?! Das weiß keiner ... Auf alle Fälle sollte die Scheune sowieso abgerissen werden. (Wieder lautes Lachen) *Ist alles noch mal gut gegangen.*

Welche Rolle spielte der christliche Glaube in Ihrem Elternhaus?

Wir sind ganz normal katholisch erzogen. Jeden Sonntag sind wir in die Kirche gegangen. Das gehörte dazu. Unsere Eltern waren schon sehr christlich orientiert. Deswegen waren sie auch gegen Hitler, weil der ja gegen die Kirche war. Aber wir durften darüber nicht groß reden. Es war gefährlich, wenn man so etwas laut sagte. Anton hat versucht, sich vor dem Reichsarbeitsdienst und dem Hitlergruß zu drücken. Aber geklappt hat das nicht. Er musste trotzdem hin.

Im Alter von 14 Jahren hat Ihr Bruder eine Lehre als Müller begonnen. Warum gerade dieser Beruf?

Er musste irgendeinen Beruf lernen. Und da haben meine Eltern in der Zeitung eine Annonce gefunden, dass im Münsterland ein Lehrling als Müller gesucht wurde. Er hat dann eben diese Lehre gemacht. Mit 16 musste er dann zum Reichsarbeitsdienst. Von da aus wurde er direkt eingezogen. Da war er 17.

Während des Krieges geriet er in Gefangenschaft. Sie hatten lange Zeit so gut wie keinen Kontakt zu ihm. Wie haben Sie ihn erlebt, als er dann wieder nach Hause kam?

Er war stiller. Das belastet ja auch alles. Wir wohnten alle zuerst bei meiner Schwester. Wir waren ausgebombt. Dann ist Anton zu unserer Schwester Anni und ihrem Mann Bernhardt gezogen. Die hatten eine Wohnung in der Stadt. Mein Bruder hat dann Arbeit in Duisburg in einer Mühle gefunden, dort hat er dann auch gewohnt. Aber er fühlte sich bei den Kollegen und überhaupt in dem Beruf nicht wohl. Alle dachten anders als er, er hat sich mehr oder weniger von ihnen abgesondert.

Hat er damals gleich erzählt, dass er in Schottland ganz bewusst Christ geworden ist, dass das sein Leben und seine Ziele völlig verändert hat?

Er hat davon gesprochen. Das kam eher so nach und nach. Aber er hat uns nicht umkrempeln wollen. Wir haben einander immer stehen lassen mit unseren Einstellungen und Meinungen. Das haben wir auch später so gehalten.

Für Sie und Anton hat nach dem Krieg eine ganz neue Zeit begonnen. Beruflich, dann auch durch Heirat und Familiengründung. Telefon hatten die wenigsten. Sie wohnten auch nicht gerade „um die Ecke". Er in Wiedenest und dann im Westerwald, Sie in Essen und Bottrop. Haben Sie sich da ein bisschen auseinandergelebt?

Wir haben immer Kontakt gehalten. Anton war die Familie immer sehr wichtig.

Zum Beispiel war die ganze Familie zur Verlobung mit Hermine in den Westerwald eingeladen. Da hatten wir durch Blitzeis auf dem Hinweg einen Unfall. Unsere Mutter musste nach Duisburg ins Krankenhaus gebracht werden. Irgendjemand muss Anton Bescheid gesagt haben. Er hatte ja schon ein Telefon. Mitten in der Nacht stand er dann bei uns vor dem Haus und hat geklopft. Es hat ihm keine Ruhe gelassen. Er ist den weiten Weg gefahren, um zu wissen, was passiert ist, wie es uns geht. So wichtig war ihm das. Mutter war übrigens schon wieder vom Krankenhaus zurück. Ist alles gut gegangen.

Später, auch als Anton viel unterwegs war, wurden die Geburtstage immer gefeiert, und er war auch immer bei den Familienfeiern dabei. Sogar an meinem 60. Geburtstag war er dabei, da war Hermine schon sehr krank, und sie ist trotzdem mitgekommen!

An einen anderen Familiengeburtstag nach Hermines Tod erinnere ich mich auch noch gut: Das war im Sommer 1991.

Schwägerin Else hatte einen runden Geburtstag. Da fragte Anton: „Habt ihr am 6. Dezember Zeit?"

„Wieso?", fragten wir alle.

„Ich wollte dann heiraten und euch zur Hochzeit einladen!"

Er hatte schon vorher darüber gesprochen und erzählt, dass er jemanden auf Korsika kennengelernt hätte. Es hat gepasst mit Heidi. Wir haben uns gefreut. Da kann man doch froh sein, wenn man in dem Alter noch jemanden findet, der zu einem passt.

Was war typisch für Ihren Bruder?

Vor allen Dingen der Unternehmungsgeist. – Der war immer da. Er sagte ehrlich seine Meinung – immer! Und Anton war von sich überzeugt. Ich habe immer gesagt: „Der geht seinen Weg. Der schafft das." Ich war immer stolz auf meinen Bruder.

Paula Plöger, Jahrgang 1927, Schwester von Anton Schulte

Willi Buchwald über Anton Schulte

„Antons Vertrauen auf Gott habe ich immer bewundert."

Berlin 1953. Die Stadt war weitgehend zerstört. Viele Flüchtlinge aus der DDR sammelten sich in vielen Lagern. Hier engagierte sich Willi Buchwald (*1931), der drei Jahre vorher selbst aus der DDR geflüchtet war. Mit anderen Christen aus der Stadt wollte Willi Buchwald besonders die Menschen, die ihre Heimat verlassen mussten, mit der guten Nachricht von Jesus Christus erreichen. Meist predigten Evangelisten aus Amerika, England oder Australien, denn deutsche Prediger gab es zu dieser Zeit nur wenige. Aber dann wurde einer angekündigt, erinnert sich Willi Buchwald.

Eines Tages hieß es: „Da kommt jemand aus Westdeutschland, der wird hier predigen; der heißt Anton Schulte, der spricht über Radio Monte Carlo."

Damals habe ich Anton kennengelernt. Er war sechs Jahre älter als ich. Und er hatte nur 70 Pfennige in der Tasche, als er in Berlin ankam. Das war ein Glaubensschritt, mit so wenig Geld unterwegs zu sein. Das habe ich immer an ihm bewundert.

Er kam mit einem alten VW, der über und über mit Traktaten beklebt war. Darauf stand: „Anton Schulte sagt ..." – das waren Predigten, die er im Radio gehalten hatte.

Als Erstes haben wir Plakate für die Evangelisation drucken lassen. Die haben wir dann auf Trümmergrundstücken platziert. Berlin bestand ja damals fast nur aus Ruinen. Außerdem haben wir uns an U-Bahn-Ausgänge gestellt. Immer, wenn ein Schub Menschen kam, haben wir gesungen. Dann blieben einige stehen. Wir erklärten: „Da drüben geht's weiter. Da spricht jemand von einem Lastwagenanhänger runter. Da geht mal hin!" Und die Leute sind hingegangen. Die Botschaft kam an. Dieser „Jemand" war natürlich Anton Schulte.

Wir haben auch eine Kollekte eingesammelt. Die war – verständlicherweise – manchmal sehr dürftig. Einmal waren es zwei Mark. Davon habe ich Anton und seinem Mitarbeiter eine Wurst gekauft. (Willi Buchwald lacht.) *Irgendwie mussten sie ja auch leben.*

Im Jahnpark in Neukölln hat Anton auf einem Podest gestanden und von dort gepredigt. Die Presse hat das mitbekommen und einen Reporter geschickt. Später stand dann in der Zeitung: „Da stand ein kleiner dicker Herr mit zerknittertem Anzug auf einem Podest ..." Dabei war der Anzug gar nicht so zerknittert. (Willi Buchwald lacht.)

Die beiden freundeten sich in diesen Berliner Tagen an. Nachdem Willi Buchwald sein Bibelschulstudium abgeschlossen hatte, bekam er von Anton Schulte die Anfrage, ob er bei ihm arbeiten wollte.

Anton sagte damals: „Geld habe ich für dich noch nicht!" Das war ein tolles Angebot. (Willi Buchwald lacht.) *Woanders hätte ich natürlich schon was bekommen. Aber das Angebot war interessant. Ich habe Anton vertraut. Als ich darüber gebetet hatte, war mir klar, dass ich mit Anton zusammenarbeiten sollte. Und so habe ich dann am 1. Juni 1959 im Missionswerk* Neues Leben *angefangen. Verhungert bin ich, wie man heute feststellen kann, nicht.* (Er lacht.) *Natürlich war das Geld knapp.*

Wir hatten nicht die großen Gehälter, aber wir konnten davon leben. Auch als ich im November dann meine Rita geheiratet habe, sind wir über die Runden gekommen. Anton war Trauzeuge und hat uns auch getraut.

Damals gab es für uns als Paar ein großes Problem: Es gab kaum Wohnungen. Auch Altenkirchen war zerbombt. Da sagte Anton: „Dann wohnt ihr bei uns." Im Dachgeschoss bei Anton und Hermine wurde ein Zimmerchen für uns leer geräumt, da haben wir ein Vierteljahr gewohnt, bis wir dann endlich in Altenkirchen eine Wohnung bekamen. Das Zusammenleben war freundschaftlich und gut.

In dieser Zeit haben wir auch Freizeiten durchgeführt. Im Keller von Anton und Hermine wurde gekocht. Wir haben ein kleines Zelt aufgestellt; tagsüber war das unser Versammlungsort, abends haben die, die von weiter weg kamen, dort geschlafen. Die anderen gingen über Nacht nach Hause. Wir hatten ja noch keine Gebäude. So ganz einfach haben wir angefangen.

Schon damals entging Willi Buchwald nicht, wie wichtig die Frau an Anton Schultes Seite war. Später formulierte er für eine Weihnachtsfeier von Neues Leben diese humorvollen Verse:

„Antons beste Medizin ist die gegenwärtige Hermin'." – So war das auch. Hermine hat für alles gesorgt – auch für das Äußere. Er hat ihr alles erzählt. Da war er es schon mal los ...

In den Anfangsjahren von Neues Leben war Willi Buchwald oft mit Anton Schulte unterwegs zu großen Evangelisationen. Wenn Anton Schulte vor seinen Predigten angespannt war, versuchte Willi Buchwald oft, ihn ein bisschen abzulenken – und zum Lachen zu bringen.

1961 waren wir in Wien in der Stadthalle, da kamen jeden Abend 2.000 und am letzten Abend sogar 4.000 Menschen. Wir saßen vor der Predigt auf der Bühne zusammen. Auf einmal entdeckte ich jemanden in der ersten Reihe, der andauernd fotografierte. Der Mann muss wohl Zahnschmerzen gehabt haben, denn er trug ein weißes Tuch um den Kopf. Oben war es zusammengebunden, sodass es aussah, als hätte er Hasenohren. Ich sagte zu Anton: „Guck mal, der Osterhase ist heute auch gekommen." Anton schaute hin – und fing dann an zu lachen, und der ganze Chor, der um ihn herumsaß, lachte auch.

Dabei wäre ihm gerade bei dieser Evangelisation in Wien später fast das Lachen im Halse stecken geblieben. Denn es fehlte, wie so oft, das Geld, um die Rechnungen zu bezahlen.

Damals war unser Freundeskreis noch ziemlich klein. Und es waren für die Evangelisation Kosten von 50.000 Mark veranschlagt worden. Das war für uns schon eine Unsumme. Am Ende sollte es sogar mehr als doppelt so viel kosten. Anton hatte dafür gebetet, dass Freunde spenden würden. Und dann kam die Summe tatsächlich zusammen. Wir mussten Gott oft um Geld bitten. Eigentlich solange es das Werk gibt.

Bei allem Auf und Ab hat Anton Schulte sein Vertrauen auf Gott nie verloren. Blickt Willi Buchwald zurück, dann schaut er mit großer Dankbarkeit auf die Jahre, die er mit Anton Schulte zusammengearbeitet hat.

Seine natürliche, nicht gestelzte Art, das Evangelium geheiligt und dennoch fröhlich und entschieden zu verkündigen und zur Entscheidung aufzurufen – die hat mir immer gefallen.

Willi Buchwald Evangelist, langjähriger Leiter von *Neues Leben Süd-Amerika*

Horst Marquardt über Anton Schulte

„Er war ein treuer Kämpfer."

Herr Marquardt, welchen Eindruck hatten Sie, als Sie Anton Schulte kennengelernt haben?

Ich war überrascht von der sprühenden Vitalität dieses körperlich kleinen Mannes. Er hat sich ja selbst karikiert als „der kleine Dicke". Der aber hatte viel innere Kraft und bewies viel Mut. Schnell bekam man mit ihm Kontakt. Später lernte ich ihn als Visionär kennen und schätzen.

Die erste große Zusammenarbeit zwischen Ihnen beiden war bei einer Evangelisationskampagne in der Stadthalle in Wien. Da haben Sie gemeinsam mit Anton Schulte etwas ganz Besonderes, für damalige Verhältnisse sogar Revolutionäres, auf die Beine gestellt.

Es war Antons Wunsch, von dieser Evangelisation zu berichten, und zwar schnell und weitreichend. Wir hatten damals noch keine Live-Sendungen. Wir mussten Tonbänder produzieren, die dann nach Monte Carlo gebracht wurden. Von dort erfolgten über Radio Monte Carlo *die Ausstrahlungen. Zwischen*

Aufnahme und Ausstrahlung lagen in der Regel ca. 14 Tage. Da kam Anton auf die Idee: „Komm doch nach Wien, nimm meine Predigten auf, und dann sieh zu, dass die Aufnahmen schnell nach Monte Carlo kommen." Wie sollte das gehen? Wir beschlossen, dass ich die Aufnahmen von zwei, drei Abendveranstaltungen von Wien nach Nizza bringen würde. Das war mit dem Flugzeug zu machen. Bei Radio Monte Carlo konnten diese Sendungen dann bereits ausgestrahlt werden, während Anton Schulte seine Kampagne in Wien noch fortsetzte. Das war natürlich auch eine sehr gute Werbung. Solche aktuellen Sendungen waren so etwas wie eine Vorwegnahme von dem, was dann 20 oder 30 Jahre später Alltag wurde. Das Ganze war natürlich für unsere damaligen Verhältnisse etwas Abenteuerliches. Wir haben uns gefreut, dass alles klappte. Es war einmal mehr ein Zeichen, dass Anton Schulte auch bereit war, Wege zu gehen, die zuvor in der christlichen Medienarbeit noch keiner gegangen war.

Sie waren im Vorfeld also eher skeptisch, was diese Aktion angeht, oder?

Skeptisch war ich deshalb, weil ich 3½ Jahre in Wien als Pastor gearbeitet hatte und daher wusste, wie schwer es sein würde, alle Wiener Gemeinden zu einer großen gemeinsamen Veranstaltung zu motivieren. Als ich dann sah, dass sich unter der Verkündigung von Anton die Halle füllte, legte sich meine Skepsis. Ich habe mich gefreut, dass er erreichte, was vorher in Wien noch keinem so gelungen war.

Warum konnte Anton Schulte Ihrer Meinung nach die Menschen so gut erreichen?

Ich denke, es war seine Spontaneität und seine Authentizität. Da war alles echt, nicht gekünstelt. Er nahm sich selbst auf die Schippe und war humorvoll. Er hat so gesprochen, dass jeder Zuhörer ihn verstehen konnte. Da war nichts Altmodisches, Überholtes. Die Botschaft von Jesus Christus wurde lebendig und lebensnah weitergegeben. Ich denke, das merkt ein Zuhörer, besonders wenn er ein nach Lebenssinn und Wahrheit Suchender ist. Aber auch gläubige Menschen, die eine Vertiefung ihres Glaubens suchen, brauchen solche fröhliche, anpackende Art, um ihren Glauben zu vertiefen.

Sie haben ja zur Entwicklung der christlichen Medienarbeit manches gemeinsam getan. Gab es Momente, in denen Sie sagten: „Anton, jetzt gehst du aber zu weit"?

Da kann ich mich nicht erinnern. Wir taten uns zusammen, sehr zum Leidwesen der Gremien, die mit uns Verantwortung trugen. Ich weiß, dass er zum Beispiel sehr früh den Gedanken hatte, es müsste christliches Fernsehen geben. Das war ja auch mein Herzenswunsch, obwohl wir damals in unseren Freundeskreisen und Gremien, selbst im Hörerkreis des Evangeliums-Rundfunks, dafür kaum Verständnis fanden. Anton, der diese Probleme kannte, ließ sich nicht beirren. Ich erinnere mich, dass wir bald eine Sitzung einberufen haben, zu der wir Menschen einluden, von denen wir wussten: Die sind offen für christliche Filme oder sogar Fernsehen.

Bei diesem Treffen erinnerte Anton an die Anfänge des Films. Die Pioniere boten ihre Erfindung damals diesem oder jenem an, zum Beispiel den Universitäten. Die haben abgewinkt und gesagt: Das brauchen wir nicht. Dann ging man zu den Kirchen. Die haben auch abgewinkt. Aber die

Unterhaltungsindustrie bewies Interesse und begann den Film zu nutzen.

Diese geschichtliche Erinnerung hat mich sehr beeindruckt und manche Leute wurden so zum Nachdenken gebracht. Wir haben dann eine Arbeitsgemeinschaft gegründet für solche, die den christlichen Film und das Fernsehen fördern wollten. Wir konnten aber nur auf kleiner Flamme kochen.

Die Anfänge des christlichen Fernsehens waren mühsam, sowohl bei Neues Leben *als auch beim* ERF. *Da hat Anton Pionierdienste getan. In der „christlichen Landschaft" war er den anderen 10 oder 20 Jahre voraus. Es dauerte sehr lange, bis eine wachsende Zahl von Menschen, die sich zur Gemeinde Jesu zählten, erkannten, welche Möglichkeiten die Medien bieten.*

Sie waren beide Pioniere in der christlichen Medienbranche. Wie hat das Miteinander in den unterschiedlichen Werken funktioniert?

Das war nicht so ganz einfach. Ich hätte gern alle für Mediennutzung offenen evangelistisch Tätigen unter dem Dach des Evangeliums-Rundfunks *gesammelt. Anton gehörte ja zu den Gründern des* Evangeliums-Rundfunks. *Doch verständlicherweise wollte er seine eigene Arbeit nicht aufgeben. So haben dann* Neues Leben *und der* ERF *jeder jeweils für sich ihre Medienarbeit entwickelt. Gott hat das gesegnet. Vieles hat man ja dann im Laufe der Jahre auch gemeinsam versucht. Wir haben uns im Übrigen sehr gut verstanden, sodass* ERF*-Hörer und Freunde von* Neues Leben *auch gemeinsame Freizeiten veranstalteten, nicht nur auf Korsika, sondern auch in Israel.*

Gab es kein Konkurrenzverhalten in all den Jahren, wenn man an so ähnlichen Projekten arbeitete?

Die Vergangenheit verklärt man gern, aber ich kann mich an so etwas nicht erinnern. Im Gegenteil, es hat kein böses Blut gegeben. Wir konnten immer ehrlich aufeinander zugehen, reden und auch beten.

Welche Eigenschaften von Anton Schulte werden Ihnen in Erinnerung bleiben?

Er war ein treuer Kämpfer, der sich nicht beirren ließ. Er ging seinen Weg, ob er Zustimmung fand oder nicht. Er hatte das Wort Gottes zur Grundlage seines Lebens und Dienstes gemacht. Gott schenkte ihm viel Frucht.
Anton Schulte hatte viel Humor. Er strahlte Freude aus. Er war ein unermüdlicher Schaffer. Ich kann mich nicht erinnern, dass er mal gesagt hätte, er wäre kraftlos oder müsste lange Urlaub machen. Sicher war er ein Original, aber man wünschte sich, dass er für viele Verkündiger des Evangeliums ein Vorbild bliebe.

Horst Marquardt, Jahrgang 1929, Theologe, Journalist und Autor, langjähriger Direktor des *Evangeliums-Rundfunks (ERF)*, Gründer von idea

Herbert Müller über Anton Schulte

„Anton nahm sich selbst nicht so wichtig."

Anton Schulte wäre ein guter Manager gewesen, weil er wirtschaftlich unheimlich weit dachte. Dieses Wissen hat er sich während der Gefangenschaft in den USA und Schottland angeeignet. Dort hat er vor lauter Langeweile die Bibliotheken durchgeforstet.

Herbert Müller (Jahrgang 1933) muss es wissen. 1962 fing er erst als Buchhalter bei *Neues Leben* an, später war er jahrzehntelang Geschäftsführer bei dem Missionswerk. Aber schon lange vor dem offiziellen Einstieg ins Werk hatte er Anton Schulte kennengelernt.

Mit ungefähr 19 Jahren habe ich bei den ersten Evangelisationen, die Anton gemacht hat, Klavier gespielt, den Gesang begleitet. Ich war auch dabei, als das Missionswerk gegründet wurde. Er hat übrigens den Begriff „Missionswerk" erfunden. Es gab damals zwar „Betriebswerke" – aber ein Missionswerk, das gab es noch nicht, das war ganz neu. Den Begriff hat er geprägt.

1954 hat der Evangelist Billy Graham in London mit seinen Großevangelisationen angefangen. Anton hat das sehr aufmerksam beobachtet und hat angefangen, sich davon etwas abzugucken. Das war aber kein Kopieren, sondern ein Übertragen auf deutsche Verhältnisse. Das war das Entscheidende.

Anton war wirklich ein Pionier. Er hat immer alles Mögliche versucht, um Menschen mit dem Evangelium zu erreichen. Das fing an mit der „Tuttifox", einer kleinen elektronischen Orgel. Musik dieser Art bei einer Evangelisation – das gab es damals noch nicht. Auch die Zelte waren ein Novum in dieser Zeit. Aber selbst die waren ihm noch zu eng. Deswegen hat er dann Freiversammlungen abgehalten. Er benötigte nicht mehr als einen Stuhl. Da ist er draufgestiegen – und hat losgepredigt.

Das hat dann so manchen überrascht, wenn er scheinbar plötzlich anfing zu predigen. Für Überraschungen war Anton Schulte immer gern zu haben. Das hat auch Herbert Müller immer wieder erlebt.

Es war bei einer Pressekonferenz in Ludwigshafen. Jede Menge Journalisten wollten hören, warum Anton Schulte nach Ludwigshafen gekommen war. Jeder hätte erwartet, dass er so etwas sagt wie: „Wir wollen die Leute hier bekehren."

Aber nein! Anton antwortete der Presse: „Wir sind gekommen, um den Herrschaftsanspruch Jesu Christi zu verkündigen."

Ich habe damals gedacht, ich falle vom Stuhl. Ich hatte erwartet, dass die Journalisten sagen würden: „Das war's. Da können wir gleich gehen. Der spinnt ja." Sie sind aber geblieben.

Anton hat ihnen genau erklärt, was er meinte und was das hieß. Ihm ging es nicht darum, zu sagen, was die Presse hören wollte, sondern darum, was „dran" war.

Nicht nur im Missionswerk arbeiteten Herbert Müller und Anton Schulte Seite an Seite. Auch in der Freizeit krämpelten sie gemeinsam die Ärmel hoch und halfen z. B. tatkräftig beim Bau des Gemeindehauses der Evangelisch-freikirchlichen Gemeinde Wölmersen.

Anton war sich für nichts zu schade. Er hat immer mitgeholfen. 1967 hingen wir beide an der Mischmaschine. Als wir die wegrücken wollten, bekamen wir einen Stromschlag und wir konnten nicht mehr loslassen. Es dauerte für uns eine Ewigkeit, bis einer den Strom abstellen konnte. Aber es ist alles gutgegangen. Da hätte Schlimmes passieren können.

Auch beim Bau des Neues-Leben-Zentrums hat Anton mitgeholfen. Vor allem bei den Außenanlagen. Er war ja von zu Hause aus das Gärtnern gewohnt und hatte auch seine genauen Vorstellungen, wie das alles auszusehen hatte. Ich kann mich erinnern, dass er in den dicken Lehm hinein ist und dort gearbeitet hat. Einmal sind unsere Gummistiefel sogar im Lehm stecken geblieben. Da sind wir dann barfuß zurückmarschiert.

Herbert Müller und Anton Schulte – das war also beruflich und privat ein gutes Team.

Sicherlich wächst, wenn man 35 Jahre zusammenarbeitet, eine Freundschaft.

Aber eine ganz „normale" Freundschaft zwischen Vorgesetztem und Angestellten ist nicht möglich, denn dann wäre der Chef nicht mehr frei zu entscheiden.

Es war ein Vertrauensverhältnis, das vielleicht noch über eine Freundschaft hinausging. Manchmal sagte Anton zu mir: „Herbert, sag mir, was ich falsch mache!"

Wenn ein Vorgesetzter den Mut hat, den Rat von einem „Untergebenen" einzuholen, dann ist das schon sehr viel wert. Aber er hat nicht immer auf mich gehört. Er hat sich ein Bild der Lage verschafft und dann eine Entscheidung getroffen und das gemacht, was er für richtig hielt, denn ihm war klar: Das Risiko trägt sowieso immer der Chef.

Als er zum Beispiel aus den USA zurückkam, wo er die Jesus-People-Bewegung unter die Lupe genommen hat, da war er ganz begeistert. Für ihn war offensichtlich: Das war ein Aufbruch vom Geist Gottes. Deshalb wollte er sofort einen Jesus-Marsch in Köln veranstalten, wie man es in den USA praktiziert hat. Mir und den anderen Mitarbeitern ging das alles viel zu schnell. Er hat dann sogar gesagt, dass er das auch allein durchziehen würde. Ich habe versucht, ihm klarzumachen, dass es wichtig sei, die Mitarbeiter zu überzeugen, dass das eine gute Sache ist. Am Ende haben wir den Jesus-Marsch tatsächlich durchgeführt.

Wenn eine seiner Entscheidungen mal nicht so gut war, etwas schiefgegangen ist, dann hat er das nie die Mitarbeiter spüren lassen. Er hat auch keinen Pfennig Gehalt gekürzt, wenn was finanziell danebenging, sondern er hat immer dafür gesorgt, dass das Geld kam und ausgezahlt wurde.

Die Finanzen sorgten übrigens häufig für Diskussionen zwischen Herbert Müller und Anton Schulte.

Einmal habe ich richtig geheult, weil Anton nicht hören wollte in Fragen des Schuldenmachens und des Finanzierens von Evangelisationen. Aber es lief dann tatsächlich weiter.

Er hat meine Kritik angenommen, aber er blieb bei dem Standpunkt, dass Schuldenmachen absolut normal und richtig ist, solange die Sicherheiten ausreichend sind.

Bei allen Diskussionen und Meinungsverschiedenheiten in wichtigen Fragen – Herbert Müller fühlte sich nie persönlich angegriffen oder verletzt.

Anton hat seine Mitarbeiter absolut respektiert. Und auch ihr Privatleben war ihm nicht einerlei. Er sorgte sich um sie. Für ihn galt der Satz: „Private Probleme gehen vor Missionswerk-Probleme." Er hatte z. B. vollstes Verständnis dafür, wenn ein Evangelist wegen der Krankheit seiner Frau eine Missionsreise oder Freizeit absagen musste. Er sah es übrigens auch gerne, wenn die die Ehefrauen mit auf Freizeiten fuhren."

Das lag sicher auch daran, dass Anton Schulte selbst nur ungern ohne seine Frau Hermine unterwegs war.

Hermine war immer dabei. Das war ihm sehr wichtig. Sie war sein Rückhalt. Bei jeder Evangelisation. Bei allem. Sie hat mal erzählt, dass sie gar nicht so über die Belange des Werkes gesprochen haben, wenn sie zu zweit waren. Das meiste hat sie beim Beten erfahren, wenn Anton Gott gesagt hat, was er vorhatte und wofür er bat.

Hermine hat immer am Büchertisch gestanden und dort hat sie oft herausbekommen, was die Menschen über ihren Mann oder die gehörte Predigt dachten. Die Leute wussten nicht, dass das seine Frau war. Das war köstlich. (Er lacht.) *Und anschließend konnte sie ihm das dann weitergeben.*

Hermine war für Anton sehr wichtig. Ich nehme an, sie hat ihm auch den Schlips gezeigt, den er anziehen sollte, denn sein Äußeres war ihm egal. Er nahm sich selbst nicht so wichtig.

Als Hermine dann 1988 starb, hatten wir Angst um Anton. Wir dachten: Ohne Hermine geht das nicht.

Aber Anton Schulte bewies, dass es – trotz Trauer – ohne Hermine für ihn weiterging. Und dass er sich sogar noch einmal verlieben konnte.

Ich bin ganz stolz, dass er seine zweite Frau Heidi auf Korsika kennengelernt hat.

Korsika war im Laufe der Jahre Herbert Müllers Wirkungsbereich geworden. Er war als Geschäftsführer von *Neues Leben Verlag* und *Reisen* für das Hotel *Calvi* und die Anlage *Les Residences Pinea* zuständig.

Anton hat mir auf Korsika freie Hand gelassen. Wir hatten 15 Jahre das Hotel gemietet. Dann mussten wir allerdings raus. Aber die Arbeit sollte weitergehen. Wir konnten dann die nebenan liegendende Appartementanlage Les Residences Pinea *mieten und weiter ausbauen – von 60 auf 200 Appartments mit 800 Betten. Dort wurden in mittlerweile 25 Jahren viele Tausend Gäste betreut. Das brachte uns damals aber in einen finanziellen Engpass. Wie ernst die Lage war, die auch auf frühere Fehler zurückgingen, wurde dann ganz deutlich, als sich Freunde unseres Werkes, die investiert hatten, wirtschaftlich geschädigt fühlten und Anzeige erstatteten wegen Konkursverschleppung. Das Verfahren lief von 1997 bis 2001. Am Ende gab es einen Freispruch.*

Das waren vier Jahre mit vielen Verleumdungen. Vor allem Anton betraf das. Denn für die Freunde des Werkes war er der Chef. Viele haben nicht verstanden, dass Anton zwar Gesellschafter von Neues Leben Verlag *und* Reisen *war, die Entscheidungen aber nicht bei ihm lagen. Das ging ja alles auf mein Konto, denn diese GmbH hatte ich allein zu verantworten.*

Anton musste sich vor etwas stellen, das er weder verantwortet noch durch eigene Fehler in der Aufsicht verschuldet hatte. Außerdem waren wir beide schon pensioniert. Anton seit 1988 und ich seit 1994. Anton hat für mich und die zwischenzeitlich drei Geschäftsführer den Kopf hingehalten. Er musste für alles geradestehen. Das war schon sehr, sehr hart. Aber das hat er getan. Er hat mir deswegen nie einen Vorwurf gemacht. Da war auch kein Knatsch zwischen uns in irgendeiner Weise. Aber es war natürlich eine außerordentliche, geistliche Zumutung für Anton: etwas vor Verleumdungen zu verteidigen, was er nicht zu verantworten hatte. Da hat er sehr drunter gelitten. Vor allem litt er darunter, dass der gute Name von Neues Leben *geschädigt wurde.*

Mein gutes Verhältnis zu Anton war getrübt, aber später versöhnt und nicht mehr belastet.

Deshalb schaut Herbert Müller gerne auf die alten Zeiten mit seinem ehemaligen Chef und langjährigen Weggefährten zurück, den er kurz und knapp so charakterisiert:

Er war ein bottroper, westfälischer, geheiligter Dickkopf mit großen Pioniervisionen und natürlicher Intelligenz.

Herbert Müller, jahrzehntelang Geschäftsführer bei *Neues Leben*

Helmfried Riecker über Anton Schulte

„Er wusste: Jesus ist bei mir."

Auf neuen, ungewohnten Wegen Menschen mit der guten Nachricht von Jesus Christus erreichen: Darin war und ist Anton Schulte ein Vorbild.

Er nahm dabei in Kauf, mit seinen Ideen erst einmal kritisch beäugt oder sogar heftig kritisiert zu werden. So war es auch Anfang der 1970er-Jahre, als er die Sportler als Zielgruppe entdeckte. Damals war in manchen christlichen Gemeinden noch die Meinung verbreitet, dass Sport etwas „Ungeistliches" sei und dass sich Christen davon distanzieren müssten. Aber Anton Schulte sah zum Beispiel die bevorstehenden Olympischen Spiele 1972 in München als große evangelistische Chance. Deshalb plante das Missionswerk *Neues Leben* zusammen mit anderen Christen, dort missionarische Einsätze für die Sportler und Besucher durchzuführen.

In dieser Zeit begegnete Anton Schulte dem damals 29-jährigen Helmfried Riecker. Dieser hatte gerade seine theologische Ausbildung hinter sich und absolvierte ein Praktikum im Bereich „Evangelisation" bei *Neues Leben*.

Ich hatte damals in einem Buch einen Beitrag geschrieben, wie ich als Moto-Cross-Fahrer und begeisterter Sportler mit 23 Jahren Christ geworden bin. Das hatte Anton gelesen, und er bat mich, während einer Evangelisation davon zu erzählen. Er gab mir sieben Minuten Zeit – sieben Minuten, aber nicht länger! Darauf hat er viel Wert gelegt. (Helmfried Rieker lacht.) *Von da an wurden die Brücken von beiden Seiten gebaut.*

Schließlich kam die Anfrage von Anton Schulte und seinem Geschäftsführer Herbert Müller, ob Helmfried Rieker bereit wäre, bei *Neues Leben* eine Arbeit unter Sportlern ins Leben zu rufen.

In meinen Tagebuchaufzeichnungen steht, dass ich damals „Himmelangst" hatte. Ich war vier Jahre im theologischen Seminar Tabor in Marburg gewesen, hatte dann noch ein zweijähriges Praktikum in einer Gemeinde in Duisburg absolviert. Von dort kannte ich die ganz normalen Abläufe der Gemeindearbeit mit Jungschar, Teeniekreis, Predigten usw. ... Dann kam die Anfrage, die Sportlerarbeit bei Neues Leben *zu beginnen! Das stand wie ein großer Berg vor mir. Ich wollte auf der einen Seite diese Arbeit gern übernehmen und auf der anderen Seite hatte ich Angst, dass das nicht funktioniert. Das habe ich Anton Schulte ganz ehrlich gesagt. Seine Reaktion verblüffte mich: „Worauf wartest du noch?" Damit hatte er mich unsagbar ermutigt. Ich sagte dann zu. Das war 1971. Das Wagnis war damals, dass keiner genau wusste, wie die Sportler mit dem Evangelium erreicht werden können. Da habe ich Antons Vertrauen kennengelernt. Er hat gesagt: „Mach mal!", und ich habe einfach losgelegt.*

Praktische Erfahrungen in der Evangelisation sammelte Helmfried Rieker schneller als erwartet. Kurz nach seiner Einstellung wurde ein Evangelist aus dem *Neues–Leben*-Team ernsthaft krank.

Da drückte mir Anton den Terminkalender des kranken Evangelisten in die Hand und ich musste dessen Termine übernehmen. Ich hatte keine einzige Predigt fertig und musste alles während der Evangelisationstage erarbeiten. Es kamen damals tatsächlich Menschen zum Glauben. Und das Wunderbare: Darunter waren auch Sportler!

So entwickelte sich die Arbeit, die *Sportler ruft Sportler (SRS)* genannt wurde, unter der Leitung von Helmfried Riecker Stück für Stück weiter. Anton Schulte ließ ihm freie Hand.

Natürlich hat Anton nachgefragt, was bei SRS *läuft, aber es wurde nicht kontrolliert. Dieses freie Arbeiten habe ich dann später auf meine Mitarbeiter übertragen. Damit hat mir Anton eines der wesentlichen Dinge für meine berufliche Zukunft und Laufbahn mitgegeben. Denn durch diese Freiheit fühlt sich wirklich jeder verantwortlich für die ganze Sache.*

Nicht nur in diesem Punkt war Anton Schulte für Helmfried Rieker ein Vorbild – mehr noch: ein väterlicher Freund.

Er war ein Mann, der in jeder Lage an Gott festgehalten hat. Er wusste: Jesus ist bei mir. Das war die Überschrift über seinem Leben. Deshalb hatte er die Voraussetzung, auch durch schwere Zeiten gehen zu können. Er war ein bodenständiger Mensch, der sich selbst nicht so wichtig nahm und keine Probleme hatte, mit anderen Menschen umzugehen. Man fühlte sich in seiner Gegenwart einfach wohl. Er hatte eine sehr visionäre Art.

Manchmal wurde so etwas auch erst in der Rückschau deutlich.

Als wir von SRS 2009 das Hotel Glockenspitze gekauft haben, erzählte uns Anton, dass er lange vor dem Bau der Gebäude des Neues-Leben-Zentrums in Wölmersen mit dem damaligen Bürgermeister von Altenkirchen über genau dieses Grundstück gesprochen hatte. Anton wollte dort zunächst gerne Neues Leben ansiedeln. Aber damals war schon klar, dass dort ein Hotel gebaut werden sollte. Anton war zwar damals „gescheitert" – aber über 40 Jahre später ist SRS genau dort. Mit diesem Hotel und den dazugehörenden Büroräumen und Sporthallen. Da schließt sich ein Kreis.

Auch wenn sich im Laufe der Jahrzehnte im Bereich der Evangelisation vieles verändert hat, Helmfried Rieker stellt gerne heraus, dass das, was Anton Schulte gelebt und verkörpert hat, auch heute noch aktuell und wichtig ist:

Er hat immer gesagt, wir sollen mit allen technischen Möglichkeiten das Evangelium weitergeben, in einer Sprache von heute, damit die Menschen nicht in Ewigkeit verloren gehen. Dieses Anliegen ist geblieben.

 Helmfried Riecker, Theologe, Gründer von Sportler ruft Sportler

Heinz-Dieter Schäfer über Anton Schulte

„Seine Mitarbeiter lagen ihm sehr am Herzen."

Er stand immer hinter Anton Schulte – im wahrsten Sinne des Wortes und auch im übertragenen: Heinz-Dieter Schäfer. Zehn Jahre lang stand er als Organisator vieler Großevangelisationen abends im Backstage-Bereich. Mit Argusaugen beobachtete er von dort, ob alles nach Plan lief. Schon bei der kleinsten Bewegung von Anton Schulte wusste er, wenn etwas nicht in Ordnung war.

Wenn er die linke Ferse hob, dann wusste ich: Er hört sich nicht gut. Er fing dann auf einmal an lauter zu werden, kundgebungsmäßig zu reden. – Das wollte er aber nicht. Deshalb haben wir am nächsten Abend eine Monitorbox auf die linke Seite gestellt. Als er wieder die Ferse hochnahm, gab ich der Technik ein Signal, lauter zu stellen. Sofort hörte er sich wieder – und der linke Fuß ging runter. Dann war für mich klar: Er fühlt sich wieder wohl.

Dass Anton Schulte sich bei den Vorträgen und darüber hinaus wohlfühlte, war Heinz-Dieter Schäfers Job und Anliegen zugleich. Als er 1976 die Aufgabe des Organisators der Großevangelisationen übernahm, kannten sie sich schon elf Jahre. Erst hatte der gelernte Elektriker und Bibelschüler als Praktikant im Zelt mitgearbeitet, dann baute er *Neues Leben Österreich* auf. Was ihn bei seinem neuen Dienst erwartete, wusste er deshalb genau.

Anton hatte vor mir Mitarbeiter, die ihn ein bisschen ausbremsten. Er war ihnen zu schnell, zu großzügig. Ich vergleiche das mal mit dem Autofahren: Das war dann für ihn, wie wenn er mit angezogener Handbremse fahren müsste. Das konnte man mit Anton Schulte nicht machen. Wenn es um das Evangelium ging, gab es für ihn kein Halten. Er brauchte deshalb jemanden, der ihn nicht ausbremste, aber schon mal die Kupplung treten konnte, sodass der Schwung ein bisschen rausgenommen wurde, und das sah ich als meine Aufgabe an.

Wenn er sich etwas vorgenommen hatte, vor allem wenn es um Jesus und das Evangelium ging, dann musste das auch passieren. Da war er ein echter Westfale. Zum Beispiel wenn er unbedingt in einer bestimmten Stadt eine Evangelisation durchführen wollte, dann war das keine spontane Idee. Das hatte er schon lange in seinem Herzen bewegt, durchgebetet und mit Gott geklärt. Dennoch musste ich ihm manchmal sagen, dass es noch nicht dran war, weil die Menschen vor Ort, die Gemeinden, noch nicht so weit waren. Da musste ich den Schwung rausnehmen. Das hat auch meistens geklappt.

Heinz-Dieter Schäfer war aber nicht nur der „Schwung-Rausnehmer". Er hatte einfach alles im Blick.

Zum Beispiel, dass ein passendes Rednerpult für Anton Schulte zur Verfügung stand. Weil das aufgrund der Größe und des Umfangs des Evangelisten meist nicht vor Ort zu finden war, wurde eins maßangefertigt.

Ich musste dieses Pult auch immer näher an den Rand der Bühne rücken. Er wollte nah bei den Menschen sein. Das passte zu seinem vertrauensvollen, seelsorgerlichen Verkündigungsstil.

Ich habe von Anton gelernt, nicht gegen die Mentalität, die Kultur, den Glauben der Zuhörer etwas zu sagen – sondern dass es in erster Linie darum geht, dass sie Jesus kennenlernen. Wir hatten in den 1968er- bis in die 1970er-Jahre genug Themen, bei denen man hätte „dagegenbollern" können. Anton tat das nicht. Aber er wollte wissen, warum die Menschen so dachten, wie sie es taten. Deshalb hat er viel gelesen, viel studiert – aber er hat auch Leute ins Missionswerk geholt, die Seminare gehalten haben.

Davon profitierten dann auch die Mitarbeiter von Neues Leben.

Seine Mitarbeiter lagen Anton Schulte sehr am Herzen. Er hat sie immer mit großer Wertschätzung behandelt. Ihn interessierte ernsthaft, wie es seinen Angestellten ging. Wenn er in der Missionszentrale in Wölmersen war, verging selten ein Tag, an dem er nicht durch die Büros ging und mit jedem sprach.

Seine Großzügigkeit den Mitarbeitern gegenüber ist etwas, das ich im Nachhinein sehr schätze. Er war sehr menschen- und familienfreundlich.

Wenn wir zu einer Evangelisation unterwegs waren, waren wir als Vorbereitungsteam meist schon drei oder vier Wochen vorher in der Stadt. Damals gab es noch keine Handys und wir konnten nur ab und zu mal mit zu Hause telefonieren. Anton fragte schon mal: „Wie geht's deiner Frau? Wie deinen Kindern?" Und wenn ich dann sagte, dass es da momentan Schwierigkeiten gab, dann sagte er gleich: „Willst du sie für zwei Tage herholen oder willst du nach Hause? Sorge dafür, dass die Sache hier weitergeht, und fahr los zu deiner Familie!" Es war dann auch keine Frage, wer das bezahlte, wenn die Familie mit ins Hotel kam – obwohl wir sowieso meist privat untergebracht waren.

Auch Anton Schulte übernachtete anfänglich während der Großveranstaltungen in Privatquartieren. Aber dann spürte er, dass ihn das zu viele Nerven und Kraft kostete.

Er brauchte sein Hotelzimmer und einen Schreibtisch im Zimmer. Das war das Wichtigste – und eine gute Matratze. Darauf musste ich immer achten.

Den Schreibtisch brauchte er, weil er teilweise morgens um 5 Uhr schon angefangen hat, Texte zu schreiben, Briefe zu diktieren, und er hat dann auch gebetet. Da musste er ein bisschen abgeschottet werden. Aber „Starallüren" hatte er keine.

Er ließ sich auch mal einladen, wenn jemand sagte: „Kommen Sie doch mal zum Kaffee!" Wenn es passte, sind wir dann da hingefahren. Das war kein Problem.

Den Menschen zugewandt, offen, ehrlich, fröhlich. So kannten ihn die Besucher der Evangelisationen. Heinz-Dieter Schäfer und die NL-Mitarbeiter haben auch eine andere Seite von ihm kennengelernt: Immer kurz vor Beginn einer Evangelisationsveranstaltung.

Da war er unsicher. Hinter der Bühne, in dem kleinen Garderobenraum, war er einsam, kam plötzlich mit dem Text nicht mehr klar, und er fragte sich, ob die Beispiele überhaupt noch passen würden. Nach einem letzten Kontrollgang durch den Saal nahmen wir uns immer Zeit zum Beten, wir hielten uns die Verheißungen Gottes vor Augen und ließen uns darauf ein. Wenn ich dann mit Anton zusammen raus auf die Bühne ging, er das Pult sah und die Menschen und wenn er dann den ersten Satz gesprochen hatte – da war er wieder ganz anders, ganz der Alte.

Mit seinen Beispielen zog er dann das Publikum auf seine Seite. Wenn es um die Entstehung der Welt und den „Urknall" ging und dass die Menschen nicht glauben wollen, dass Gott der Schöpfer ist, der alles gemacht hat, dann sagte er gerne: „Bleibt trotzdem die Frage: Wer hat denn da geknallt?" Das ließ er dann im Raum stehen – und zog weiter mit seiner Verkündigung.

Ein Stil, der damals bei den Menschen gut ankam. Damit füllte er die größten Hallen – zum Beispiel in Hamburg, Nürnberg, Stuttgart, Basel, Wien.

Anton sagte immer, dass für das Evangelium, die beste Nachricht dieser Welt, die größte Halle gerade genug wäre.

Heinz-Dieter Schäfer hatte in seiner Position auch manchmal die unangenehme Aufgabe, Anton Schulte auf Dinge hinzuweisen, die an einem Abend nicht so gut gelaufen waren.

Ich musste mir gut überlegen, wann ich Kritik anbringen konnte. Auf jeden Fall nicht sofort nach der Veranstaltung; es war besser, ein bisschen Zeit verstreichen zu lassen. Die Kritik musste für Anton möglichst auch ein bisschen positiv klingen.

Kritiker hatte er genug im Reich Gottes. Da brauchte er nicht auch noch Mitarbeiter, die ihn kritisierten! Aber ich konnte ihm sagen, dass z. B. etwas, das er gesagt hatte, von den Zuhörern auch anders hätte verstanden werden können. Er war bereit, das Gehörte ein Stück weit umzusetzen – aber er hat seinen Stil und seine Art nicht verändert.

Wenn eine Veranstaltung nicht so erfolgreich war, dann hat er das mit sich selbst abgemacht – manchmal hat er den Vortrag noch mal überarbeitet. Letztlich lag es nicht in unserer Hand, ob Menschen sich für Jesus entschieden haben. Das war das Wirken des Geistes Gottes. Wir haben jeden Abend gestaunt, wie Gott das gemacht hat.

Manchmal habe ich mich auch über Anton geärgert. Einmal war das Geld im Missionswerk wieder knapp. Da kam er ins Büro und versuchte den Mitarbeitern klarzumachen, dass sie sparen müssten. Er erklärte ihnen, dass ein DIN-A4-Blatt zwei Seiten habe und dass man auf der Rückseite auch noch weiterschreiben könnte; das wäre eine Möglichkeit zum Sparen. Allerdings war er an diesem Morgen mit einem brandneuen Audi 100 vorgefahren!

Ich habe ihm gesagt, dass er da einen Fehler gemacht hatte. Was sollten die Mitarbeiter denken? Sie konnten ja nicht wissen, dass das neue Auto von einem Geschäftsmann gesponsert worden war und die Kasse des Werkes nicht belastet hatte. Das hat er sich von mir auch sagen lassen. Und die Sache konnte aufgeklärt werden.

In den vielen Jahren der vertrauensvollen Zusammenarbeit erlebte Heinz-Dieter Schäfer immer wieder, dass er sich bei Schwierigkeiten ganz auf die Rückendeckung seines Chefs verlassen konnte.

Ich erinnere mich an eine Situation, in der ich mich bei einem Einsatz nicht so „geistlich" verhalten hatte. Danach gab es einen sehr erbitterten Beschwerdebrief an Anton Schulte. Er hat mich zu sich zitiert und gefragt, was ich dazu sagen würde. Dann sagte er: „Tue darüber Buße, kläre das! Den Fehler machst du nicht noch mal. Aber mach weiter!" Das hat mir sehr viel Mut gemacht, denn Anton hat immer zu mir gestanden.

Anfang der 1980er-Jahre zeigte sich immer deutlicher, dass die Zeit der großen Evangelisationen in Hallen und Kongresszentren ihrem Ende entgegenging. Für Anton Schulte eine schmerzhafte Entwicklung, denn genau das war seine Berufung. Aber wie es seine Art war, suchte er sich neue Tätigkeitsfelder – er gründete zum Beispiel die Bibelschule *Neues-Leben*-Seminar (heute *Theologisches Seminar Rheinland*).

Auch Heinz-Dieter Schäfer musste sich beruflich innerhalb des Werkes umorientieren. Von da an konnte er wieder das tun, worauf er ein Jahrzehnt als Anton Schultes Organisator verzichten musste: selbst predigen.

Anton hat damals zu mir gesagt: „Ich danke dir, dass du deinen Verkündigungsdienst zur Seite gestellt hast, um mir zu helfen, meine Evangelisationen vorzubereiten." Das war ihm also ganz bewusst.

Die zehn gemeinsamen Jahre in den Großstädten Deutschlands, Österreichs und der Schweiz haben

Heinz-Dieter Schäfer und Anton Schulte zusammengeschweißt. Die Verbindung blieb bestehen, auch über die Pensionierung beider hinaus.

In den letzten Jahren sind wir öfters am Sorpesee, in der Nähe seines neuen Wohnortes Balve, spazieren gegangen oder wir haben miteinander gegessen. Wir hatten eine gute Freundschaft. Irgendwie war er immer beides für mich: geachtet und geehrt als Chef und er war ein Freund.

Heinz-Dieter Schäfer, Jahrgang 1943, Mitarbeiter bei *Neues Leben*

Hansjürgen Kitzinger über Anton Schulte

„Anton hat behutsam kritisiert."

Wir treffen uns in der Lobby eines Nürnberger Hotels. Hansjürgen Kitzinger hat mehrere Taschen dabei. Wie sich herausstellt, sind sie prall gefüllt mit Büchern, Kassetten, Traktaten und Notizen. Alles aus der Zeit, als er mit Anton Schulte bei *Neues Leben* zusammengearbeitet hat. Die Erinnerungen daran, wie er den Evangelisten das erste Mal traf, sprudeln nur so aus ihm heraus:

Ich kam in die Bismarckhalle in Siegen-Weidenau und war sehr beeindruckt von diesem schönen großen Chor: weiße Hemden oder Blusen, schwarze Hosen oder Röcke – das war alles sehr feierlich. Und Anton Schulte predigte. Volle Halle. Viele Menschen.

Das war 1953. Der damalige Bäckergeselle hatte zwar selbst im Vorfeld mit Handzetteln zu der Veranstaltung eingeladen, der christliche Glaube spielte zu dieser Zeit aber keine große Rolle für ihn.

Das änderte sich an diesem Abend in Weidenau. Die Predigt von Anton Schulte traf ihn mitten ins Herz, sodass er bei einem persönlichen Gespräch mit einem Seelsorger sein Leben Jesus Christus anvertraute. Eine Entscheidung, die sein ganzes Leben veränderte, denn schnell war ihm klar, dass er selbst Evangelist werden wollte und sollte.

Bis es so weit war, vergingen allerdings mehr als 20 Jahre, in denen Hansjürgen Kitzinger beruflich erst einmal ganz andere Wege ging. 1975, nachdem er eine Bibelschule besucht hatte, bewarb er sich beim Missionswerk *Neues Leben* als Evangelist.

Beim Vorstellungsgespräch fragte Anton meine Frau, ob sie mit wenig Geld auskommen würde. Wir hatten zwei Kinder und ein Haus abzuzahlen. Meine Frau antwortete lächelnd, dass sie das gewohnt sei. Antons Grundsatz war, dass alle Mitarbeiter monatlich so viel Lohn haben sollten, dass sie davon leben konnten. Er war ein sozial denkender Arbeitgeber, obwohl er ein Glaubenswerk leitete, das nur durch Spenden existierte. „Der Herr hat uns immer so viel gegeben, wie wir brauchten" – das war seine Aussage.

Hansjürgen Kitzinger bekam die Stelle. Nun war Anton Schulte sein Chef und mit ihm ging er auf Evangelisationstour. Als Neuanfänger fiel es ihm nicht leicht, neben so einem erfahrenen Evangelisten zu arbeiten.

Ich war oft sehr aufgeregt vor einer Predigt oder der Leitung eines Abends. Aber Anton Schulte war ein Mann, der wunderbar das Handwerkszeug einer evangelistischen Predigt vermitteln konnte.

Er hat immer ganz praktisch gesagt, was man machen sollte. Auch was die Moderationen und Hinweise bei Evangelisationen betraf. Manchmal hat er uns väterlich erklärt, wie man etwas formulieren oder ansagen sollte.

Als Bevormundung hat Hansjürgen Kitzinger diese Art von Hilfe nicht empfunden, eher als sehr hilfreich. Die Zusammenarbeit mit Anton Schulte empfand er als angenehm und gut.

Er war kein Mensch, der von oben herab diktierte oder in Hierarchien dachte. Er wusste immer, was er wollte. Aber er war dabei stets kameradschaftlich. Sein Leitungsstil war für mich einmalig. Wenn etwas nicht klappte, sagte er nicht: „Das geht so aber nicht! Das musst du anders machen!" Er hat behutsam und liebevoll kritisiert. Zum Beispiel hat er mal zu mir gesagt: „Wenn ich lese und höre, was du schreibst und sagst, dann ist das typisch Betriebswirt. Schubladenmäßig – alles genau geordnet. Du musst dich trauen, einfach mal drauflos zu reden, alles ein bisschen laufen zu lassen. Du musst nicht immer meinen, dass du alles ganz genau richtig machen müsstest."

Hansjürgen Kitzinger und Anton Schulte waren fünf Jahre lang zusammen mit einem Team in Deutschland unterwegs und führten zahlreiche Evangelisationen durch. Danach arbeitete Hansjürgen Kitzinger alleinverantwortlich als Evangelist.

Auch wenn sie gerade in den ersten Jahren viel miteinander erlebt haben, eine tiefe Freundschaft entstand nicht zwischen ihnen. 1985 wurde Hansjürgen Kitzinger plötzlich zum Gespräch in die Misssionswerkzentrale nach Wölmersen gerufen.

Anton Schulte eröffnete mir, dass er umorganisieren und eine Bibelschule einrichten wollte, denn es lag ihm auf dem Herzen, sein Wissen und seine Erfahrungen an jüngere Leute weitergeben zu können. Deshalb musste er aus finanziellen Gründen einige Evangelisten und Missionare entlassen.

Kündigung nach zehn Jahren treuer Mitarbeit. Für Hansjürgen Kitzinger war das natürlich ein harter Schlag, den er erst einmal verdauen musste.

Anton hat das ganz liebevoll gesagt. Und vor allem: Ich war auch innerlich in der Verfassung, dass ich die Sache geistlich sehen konnte. Ich war nicht ärgerlich, nicht enttäuscht, sondern ich habe die Sache hingenommen. Natürlich habe ich mich gefragt: Wie geht es weiter?

Aber der entlassene Evangelist fand doch schnell neue Wirkungsbereiche.

Nach der Kündigung brach der Kontakt zu Anton Schulte für viele Jahre ab. Nicht aus „bösem Willen", sondern weil es keine Berührungspunkte mehr gab. Erst als Anton Schulte *Neues Leben Indonesien* gründete, nahm Hansjürgen Kitzinger das als Anlass, sich nach Jahren wieder bei ihm zu melden. Hin und wieder schrieben sie sich oder trafen sich am Rande von Veranstaltungen.

Hansjürgen Kitzinger ist dankbar, dass er Anton Schulte kennengelernt hat, denn seine Predigten, sein Arbeitsstil und auch seine Persönlichkeit haben den Wahl-Franken nachhaltig geprägt. Daran erinnert er sich gerne – nicht nur beim Durchschauen der alten Zeitschriften, Kassetten und Bücher.

 Hansjürgen Kitzinger, Pastor und Evangelist

Peter Strauch über Anton Schulte

„Er war natürlich. Er war echt."

Mitte der 1950er-Jahre erlebte Peter Strauch als 13-Jähriger Anton Schulte das erste Mal bei einer Großevangelisation in Wuppertal und war begeistert. Er kannte ihn bereits von den 15-minütigen Radiosendungen über *Radio Luxemburg*. Die Gedanken und Impulse des Evangelisten prägten ihn und legten u. a. den Grundstein für seinen weiteren beruflichen Werdegang als Pastor.

Noch ganz frisch im Dienst war es wiederum Anton Schulte, den Peter Strauch als Vorbild vor Augen hatte.

Anton Schulte war immer jemand, der überlegt hat, wie er die „alte" Nachricht des Evangeliums neu den Menschen bringen konnte. Anton unterschied zwischen Inhalt und Form, also zwischen dem, was zeitlos gültig ist, und dem, was traditionell ist und sich ändern muss. Inhalt und Gefäß – das waren für ihn zwei verschiedene Dinge. Das hat mich enorm beeindruckt, denn ich kannte Leute – auch in unseren Gemeinden –, für die sich nichts ändern durfte, sonst war das schon ein Angriff auf das Evangelium. Dieses Problem hatte Anton nie. Eigentlich war genau das sein Markenzeichen: Der Inhalt des Evangeliums ändert sich nicht, aber die Gestalt, in der wir es weitergeben, die muss sich ändern!"

Anfang der 1970er-Jahre schwappte die „Jesus Bewegung" von Kalifornien nach Deutschland. Viele kirchliche Verantwortungsträger fällten gleich ihr Urteil. Nicht so Anton Schulte. Er wollte sich direkt vor Ort ein Bild machen. Das hat Peter Strauch imponiert. Anton Schulte flog lernbereit in die USA, nicht etwa mit großer Skepsis.

Das war typisch für Anton. Wenn sich eine neue Möglichkeit für das Evangelium auftat, da war er vorneweg. Er experimentierte, und er hatte auch den Mut, Fehler zu machen."

Und nicht nur das: Anton Schulte ging mit seinen Fehlern, Schwächen, Zweifeln und mit seinen zeitweiligen Minderwertigkeitskomplexen ganz offen um. Er berichtete sogar auf einer Evangelistenkonferenz darüber. Das beeindruckte Peter Strauch nicht nur gewaltig, es ermutigte ihn auch für seinen evangelistischen Dienst.

Anton hatte nie etwas Aufgesetztes. Es gibt ja Menschen, die eben noch ganz normal mit dir über das Wetter gesprochen haben, und wenn sie auf der Kanzel stehen, haben sie einen Predigtton drauf. Das war bei Anton nie der Fall. Er war natürlich. Er war echt.

Der Kontakt zwischen den beiden Evangelisten blieb über Jahre bestehen. Hin und wieder schrieben sie sich auch Briefe.

Als Anton auf den Kanaren lebte, hat er sich nicht zur Ruhe gesetzt. In einem Brief berichtete er ganz glücklich, dass er einen Sender gefunden hätte, für den er Andachten produzieren könnte. Das war sein Leben. Immer dranbleiben. Er brannte fürs Evangelium und vor allem für Jesus – auch als alter Mann noch. Er suchte immer nach Wegen, das, was er in Bezug auf Jesus gefunden hatte und ihn bewegte, weiterzugeben."

Peter Strauch, Jahrgang 1943, Pastor,
Alt-Präses der Freien evangelischen Gemeinden
in Deutschland, Liederdichter und Autor

Jürgen Mette über Anton Schulte

„Antons Lebensbeispiel fand ich inspirierend."

Jürgen Mette war gerade mal sieben Jahre alt, als er Anton Schulte das erste Mal als Evangelisten in Kassel erlebte. Sein Vater war begeistert vom diesem neuen Stil, Menschen mit dem Evangelium zu erreichen.

Jede Anton-Schulte-Evangelisation im Umkreis von 100 km wurde von meinen Eltern besucht – uns Kinder haben sie immer mitgenommen. Wir saßen dann hinten auf der Ladefläche des Transporters unserer Firma.

Eine große Ehre war es für die Familie Mette, als Anton Schulte sie zu Hause besuchte. Danach stand für Vater Mette fest, dass es auch in seinem Heimatdorf eine Evangelisation geben musste. In den Vorbereitungen stellte sich heraus, dass das noch junge Missionswerk *Neues Leben* kein kleines Zelt für Evangelisationen auf Dörfern besaß, sondern dass vor Ort Bierzelte gemietet werden mussten. Das wollte Zimmermeister Mette ändern. Deshalb entwarf und baute er die Holzkonstruktion für ein Zelt in dieser Größe und schenkte es dem Missionswerk – und das obwohl das Geld knapp war. Im Vertrauen auf Gott ging er das Risiko ein.

Anton Schulte hat mit großer Freude diesen Einsatz meines Vaters gesehen und gewürdigt. Dass die Eltern sich in finanziell schwierigen Zeiten solch ein Projekt aufgeladen haben und es dem Missionswerk gestiftet haben, das war schon eine große Sache. In unserer Familie hat das ein starkes Bewusstsein für Evangelisation geschaffen und eine Solidarität für das Missionswerk Neues Leben.

Die Begeisterung des Vaters für die Predigten von Anton Schulte sprang allerdings nicht auf Jürgen Mette über.

Ich war als Kind und Jugendlicher auf so vielen Zeltevangelisationen, das hing mir dann irgendwann fast zu den Ohren raus. Aber Antons Lebensbeispiel fand ich inspirierend. Mich haben sein Mut, seine Vision und der Pioniergeist, mit dem er alles vorangebracht hat, beeindruckt.

Interessanterweise führte Jürgen Mettes Weg dann über eine handwerkliche Ausbildung und ein Theologiestudium schließlich auch in den Verkündigungsdienst. Bald traf der Jungevangelist den erfahrenen Verkündiger am Rande von christlichen Tagungen, Kongressen und Veranstaltungen. Dadurch lernte Jürgen Mette Anton Schulte noch einmal von einer anderen Seite kennen.

Anton hat das Evangelium in einer feinen Art gepredigt – unspektakulär, simpel, aber dennoch mit großem Wissen. Mich hat besonders beeindruckt, dass er am Ende seiner Dienstphase sehr für theologische Toleranz geworben hat. Es war ihm sehr wichtig, dass nicht zu viel über belanglose Formfragen gestritten wurde. „Auf den Inhalt kommt es an! Die Form und die Methoden müssen jederzeit up to date sein!", hat er mal gesagt. Da war er für mich ein großes Vorbild. Anton war jemand, der mit ganzem Herzen bei der Sache war. Er hatte keine Starallüren und ist immer bescheiden geblieben.

Unvergessen bleiben für Jürgen Mette die Treffen und Gespräche mit Anton Schulte während der Urlaube auf Korsika.

Ich sehe ihn noch, wie er unter einem kleinen Sonnenschirm am Strand saß, ganz gemütlich und entspannt. Damals habe ich gedacht: Wenn ich mal in das Alter komme und so entspannt am Strand sitzen kann wie Anton, dann habe ich vermutlich alles richtig gemacht.

Jürgen Mette, Jahrgang 1952, Theologe, Evangelist und Autor

Manfred Siebald über Anton Schulte

„Anton war ein Mensch mit ganz großem Horizont."

Herr Professor Siebald, wann sind Sie Anton Schulte zum ersten Mal begegnet?

Ich erinnere mich an eine Zeltevangelisation in Kassel, als ich noch ein kleiner Junge war. Anton hat gepredigt und Ruth Frey die Kinderstunden gehalten. Damals habe ich eine erste kindliche Entscheidung für Jesus Christus getroffen. Das ist mir heute noch ein wichtiger Meilenstein in meinem Glaubensleben.

Ich habe ihn dann erst viel später wieder getroffen, als er mich eingeladen hat, bei Evangelisationen mitzuhelfen, Ich fand es spannend, in diesen großen Zelten zu singen und mich auch auf das einzustellen, was er in der Predigt sagen wollte.

Welchen Eindruck hatten Sie damals von Anton Schulte?

Ich habe ihn bei den Veranstaltungen als sehr integren, bescheidenen Menschen erlebt. Wenn man sich anschaute, vor wie vielen Hunderten oder Tausenden Menschen er redete, hätte man erwarten können, dass er irgendwelche Allüren hätte, aber an so etwas kann ich mich überhaupt nicht erinnern.

Er war einfach ein Mensch „aus einem Stück", und er hat auf eine sehr gewinnende Art das Evangelium verkündet. Brücken bauend zu den Herzen der Menschen, aber auch sehr klar.

Die Zeltevangelisationen waren nicht die einzigen Berührungspunkte.

Ganz wichtige Begegnungen mit Anton waren für mich die Jubila-Veranstaltungen. Da ging es darum, die moderne geistliche Musik – bei deren Entwicklung ich ja auch irgendwo mitgewirkt habe – mit der gestandenen und manchmal auch etwas traditionell gehaltenen Kirchenmusik zusammenzubringen. Anton Schulte ist mir gerade dort als ein Mensch mit einem ganz großen Horizont begegnet. Wann immer es zu Konflikten zu kommen drohte, hatte Anton ein Wort der Weite, aber auch der Verbindung zwischen zwei verschiedenen Positionen. Dabei hat er niemals die Position des Evangelisten aufgegeben. Er hat immer gesagt: „Das Evangelium muss unter die Leute."

Wie die Geschmäcker und die Gewohnheiten der Einzelnen, die da an einem Tisch saßen, miteinander in Verbindung gebracht werden sollten, hat er nicht diktieren wollen, sondern er hat einfach zugehört und in der Weise kommentiert: „Ach ja, so sagt es der eine, so der andere. Aber, liebe Geschwister, könnten wir da nicht einen gemeinsamen Weg finden?"

Das klingt sehr ausgeglichen und konfliktfrei. Konnte man sich mit Anton Schulte überhaupt streiten?

Es gab einmal eine Gelegenheit, da hatten wir eine kleine theologische Auseinandersetzung. Ich habe ein Lied geschrieben in der ersten Hälfte der 1970er-Jahre; im Refrain hieß es: „Du hast ein Recht darauf, mit Gott zu reden. Du hast ein Recht darauf, dass er dich hört. Es gilt für dich, für mich, es gilt für jeden. Das Recht darauf hat Christus uns beschert."

Das war von mir aus gedacht als eine Beschreibung der Gnade. Christus beschert uns das Recht, zu Gott „Vater" zu sagen. Es war mir wichtig, in meiner Generation den Begriff „Gnade" neu zu umschreiben, denn damals ging es in der politischen Diskussion immer nur um Rechte: z. B. in der Emanzipation oder Gleichstellung von Arbeitern und Angestellten. Mein Bemühen, das Wort „Gnade" mit anderen Worten auszudrücken, ließ mich singen: „Du hast ein Recht."

Anton hat daran Anstoß genommen. Ich habe ihm erklärt, dass der Zielpunkt des Refrains in der letzten Zeile liegt: „Das Recht darauf hat Christus uns beschert." Wir haben kein natürliches Recht darauf – das steht ja schon im Römerbrief, Kapitel 3, Vers 23: „Alle sind schuldig geworden und haben die Herrlichkeit verscherzt, die Gott ihnen geschenkt hat." Oder in Römer 6,23: „Die Sünde zahlt ihren Lohn: den Tod. Gott dagegen macht uns ein unverdientes Geschenk: durch Jesus Christus, unseren Herrn, schenkt er uns ein Leben, das keinen Tod mehr kennt" (GN).

Keiner hat also ein Recht, vor Gott aufzutrumpfen. Aber wenn Gott uns das Recht gibt, mit ihm zu reden – wenn Jesus selbst uns dieses Geschenk macht – dann dürfen wir auch von einem Recht reden. Diese Erklärung hat Anton in unserem Gespräch akzeptiert. Das war zwar kein Streit, eher eine engagierte Diskussion, aber es zeigt, dass wir nicht immer stromlinienförmig einer Meinung waren.

Die Zeit der Zeltevangelisationen, wie Anton Schulte sie gemacht hat, ist längst vorbei. Auch seine Art der Verkündigung würde heute vermutlich so nicht mehr ankommen. Warum kann Ihrer Meinung nach Anton Schulte dennoch heute noch ein Impulsgeber in Sachen Evangelisation sein?

Aus genau dem gleichen Grund, aus dem wir Luther, Paul Gerhardt, Bodelschwingh und viele andere engagierte und wegweisende Christen nicht vergessen sollten: Sie haben Bleibendes gesagt. Es gibt eine Haltung, die heute genauso verbreitet ist wie in früheren Zeiten. Der englische Schriftsteller C. S. Lewis hat sie den „chronologischen Snobismus" genannt. Das ist die Meinung, dass alles, was älter ist als 50 Jahre, eigentlich nicht mehr wahr sein kann, weil die Welt sich weiter verändert hat, weil neue Erkenntnisse dazugekommen sind. Und Lewis hat immer gesagt: „Was für eine Torheit! Wahrheit wird dadurch nicht weniger wahr, dass die Zeit vergeht!"

Das gilt auch für das, was frühere Christen in früheren Zeiten über den christlichen Glauben gesagt haben. Das ist inhaltlich doch nicht automatisch abserviert – auch wenn der Stil und die Worte heute vielleicht übersetzt werden müssen. Deshalb ist es mir wichtig, dass man sich an Anton Schulte erinnert. Es ging ihm immer um die eine Wahrheit: Gott hat die Welt in Jesus so geliebt, dass er seinen einzigen Sohn geopfert hat. Diese Wahrheit konnte Anton ganz einfach und verständlich auf den Punkt bringen. Und das hat er mit all seiner Kraft und mit einer großen Liebe zu seinen Hörern getan.

 Manfred Siebald, Professor für Amerikanistik und christlicher Liedermacher

Margit Grab-Heider über Anton Schulte

„Was Anton wollte, musste auch umgesetzt werden."

Freundlich, zurückhaltend, gewissenhaft und verschwiegen. – Glücklich kann sich jeder Chef schätzen, der so eine Sekretärin im Vorzimmer sitzen hat. Anton Schulte hatte dieses Glück in der Person von Margit Grab-Heider. Von 1985 an arbeitete sie für ihn – bis weit über seine Pensionierung hinaus. Ich treffe sie in ihrem Büro im Missionswerk „Neues Leben", für das sie weiterhin tätig ist.

Frau Grab-Heider, wie war Anton Schulte als Chef?

Er wusste immer, was er wollte. Er hat schon mal um Rat gefragt, aber nur wissensmäßig. Er hat sehr viel überlegt. Er war nie schlecht gelaunt, hat sehr strukturiert gearbeitet. Wenn er von einem Dienst zurückkam und der Schreibtisch voll war, hat er alles in relativ kurzer Zeit sortiert und abgearbeitet. – Sein Arbeitsplatz war immer sehr aufgeräumt.

War er ein Chef, der davon ausging, dass sich sofort alles um ihn dreht, wenn er ins Büro kommt?

Er hat schon erwartet, dass alles, was er wollte, umgesetzt wurde. Aber er hat auch Rücksicht darauf genommen, wenn andere Sachen zuerst gemacht werden mussten. Erst habe ich nur für ihn gearbeitet. Später, als er in Rente war, aber dennoch aktiv, da habe ich dann auch für Peter Schulte gearbeitet. Da hatte er auch Verständnis, wenn seine Sachen mal warten mussten.

Wenn man über so viele Jahre zusammenarbeitet, dann kennt man sich ja sehr gut. War er mehr Chef oder hatte sich eine Freundschaft entwickelt?

Wir gingen freundschaftlich-kollegial miteinander um. Wobei immer klar war, dass er der Chef war. Es war ein großes Vertrauensverhältnis zwischen uns.

Anton hat bei meiner Hochzeit 2007 die Traupredigt gehalten. Mein Mann Waldemar und ich haben uns hier bei Neues Leben kennengelernt. Heute ist er auch als Evangelist unterwegs. Manchmal denke ich, dass mich meine Arbeit als Sekretärin bei Anton darauf vorbereitet hat.

Hatte Anton irgendwelche Marotten?

Spontan fällt mir da nichts ein. Aber bezeichnend für ihn war, dass er immer versucht hat, gesund zu leben, verschiedene Diäten gemacht hat bis zum Schluss.

Er hatte am Anfang, als ich bei ihm arbeitete, einiges mehr an Gewicht. Aber durch seine Zeit auf Lanzarote konnte er gesünder leben, viel Frisches essen; da hat er etliches abgenommen.

Eine kleine Marotte hatte er doch, das fällt mir jetzt ein: Wenn Anton gerne einen Kaffee trinken wollte, habe ich ihm eine Tasse ins Büro gebracht. Dabei war es sehr wichtig, dass kein Kaffee auf die Untertasse getropft war. Da war er sehr empfindlich."

War es ein entspanntes Arbeiten für und mit Anton Schulte oder gab es viel Druck?

Das Arbeiten war sehr entspannt. Aber vor den Evangelisationen hatte Anton selbst eine große Anspannung. Er hat mal gesagt, dass sich das in den Jahren nicht verliert. Bis zum Schluss war das so. Das fand er auch „normal", weil es ihm zeigte, dass er in der Abhängigkeit zu Gott war.

Noch bevor irgendjemand eine Ansprache oder Predigt von Anton Schulte gehört hatte, waren Sie schon mit den Gedanken vertraut, die er weitergeben würde, denn Sie haben ja die Konzepte geschrieben. Wie umfangreich waren die Manuskripte, mit denen er auf die Kanzel ging?

Das war meist nur eine DIN-A5-Seite mit Stichworten für die ganze Predigt. Wenn es ganz wichtige Ausarbeitungen waren oder ein neues Thema, dann war es schon mal mehr."

Als enge Mitarbeiterin haben Sie es direkt mitbekommen, als Anton Schultes erste Frau Hermine schwer erkrankte und dann auch starb. Wie haben Sie ihn in diesen Zeiten erlebt?

Das war schon eine sehr, sehr schwere Zeit. Hermine musste sehr leiden. Als sie dann starb, war das sehr heftig für Anton, denn er war nicht der Typ zum Alleinsein. Das hat ihn schon ziemlich aus der Bahn geschmissen.

Aber der Predigtdienst war immer sehr wichtig für ihn. Auch nach Hermines Tod war Anton viel zu Predigtdiensten unterwegs. Das war ihm immer sehr wichtig. Er hatte damals schon lange einen Fahrer. Nach Hermines Tod war er dann der erste Ansprechpartner für ihn auf den Reisen. Es hat sich auch ein besonderes freundschaftliches Verhältnis zwischen den beiden entwickelt.

Anton hatte zwar einen Führerschein und ist auch manchmal gefahren, aber das war nicht so gut und sicher, denn er war in seinen Gedanken immer mit etwas anderem beschäftigt und hat deshalb nicht konzentriert auf die Straße geguckt.

Haben Sie, als Anton Schulte seine zweite Frau Heidi kennengelernt hat, gemerkt, dass er sich anders verhält? Gab es Anzeichen von „Verliebtsein"?

(Margit Grab-Heider lächelt.) *Wie das so ist, wenn man jemand Neues kennenlernt: Man blüht auf. Und er war richtig verliebt. Voller Tatendrang. Anton war ja immer voller Ideen – durch die Trauerzeit war das ein bisschen gelähmt. Das kam dann wieder durch. Er war wieder aktiv, hatte neue Pläne, neue Projekte, wie zum Beispiel* Neues Leben Indonesien. *Diese Arbeit hat er ja bis zum Schluss verantwortet.*

Sie haben auch dann noch für Anton Schulte gearbeitet, als er nicht mehr in Wölmersen lebte, sondern auf Lanzarote und in Balve. Wie kann ich mir das vorstellen?

Als er nach Lanzarote ging, hat er sich einen Laptop gekauft und sich alles selbst beigebracht. Er hat ein Sprachprogramm installiert und sich damit auseinandergesetzt. Er hat dann seine Texte diktiert, mir geschickt und ich habe sie dann korrigiert und geschrieben. Bis zum Schluss hat er noch E-Mails geschrieben und war im Internet aktiv. Er war immer offen für neue Technik und hat sie auch eingesetzt.

Was fällt Ihnen spontan ein, wenn Sie heute an Anton Schulte denken?

Anton war ganz klar in der Verkündigung. Er hat sich immer frühmorgens ganz viel Zeit zum Beten genommen und dafür, alles, was anliegt, durchzudenken.

Margit Grab-Heider, Jahrgang 1957, langjährige Sekretärin von Anton Schulte (ganz rechts im Bild, in der Mitte Waldemar Grab)

Peter, Jutta, Wilfried und Doris Schulte über Anton Schulte

„*Wir konnten uns
immer auf ihn verlassen.*"

Ständig unterwegs „im Auftrag des Herrn" – und dennoch heißt es, dass Anton Schulte ein Familienmensch war. Wie haben Sie als Söhne das erlebt?

Peter:
Wenn ich mich an Vater erinnere, dann denke ich: Ja, er war viel weg. Das ist ganz klar, berufs- und berufungsbedingt. Aber wenn er da war, dann hatte er auch aktive Zeit für uns Söhne, für die Familie. Die sogenannten „Männertage" – vor der Pubertät – waren für uns wichtige Zeiten, in denen wir ihn ganz für uns hatten.

Wilfried:
Vom Ablauf her waren unsere „Männertage" immer gleich. Unser Vater war mehrere Wochen weg und kam dann wieder nach Hause. Das hieß: Zu Hause musste Wäsche und alles gemacht werden. Unsere Mutter brauchte Freiraum und wir fuhren dann mit unserem Vater nach Köln. Auf der Agenda

für den Tag stand entweder Kinofilm – was ja damals ungewöhnlich war – oder in ein Museum gehen und sich Gemälde anschauen. Das war nicht immer so prickelnd, hat aber zu unserer Bildung beigetragen. Wichtigster Programmpunkt für uns: Es gab in Köln einen sehr schönen Spielwarenladen und wir durften uns immer ein Spielzeug aussuchen.

In Köln hat unser Vater übrigens kein Café ausgelassen, um mal Pause zu machen.

Männertage als Ersatz für die Abwesenheit im Alltag. Dabei war nicht nur Ihr Vater auf Reisen, Ihre Mutter Hermine war oft mit ihm unterwegs.

Wilfried:
Vater wollte nicht alleine reisen. Ihm war es wichtig, dass unsere Mutter dabei war. Und damit waren wir oft in der Obhut der Oma aus Bottrop oder in Wölmersen bei Tante Annie, Vaters Schwester.

Peter:
Ich erinnere mich: Mit drei oder vier Jahren wurde ich für drei Monate zu den Aidlinger Schwestern geschickt; da waren die Eltern in Schottland. Das war für mich sehr lang. Trotzdem fühlten wir uns nie benachteiligt, weil sie auf Reisen waren. Ich habe mich immer gefreut, wenn wir zu den Veranstaltungen hinfahren konnten, auf denen Vater sprach. Wir waren in Bremen oder auch in Ludwigshafen. Das hab ich mehr genossen, als dass ich darüber enttäuscht oder sauer war, dass sie keine Zeit hatten.

Wie sah die gemeinsame Zeit aus, wenn Ihr Vater da und Alltag angesagt war?

Wilfried:
Ich kann mich nicht daran erinnern, dass er mit uns gespielt hat. Ich erinnere mich daran, dass ich ihn als kleines Kind mal herausgefordert habe. Ich habe zu ihm gesagt: „Du kannst mich doch gar nicht mehr fangen!", und dann bin ich losgerannt. Mein Vater ist hinter mir hergerannt. Damals haben wir in Wölmersen gewohnt. Als ich merkte, dass er näher herankam, bin ich in das Tor einer eingezäunten Wiese gelaufen und hab einen Haken geschlagen. Er konnte diesen Haken aber nicht nachvollziehen (Er lacht.) *... Er ist voll geradeaus gerannt ... So was hat er auch mitgemacht.*

Peter:
Bei der Eisenbahn, da hat er mitgespielt! Er hat sie für uns gekauft und aufgebaut, aber dann hat er selbst damit gespielt, bis wir uns beschwerten. Es war doch unsere Eisenbahn, dann wollten wir auch mal damit spielen!

Mit zehn und zwölf Jahren sind Sie beide dann vom Westerwald ins Internat nach Süddeutschland umgezogen. Wie war das für Sie?

Wilfried:
Für uns war es keine schwierige Entscheidung, ins Internat zu gehen. Damals dauerten Evangelisationen drei bis vier Wochen. Das bedeutete, dass unsere Eltern in dieser Zeit sowieso nicht zu Hause waren. Von daher war es kein großer Unterschied, ob wir nun im Internat waren oder zu Hause.

Peter:
Sie haben uns regelmäßig besucht. Wenn sie nicht konnten, sind wir auch mal geholt worden, sodass der Kontakt zu unseren Eltern immer da war.

Wilfried:
Schulisch gesehen war der Wechsel für uns gut. Mit dem Niveau der Dorfschule hier wären wir nicht weitergekommen. Von daher war es auch logisch für uns, ins Internat zu gehen.

Peter:
Ja, im Großen und Ganzen ... aber es war auch eine gewisse Herausforderung.

Die Sie beide ja gut gemeistert haben. Hat Ihr Vater, als es dann um die Entscheidung ging, wie es für Sie beruflich weitergehen würde, durchblicken lassen, dass er sich wünscht, dass Sie in seine Fußstapfen treten?

Peter:
Vater hat einmal gesagt: „Es ist nicht wichtig, was ihr tut und was ihr macht – sondern dass ihr Männer Gottes seid!" Das war ihm ein wichtiges Anliegen. Dass wir beide dann tatsächlich in den vollzeitlichen christlichen Dienst gegangen sind, war unsere Entscheidung.

Sie sind schließlich beide im Missionswerk *Neues Leben* eingestiegen. Wie war es für Sie, dass Ihr Vater gleichzeitig auch Ihr Vorgesetzer war?

Wilfried:
Das war manchmal sehr spannend und manchmal gab es auch Spannungen. Wenn etwas ausdiskutiert werden musste, dann bist du als „Sohn" immer näher am Leiter des Werkes dran als andere Mitarbeiter. Für mich war es da gut, dass ich zwölf Jahre in Kanada gelebt und gearbeitet habe. Da war ich ein bisschen außen vor.

Peter:
Ich war eine Zeit lang in der Schweiz. Das war auch gut. 1982 bin ich zurück nach Wölmersen ins Missionswerk gekommen. Mit unserem Vater zusammenzuarbeiten war für mich unproblematisch. Die Mitarbeiter haben erst mal geguckt, weil sie gedacht haben: Da kommt einer mit Vitamin B. *Es hat ein paar Jahre gebraucht, bis wir richtig anerkannt wurden. Aber das ist ganz normal ... Was gut war: Jeder von uns hatte seinen eigenen Bereich, sodass die Kompetenzen geklärt waren.*

Jutta Schulte, wenn Sie sich erinnern, wie es war, als Sie, die „Herzdame" von Peter, in die Familie Schulte hineingekommen sind – welchen Eindruck hatten Sie am Anfang?

Jutta:
Ich stamme aus Altenkirchen, 5 km von Wölmersen entfernt. Peter habe ich in der Jugendgruppe kennengelernt – und als er mich das erste Mal mit zu sich nach Hause nahm, da öffnete Anton die Tür und sagte sofort: „Hallo, ich bin der Anton. Wir gehören zum Verein für offene Aussprache. Herzlich willkommen, liebe Jutta!" Da durfte ich schon mal „du" sagen. Daran musste ich mich erst mal gewöhnen ... Von Anfang

an erlebte ich eine große Herzlichkeit, besonders von meiner Schwiegermutter.

Nach Ihrer Hochzeit mit Peter sind Sie auch vollzeitig ins Missionswerk einstiegen.

Jutta:
Das war für mich eine sehr schwere Entscheidung, denn ich hatte eine sehr gute Stelle in der Verwaltung, war im Beamtenstatus. Und dann in ein Missionswerk gehen? Ich habe zu meinem Schwiegervater gesagt: „Vati, ich brauche für das, was jetzt kommt, doppelten Glaubensmut: aus den Sicherheiten herauszutreten und für das alles beten, was hier im Werk läuft." Da war er mir ein großes Vorbild. Er hat mir vorgelebt, was es heißt, für alles zu beten und zu glauben, dass Gott alles in der Hand hat. Er hat mich daran erinnert, dass Gott ihn immer geführt hat und dass er auch uns führen wird. Das hat mir Mut gemacht.

Doris Schulte, Sie haben Anton schon als Kind in Kanada kennengelernt, als er dort Evangelisationen durchgeführt hat. Welche Erinnerungen haben Sie daran?

Doris:
Ich fand ihn herrlich erfrischend unkonventionell. Gesetzlichkeit war ihm fremd. Das hat mich damals schon fasziniert. An einem Abend der Evangelisation wurde Anton interviewt und er erzählte von seinen Kindern. Eins war 6 Jahre alt. Ich war damals ungefähr 5 – deshalb habe ich mir das gemerkt. Dass ich diesen Mann einmal näher kennenlernen würde, hätte ich nie gedacht.

Aber es ist passiert. Während Wilfried Schultes Zeit in Kanada sind Sie einander begegnet. Später haben Sie dann geheiratet. Bis 1985 haben Sie zusammen in Kanada gelebt und sind dann in den Westerwald gezogen.

Doris:
Damals habe ich Anton noch besser kennengelernt. Es war gerade eine schwierige Zeit für ihn. Die Großevangelisationen wurden immer weniger; darunter hat er sehr gelitten. Er fragte sich: „Ist das jetzt so – oder wollen die Menschen mich nicht mehr hören?" Er hat die Entwicklung zum Teil sehr persönlich genommen, denn er wollte doch evangelisieren.

Ich weiß noch, dass meine Schwiegermutter mich in der Zeit einmal angerufen und gefragt hat, ob ich noch mal kurz vorbeikommen könnte. Alles, was Anton damals brauchte, war ein Mut machendes Wort. Das wollte ich ihm gerne sagen. Ich habe erlebt, dass Anton sagte, dass Gott ihn gerade zerbrechen würde wie David. Er war sehr ehrlich – vor sich selbst und vor Gott.

Was haben Sie an Ihrem Vater beziehungsweise Schwiegervater geschätzt?

Wilfried:
Die Ideen, die er hatte, und seinen Durchblick. Er konnte entwickeln und Dinge wahrnehmen, die noch ganz am Anfang waren, und sich vorstellen, welches Potenzial in den Entwicklungen liegt. Er hatte Sitzfleisch. – Wenn er etwas wollte, konnte er drauf warten.

Peter:
Für mich war entscheidend, dass wir Vertrauen zu ihm hatten. Wir wussten, dass wir uns auf ihn verlassen konnten. Er war geradlinig und immer für uns da. Nicht nur für die Familie, sondern auch für weiter entfernte Verwandte, für die Mitarbeiter. Da könnte so mancher eine Geschichte erzählen.

Ganz am Anfang seines Dienstes hatte noch nicht jeder ein Auto. Wegen der vielen Reisedienste besaß unser Vater eins. Das hat er einem Verwandten geliehen, damit der seine Hochzeitsreise machen konnte. Das war seine Art.

Jutta:
Ich habe an meinem Schwiegervater geschätzt, dass er weise, humorvoll und hilfsbereit war und dass er von einem tiefen Vertrauen zu Gott geprägt war.

Doris:
Anton war ein Beter und ein super Ratgeber – das war mir sehr wichtig!

Gab es auch Wesenszüge, die schwierig waren?

Doris:
Er war einer, der immer Zuhörer brauchte. Und er stand gern im Mittelpunkt. Das war manchmal auch ärgerlich. Hin und wieder dachte ich: Hey, es geht nicht nur um deine Berufung – es gibt viele Menschen, die berufen sind, du bist nicht der Einzige! *Aber er hat das nicht böse gemeint. Er lebte eben ganz in seiner Welt. Er war immer voll mit seinen Dingen beschäftigt, mit dem, was ihn gerade bewegte. Das war dann das Thema, über das er geredet hat. Und wenn ich mich*

darauf eingelassen habe, dann hatte ich tiefe, gewinnbringende Gespräche mit ihm. Sein Lieblingsthema war auf jeden Fall sein Beruf. Alles, was mit "Menschen für Jesus gewinnen" zu tun hatte und was er dafür getan hatte und noch machen könnte, solange er leben würde ...

Ende der 1980er-Jahre gab es einen herben Schlag für Ihre Familie: Ihre Mutter bzw. Schwiegermutter erkrankte an Krebs und verstarb. Wie haben Sie als Söhne und Schwiegertöchter Anton Schulte in dieser Situation erlebt?

Wilfried:
Er hat sich damals für unsere Mutter wirklich Zeit genommen, hat vieles im Haus übernommen. Das Kochen lag ja sowieso meistens in seiner Hand. Während der Krankheit ging er durch unterschiedliche Phasen. Er hat Tagebuch geschrieben. Das war bestimmt eine Art für ihn, das aufzuarbeiten. Als unsere Mutter dann nicht mehr da war, merkten wir: Wir können das gar nicht auffangen, ihm nicht das Gegenüber sein, das er braucht, und immer für ihn da sein.

Peter:
Der Glaube hat ihn wirklich gehalten. Aber die Trauer war doch sehr stark. Das hat man gesehen und gespürt. Er vermisste unsere Mutter sehr, das Alleinsein fiel ihm schwer.

Wilfried:
Das war eine Zeit, in der wir merkten, wie sehr unsere Mutter die Hälfte in seinem Leben war, die er gebraucht hatte.

Jutta:
Wir haben lange nebeneinander gewohnt. Einmal kamen wir aus dem Urlaub, da saß er alleine im Garten, wartete auf uns. Er hatte schon für uns alle gekocht. Nachdem wir gemeinsam gegessen hatten, ging er – typisch für ihn: die Hände auf dem Rücken verschränkt – wieder zurück ins Nachbarhaus. Die Gemeinschaft mit uns hat ihn zwar erfüllt, aber wenn er ging, war er wieder einsam. Er brauchte die Gemeinschaft.

Wilfried:
Er brauchte auch immer jemanden, der seine Gedanken reflektierte. Deshalb machte er sich nach dem Tod unserer Mutter und der Trauerzeit auch intensiv auf die Suche nach einem Gegenüber. Das hat Gott ja sehr gut geführt, dass er Heidi kennengelernt hat.

Sie war 21 Jahre jünger als Ihr Vater. Was haben Sie als Familie dazu gesagt?

Doris:
Wir haben alle gesagt: Das passt. Trotz dieser Altersspanne. Wenn man das im Nachhinein sieht: Durch die Heirat begann für unseren Vater eine zweite Dienstphase. Ohne Heidi hätte er die vielen Reisedienste nicht übernehmen können. Er brauchte jemanden an seiner Seite. Heidi ist sehr weise, eine gute Ratgeberin. Ich schätze sie sehr. Sie hat Anton sehr gut geprägt in den vielen Jahren ihrer Ehe.

Zusammen haben die beiden noch viel unternommen. In den Wintermonaten lebten sie auf Lanzarote, weil Ihrem Vater das warme, trockene Klima dort so gut bekam. Allerdings verschlechterte sich sein Gesundheitszustand im Jahr 2010. Er musste häufiger ins Krankenhaus.

Wilfried:
Ab September war das immer ein Rein-ins- und Raus-aus-dem-Krankenhaus. Da war uns schon klar, dass er nicht mehr lange leben würde. Das spürte ich auch in unseren Gesprächen: Es war ein Abschiednehmen, ein Übergeben, ein Loslassen.

Jutta:
Als Peter und ich an einem Sonntagnachmittag bei ihm im Krankenhaus waren, haben wir über vieles gesprochen. Aber irgendwie hatten wir das Gefühl, dass es das letzte Mal sein könnte, dass wir so zusammen wären. Wir haben das nicht ausgesprochen, aber wir wussten es irgendwie alle. Er war voller Frieden. Wir haben auch über berufliche Dinge gesprochen. Er war so frisch im Geist, so klar. Wir haben dann noch miteinander gebetet. Er gab uns ein paar gute Wünsche und Weisheiten mit. Das begleitet uns noch heute.

Wilfried:
Am 26. Dezember 2010 rief Heidi morgens an und sagte, dass ich am besten sofort ins Krankenhaus kommen sollte, wenn ich meinen Vater noch mal lebend sehen wollte.

Peter:
Das war der Hochzeitstag unseres Sohnes Martin. Deshalb hatte Heidi mich nicht informiert.

Wilfried:
Doris ist dann alleine zur Trauung gegangen. Ich bin ins Krankenhaus gefahren. Vater hatte im fortgeschrittenen Alter immer mit der Atmung zu kämpfen, aber an diesem Tag konnte er kaum reden. Deshalb konnte ich nur bei ihm sein, ihm die Hand halten und für ihn beten. Um 17 Uhr bin ich wieder gefahren. Gegen 22 Uhr kam dann der Anruf, dass er heimgegangen war.

Tod des Vaters und Hochzeit des Sohnes an einem Tag. Kann man da überhaupt von „Feier" reden?

Jutta:
Ja, wir konnten dennoch feiern. Wir hatten überhaupt keine Aufregung. Wir hatten uns bereits bei unserem letzten Besuch im Krankenhaus von ihm verabschiedet. Es war alles geklärt zwischen uns. Gottes Züge fahren immer pünktlich, sage ich gerne. Dieser Tag ist für alle ein schönes Erinnern an den Großvater und an eine schöne „Winterhochzeit" von unseren Kindern Martin und Esther.

Wilfried:
Mir ist im Nachhinein erst bewusst geworden, was unser Vater alles geleistet hat und welchen Einfluss er hatte. Das, was er in seiner Zeit erreicht hat, war schon enorm – und er hat letztendlich Millionen von Menschen bewegt und mit dem Evangelium erreicht. Das habe ich früher nie so deutlich wahrgenommen.

Peter Schulte, Jahrgang 1953,
Jutta Schulte, Jahrgang 1952

Wilfried Schulte, Jahrgang 1955,
Doris Schulte, Jahrgang 1956

Heidi Schulte über Anton Schulte

„Anton war ein Mann schneller Entschlüsse."

„Wo sind unsere Toten?" – Dass mit dieser Frage für Anton Schulte der „zweite Frühling" beginnen würde, konnte keiner ahnen. Aber genau darum ging es im allerersten Gespräch mit Heidi Kühnel im Mai 1991 auf Korsika.

Ich hatte kurz vorher meinen Mann verloren. Meine Tochter arbeitete als Saisonarbeiterin in der Neues-Leben-Appartementanlage in Calvi. An ihrem 21. Geburtstag habe ich sie dort besucht. Wir haben viel miteinander gesprochen in diesen Tagen. Die Frage „Wie geht es nach dem Tod genau weiter?" ließ uns keine Ruhe. Ich wollte einen Theologen danach fragen. Da sagte mir jemand: „Anton Schulte ist diese Woche hier. Frag doch ihn!" Aber weil er auch Urlaub machte, wollte ich ihn eigentlich nicht mit meiner Frage behelligen. Doch eines Morgens nach dem Frühstück kam er mir zufällig entgegen. Da habe ich gedacht: Jetzt fragst du ihn doch!

Daraus entwickelte sich eine sehr persönliche Unterhaltung, in der es um den Verlust der Ehepartner ging.

Anton fragte mich, ob ich ein Manuskript von ihm lesen wollte, das er nach dem Tod seiner Frau geschrieben hatte. Er wollte von mir wissen, ob er es veröffentlichen sollte. Das Manuskript wollte ich gerne mitnehmen. Wir haben so lange gesprochen, dass er mich zum Mittagessen einlud. Mir war das irgendwie peinlich. Ich wollte in der hintersten Ecke des Speisesaals sitzen. Danach haben wir uns verabschiedet. Später hat er mir gesagt, dass er da schon kurz den Gedanken hatte: Das könnte die richtige Frau für mich sein!

An Verliebtsein oder Liebe hat Heidi Kühnel nach dem ersten Treffen noch überhaupt nicht gedacht.

Ich habe vor allem gesehen, dass er nicht fit war. Dass er zu viel Übergewicht hatte. Das hat mich berührt.

Zwei Tage später war Heidis Urlaub zu Ende und sie flog wieder nach Hause.

Ich kam ins „leere Nest", war einsam, frustriert. Ich schickte an die Mitarbeiter auf Korsika ein Fax, in dem ich mich für die schöne Zeit bei ihnen bedankte. Diese Nachricht wurde in einer Mitarbeiterandacht vorgelesen, an der auch Anton teilnahm. Er flog danach auch wieder nach Hause. Aber unser Treffen und auch das Fax haben ihn nicht losgelassen, hat er mir später erzählt. Er hat schließlich bei mir angerufen und gefragt, ob ich noch mal mit ihm nach Korsika reisen würde. Er wollte mir etwas Gutes tun. Ich war total perplex und brauchte Bedenkzeit. Das war für ihn in Ordnung. Ich fragte Freunde, Familie und meine Schwiegermutter, was sie von diesem Angebot hielten. Alle sagten: „Wenn er dir das anbietet, dann mach es doch!"

Als Anton mich dann am Telefon fragte, wie ich mich entschieden hätte, sagte ich zu. Aber ich wollte wissen, ob mein Mitfliegen an Bedingungen geknüpft wäre. Ich wollte mich irgendwie absichern. Seine schlichte Antwort war: „Nein, keine Bedingungen."

Am verabredeten Tag holte mich Anton mit seinem Fahrer Victor ab. Anton war sehr zurückhaltend mir gegenüber. Normalerweise hat er jedem schnell das „Du" angeboten – bei mir dauerte das eine Weile.

Am Flughafen fing es schon an, etwas peinlich zu werden. Da saßen die Neues-Leben-Reisenden und der bekannte Anton Schulte kam mit Chauffeur und in Begleitung einer jungen Frau. Da haben die Leute natürlich geguckt. Das ging auf Korsika so weiter.

Ich hatte mein Zimmer und er sein Appartment. Die Gäste haben uns immer ganz genau beobachtet. Ein Beispiel: Anton ging morgens gerne schwimmen. Weil ich das auch gerne mache, gingen wir zusammen. Wir trafen uns immer zur gleichen Zeit. Eines Morgens kam ich etwas später. Anton war nicht mehr da. Da riefen die Gäste von den umliegenden Balkonen, dass er schon gegangen sei.

Anton merkte, dass mir das sehr peinlich war. Darauf nahm er Rücksicht und mietete z. B. ein Auto, sodass wir alleine Touren machen konnten.

Anton Schulte präsentierte Heidi Kühnel „seine" geliebte Insel Korsika. Aber neben Land und Leuten lernten sie natürlich auch einander besser kennen.

Anton hat mir viele Fragen gestellt. Wo ich aufgewachsen bin, welchen Gemeindehintergrund ich habe, was ich glaube, welche

Einstellung ich zu Mission und Evangelisation habe. Da wurde uns beiden schnell klar: Es gab nicht viele Dinge, in denen wir uns hätten angleichen müssen.

Wenn wir essen gingen, bestellte er alles Mögliche – z. B. Languste. Ich musste zugeben, dass ich so etwas noch nie gegessen hatte. Aber er zeigte mir, wie das geht. Er wollte sehen, wie ich auf Ungewohntes reagierte. Ob ich „O nein!" sagen oder mich darauf einlassen würde.

Anton hat mich damals immer wieder getestet. Aber wir waren überhaupt nicht weit auseinander. Das war etwas Faszinierendes. Und trotzdem habe ich oft gedacht, dass das alles für mich viel zu früh wäre. Im Oktober war mein Mann verstorben – und da war es gerade mal Juni! Aber Anton war ein Mann schneller Entschlüsse.

... und deshalb ließ der Heiratsantrag auch nicht lange auf sich warten.

Es war am 10. Juli. Wir waren an der Aggertalsperre spazieren und anschließend in einem Restaurant. Ich hatte gemerkt, dass irgendwas Besonderes kommen würde. Und tatsächlich: Er fragte mich, ob ich ihn heiraten wollte. Er hatte auch einen Ring dabei. Meine Antwort kam für ihn völlig überraschend. Ich sagte nämlich: „Anton, du kannst mich heute nichts dergleichen fragen. Ich werde heute auch nicht Ja sagen!" Es war nämlich der erste Hochzeitstag nach dem Tod meines Mannes. Da konnte ich nicht einem anderem das Jawort geben. Das habe ich Anton erklärt. Natürlich war er enttäuscht. Aber 14 Tage später, als er mich zu Hause in Kierspe besuchte, saßen wir auf dem Sofa. Da kam die Frage wieder: „Möchtest du meine Frau werden?" Die Antwort war für mich klar: Ja, ich wollte ihn heiraten. (Ein strahlendes Lächeln geht über ihr Gesicht.) *Damals hat er mich dann auch das erste Mal geküsst.*

Bei der Wahl seiner zweiten Frau hat Anton Schulte sich aber nicht nur auf sein Gottvertrauen und seine Menschenkenntnis verlassen, sondern einen weiteren recht ungewöhnlichen Weg gewählt, um eine Bestätigung zu bekommen, dass sie zusammenpassten.

Anton hat mein Schriftbild zu einem Grafologen geschickt, um damit meine Charaktereigenschaften bestimmen zu lassen. Als das Ergebnis kam, fühlte er sich bestätigt, denn es zeigte ebenfalls, dass wir gut zusammenpassten. Er war eben ganz Mensch.

Obwohl es für beide die zweite Ehe war, hielt Anton Schulte – ganz nach alter Sitte – offiziell bei Heidi Kühnels Eltern um ihre Hand an.

Mein Vater hat ihn tatsächlich gefragt, ob er mich denn auch versorgen könnte. (Sie lacht.) *Anton hat ihm versichert, dass er eine Rente bekäme und dass die für zwei reichen würde.*

Am 6. und 7. Dezember 1991 – nur sieben Monate nachdem die beiden sich kennengelernt hatten – fand die Hochzeit statt. Getraut wurde das Paar von Anton Schultes Söhnen Peter und Wilfried. Das Hochzeitsfoto zeigt ein strahlendes, glückliches Paar. Und das entspricht auch der Wahrheit. Trotzdem war die Braut mit einem kleinen (äußerlichen) Detail des Bräutigams nicht zufrieden.

Als ich Anton auf Korsika kennengelernt hatte, trug er kein Toupet – aber immer bei unseren Treffen in Deutschland. Ich musste mich an dieses „Ding" gewöhnen. Ich habe ihm gesagt, dass er ohne viel besser und viel authentischer aussieht. Von mir aus hätte er es sofort weglassen können. Anton sah das aber ganz anders. Er meinte, dass er das Toupet nicht von heute auf morgen ablegen könnte; das würde nur Gerede geben. Ich fragte ihn, warum er überhaupt so ein Toupet tragen würde. Er erklärte mir, dass er früher, als die Großevangelisationen noch in den Hallen stattgefunden hatten, immer wieder krank gewesen sei, starke Erkältungen gehabt habe. Damals hatte ihm ein Arzt geraten, entweder ständig eine Kappe zu tragen, wie geistliche Würdenträger sie haben, oder eben ein Toupet. Er hatte sich für Letzteres entschieden, denn eine Kappe fand er noch unpassender für einen Evangelisten. Das Toupet sorgte am Anfang auch für Aufregung. Z. B. dachten einige, er würde es aus Eitelkeit tragen. Aber das Erstaunliche war: Er stand da drüber. Das Gerede macht ihm nichts aus. Bei unserer Hochzeit hat er das Toupet dann noch einmal getragen. Ich hätte ihn lieber ohne geheiratet, aber ich habe das natürlich akzeptiert. Es gehörte ja auch zu ihm und zu seinem Leben dazu.

Sich ohne Toupet in der Öffentlichkeit zu zeigen – das war nicht die einzige äußerliche Veränderung, die die „junge" Ehefrau ihm bescherte. Von nun an kam auch Farbe in sein Leben.

Früher hatte er ja nur Braun getragen. Ich kaufte ihm dann schöne, kräftige Farben, z. B. ein weinrotes Hemd und nicht nur ein weißes, und dazu einen Schlips mit schönen Farben.

Auch auf gesunde Ernährung wurde jetzt geachtet. Mit Erfolg. Im Laufe der Jahre verlor Anton Schulte einige Pfunde, was seiner angeschlagenen Gesundheit sehr guttat. Schon lange war er anfällig für Bronchitis, hatte Kälteasthma und ein Lungenemphysem. Das alles hielt ihn aber nicht davon ab, auch als Pensionär häufig zu Predigt- und Evangelisationsdiensten unterwegs zu sein. Natürlich in Begleitung seiner Frau.

Anton wollte, dass ich bei seinen Diensten immer neben ihm saß. Daran musste ich mich erst gewöhnen. Ich war immer eine begeisterte Zuhörerin – aber eine kritische. Wir sprachen hinterher über die Predigten, und ich habe ihm oft geraten, aktuelle Beispiele anzuführen. Beim Predigen war er immer authentisch. So wie er auf der Kanzel war, war er auch zu Hause.

Zu Hause – das waren für das Ehepaar in den ersten Jahren gleich zwei Orte: am Wochenende Wölmersen und in der Woche Kierspe, der bisherige Wohnort von Heidi Schulte und ihrem damals 17-jährigen Sohn. Hier im Sauerland fanden die beiden dann auch eine Herausforderung in Form einer geschlossenen christlichen Buchhandlung.

Wir liebten beide Bücher. Und so kam die Idee, das Geschäft zu übernehmen. Leider konnten wir nicht mieten, sondern mussten das Objekt kaufen. Wir haben uns finanziell damit ganz schön weit aus dem Fenster gelehnt, aber es war unser Herzenswunsch. Wir haben den Laden dann ein bisschen umgestaltet. Von Anfang an beschäftigten wir einige Mitarbeiterinnen, da wir ja immer noch viel unterwegs waren. Anton war damals Ende 60. Er ließ mir bei allem freie Hand. Er kam in den Buchladen, setzte sich hin, las in den Büchern oder schwatzte mit den Mitarbeiterinnen – die liebten das (Heidi Schulte lacht.) *– oder mit den Kunden. Er schaute immer, wie es mit den Rechnungen und der Buchhaltung stand. Wir konnten die Buchhandlung einige Jahre halten, aber dann sagte unser Steuerberater, dass unser Hobby langsam ein bisschen zu teuer werden würde.*

Die Buchhandlung musste schließlich verkauft werden. Zurück blieben dennoch Schulden. Für Anton Schulte war das kein Problem, aber für seine Frau. Beim Thema „Finanzen" gingen die Meinungen der Eheleute lange Zeit auseinander.

Anton war sehr großzügig – mir, aber auch anderen Menschen gegenüber. Geld war für ihn einfach nur ein Mittel zum Zweck. Deshalb dachte er beim Ausgeben gar nicht darüber nach, was sonst noch gebraucht wurde. Es musste nur jemand sagen: „Ich brauche Geld", dann gab er ihm das auch sofort. Als wir beide verheiratet waren, setzten wir uns in so einem Fall zusammen und dachten darüber nach, wie wir helfen, wie viel wir geben könnten; das haben wir dann gemeinsam entschieden.

Wir waren viel auf Reisen, er trug nur maßgeschneiderte Anzüge, weil ihm ja nichts von der Stange passte, und er wollte auch immer, dass ich gut angezogen war. Das kostete alles viel Geld. Auch durch die Buchhandlung in Kierspe hatten wir Schulden. Anton wusste, dass ich damit nicht zurechtkam. Im Laufe der Jahre hat er sich in dieser Hinsicht geändert. Er hat sogar angefangen, mir zuliebe ein Haushaltsbuch zu führen. Bis zu seinem Lebensende hatte er alles Finanzielle gut geregelt.

Eine Ehe auf Augenhöhe führten die Schultes. Der Altersunterschied von 21 Jahren spielte im Alltag überhaupt keine Rolle.

Anton hat mich gleichwertig behandelt und mich immer ernst genommen. Er gab mir das Gefühl, dass er mich wirklich als Frau ehrte, nach alter Schule sozusagen. Er gab mir sehr viel Selbstbewusstsein. Wir verstanden uns einfach gut.

Und das in allen Bereichen. Die Bemerkung einer langjährigen Freundin nach der Hochzeit, dass die beiden aufgrund des Altersunterschiedes sicher „wie Bruder und Schwester" miteinander leben würden, ärgerte das Ehepaar.

Als wir geheiratet haben, war Anton 66 Jahre. Er hat offen darüber gesprochen, dass er nach Jahren der Enthaltsamkeit, die durch Krankheit und Tod seiner Frau bedingt war, Sorge hatte, ob er seinen ehelichen Pflichten noch nachkommen könnte. Mir ging es da nicht anders.

Deshalb haben wir uns ganz viel Zeit genommen und waren sehr geduldig miteinander. Danach haben wir ein fast normales Eheleben miteinander geführt.

Aber wie in jeder Ehe gab es Situationen, in denen nicht alles „eitel Sonnenschein" war.

Manchmal habe ich mich beschwert, dass er mir nicht richtig zuhörte. Das hat ihn dann immer sehr betroffen gemacht. Schimpfen mochte er nicht. Ich bin mir sicher, dass wir nie schlafen gegangen sind, bevor er gesagt hat: „Es tut mir leid!" – oder bevor ich es gesagt habe.

Manchmal war er auch dominant. Er war schon sehr klar in dem, was er dachte und tat ... Wenn er in einen Raum kam, dann füllte er ihn aus. Er war eine Persönlichkeit. Aber er gab mir immer ganz viel Selbstwertgefühl.

Diskutiert haben wir immer gerne, aber Streit gab es nicht. Wir haben immer gesagt, der einzige Streitpunkt, den wir haben, ist: Wer darf an den Kochtopf? (Sie lacht.) *Er kochte nämlich leidenschaftlich gern. Wir haben es dann aufgeteilt: Er war für Fleisch und Braten zuständig und ich für die Hausmannskost. Aber wenn Anton gekocht hat, dann herrschte hinterher immer eine enorme Unordnung in der Küche. Als ihm klar wurde, dass mir das nicht gefiel und dass es mich ärgerte, half er mit beim Aufräumen. Darüber haben übrigens auch seine Schwiegertöchter gestaunt. Denn bevor wir verheiratet waren, hat er nach dem Kochen wohl alles stehen und liegen lassen und hat dann gerne andere sauber machen lassen. Bei mir hat er auch Staub gesaugt.*

Das galt allerdings nicht für die Aufenthalte auf Lanzarote. Dort hatten die Schultes eine Putzfrau, die beim Saubermachen regelmäßig vom Hausherrn in ein Gespräch über den Glauben verwickelt wurde. Ein Arzt hatte Anton Schulte im Jahr 2000 wegen seiner immer heftiger werdenden Atemwegserkrankungen dringend empfohlen, die Wintermonate an einem warmen, trockenen Ort zu verbringen. Die Wahl fiel auf die Kanarische

Insel. Erst sechs, später dann noch fünf Monate im Jahr lebten sie dort wie die Einheimischen.

Für Anton war es eine ziemliche Umstellung. Für mich nicht – ich war ja Hausfrau und hab mich auch dort um alles, was die Wohnung oder das Haus anging, gekümmert.

Wir haben sparsam gelebt und selbst gekocht. Anton war am Anfang etwas unruhig. In einem seiner Bücher hat er seine Gedanken so geschildert: „Was soll ich hier machen auf dieser trockenen Insel? Jetzt sitz ich hier! Was ist wohl meine Aufgabe?"

Wir gingen jeden Tag ans Meer; dafür waren wir ja da. Wir besuchten eine Spanisch-Schule. Wir wollten uns gerne mit den Einheimischen unterhalten. Da lernten wir neue Leute kennen. – Das war klasse! Sonntags hat Anton dann manchmal in der spanisch-englischen Gemeinde gepredigt.

Dann ergab sich für ihn die Möglichkeit, jeden Tag eine Andacht für das Insel-Radio zu gestalten. Es waren nur ein paar Minuten, aber dafür musste er sehr viel arbeiten. Schließlich waren die Tage auf Lanzarote ausgefüllt.

Anton Schulte war glücklich, wenn er etwas „um die Hand" hatte. Deshalb wundert es nicht, dass er 1998 zusammen mit seiner Frau die Leitung von *Neues Leben Indonesien* übernahm und sie regelmäßig direkt vor Ort nach dem Rechten schauten. Zu Hause gönnte er sich zwar mal eine Mittagspause im Sessel, aber nach kurzer Zeit stand er wieder auf.

„So, was machen wir denn jetzt?" – Das war immer sein Satz nach der Mittagspause. Am Nachmittag wollte er immer gern

noch etwas unternehmen. Entweder spazieren gehen, Besuche machen oder einkaufen.

Flexibel blieb Anton Schulte bis ins hohe Alter, auch was den Wohnort betraf. Als die Räumlichkeiten, die das Ehepaar während der Sommermonate in Deutschland im Komplex von *Neues Leben* bewohnte, für Büros gebraucht wurden, entschieden sie sich 2006, ins sauerländische Balve umzuziehen. In dem Haus, in dem Heidis Sohn und seine Familie leben, war eine kleine Wohnung frei geworden. Auch hier in der neuen Umgebung waren Müßiggang oder Langeweile etwas Unbekanntes für den damals 82-Jährigen.

Er saß nicht einfach rum. Das hab ich nie bei ihm erlebt. Entweder las er in der Bibel, diktierte oder war am Computer. Er ärgerte sich dann oft, wenn dabei nicht alles so klappte, wie er das wollte. Neue Technik hat ihn immer begeistert – aber er liebte die Technik nicht wirklich; es war eher eine Hassliebe. (Sie lacht.) *Dafür war er einfach zu ungeduldig.*

Gerade Geduld musste er in den letzten Jahren seines Lebens lernen. Sein Gesundheitszustand verschlechterte sich. Er brauchte teilweise auch Hilfe in Alltagsdingen. Diese anzunehmen fiel ihm sehr schwer.

Sich helfen zu lassen – das mochte er gar nicht. Nach einer Haut-OP hatte er z. B. eine Wunde am Kopf; die musste versorgt werden. Dafür kam ein ambulanter Dienst nach Hause. Das war gar nichts für ihn. In sein Tagebuch schrieb er mehrmals: „Ich mache Heidi so viel Arbeit!", und: „Ich muss lernen, alt zu werden, lernen, dass ich das alles nicht mehr kann!" Es belastete ihn sehr, weil er merkte, dass er an seinen Grenzen war.

Über den Tod und das Sterben sprach das Ehepaar dennoch nicht direkt.

Ich kann mich nicht daran erinnern, dass wir darüber gesprochen haben. Im Nachhinein finde ich das schade. Über die Ewigkeit haben wir öfters geredet. Darüber hat er ja auch viel gepredigt. Er wusste aus der Bibel, dass es dort keinen Schmerz, kein Leid, keine Tränen geben wird, dass alles, woran wir jetzt leiden, dort aufgehoben sein wird.

Am Tag vor Heiligabend 2010 bereiteten Herzschwäche und Lungenemphysem solche Beschwerden, dass Heidi Schulte ihren Mann ins Krankenhaus bringen musste.

Er wusste schon, dass er sehr krank war, aber ich denke, er hat immer noch geglaubt, er würde wieder gesund werden und nach Hause kommen. Er hatte noch so viele Pläne bis zum Schluss. Er wollte eine eigene Homepage aufbauen, sich bei Facebook anmelden. Vor allen Dingen wollte er doch wieder nach Lanzarote. Als ich ihn in die Klinik begleitete, war ihm nicht klar, dass es seine letzte Wegstrecke sein würde. Ich habe es allerdings gespürt.
  Wir haben zu der Zeit viel über das Thema „Jesus, Jesus allein ..." gesprochen, denn Anton hatte in früheren Jahren ein Buch von Roy Hession zu dem Thema übersetzt.
  Am zweiten Weihnachtstag sah ich, dass Anton sehr verändert war. Ich rief seinen jüngeren Sohn Wilfried an, dass

er kommen sollte. Peter wollte ich nicht anrufen, denn es war der Hochzeitstag seines Sohnes. Wilfried kam um die Mittagszeit. Ich fuhr kurz nach Hause, damit Vater und Sohn Zeit für sich allein haben konnten. Als ich zurückkam, war mein Mann sehr müde. Nach einem Gebet verabschiedete Wilfried sich. Anton schlief dann ein. Ich saß neben seinem Bett. Zwischendurch hatte er wieder starke Luftnot. Es war schon später Abend. Plötzlich sagte er: „I go home."

Ich wollte noch mit ihm sprechen, aber es gelang mir nicht, zu ihm durchzudringen. Das waren seine letzten Worte: „I go home."

Als er später wieder starke Luftnot bekam und seine Atmung sich veränderte, brachte ich das Kopfteil seines Bettes in eine aufrechte Stellung. Ich betete mit ihm, legte ihn in Gottes Hand und bat darum, dass er nicht leiden müsste. Als ich die Hand wegnahm, atmete er aus und ging heim. Ich wusste, dass er jetzt dem begegnete, dem er sein Herz und Leben gewidmet hatte: seinem Heiland Jesus Christus. Ich war so dankbar, dass ich in seinen letzten Minuten bei ihm sein konnte. Nach einer Weile informierte ich den Pfleger. Zusammen mit meinem Sohn, der inzwischen gekommen war, verbrachten wir noch eine Zeit bei Anton und nahmen Abschied.

Zurück bleibt eine Frau, die unendlich dankbar ist für viele gemeinsamen Jahre. Wenn Heidi Schulte sich heute an diese Zeit erinnert und darüber berichtet, dann leuchten ihre Augen voller Liebe und – Bewunderung.

Dieses Angenommenwerden, dieses „Vollkommen-so-sein-Dürfen, wie man ist", die Wertschätzung, die Anton mir gab ... – das habe ich in meinem Herzen und werde es nicht vergessen.

Irgendwie dauert für Heidi Schulte der zweite Frühling an, auch wenn „ihr" Anton nicht mehr an ihrer Seite ist.

Heidi Schulte, zweite Ehefrau von Anton

Anhang

*Lieblingsrezepte
von Anton Schulte*

Anton Schulte war nicht nur jemand, der gerne und voller Genuss gegessen hat, er kochte auch leidenschaftlich gern. Deshalb dürfen hier zwei ausgewählte Rezepte von ihm nicht fehlen.

Viel Freude beim Nachkochen.

Rezept 1

Cabra-Linsengericht

Zutaten für 4 Personen:

1½ kg Ziegenfleisch (Lamm)
Kräuter der Provence
6 Zehen Knoblauch
2 Nelken
Chilipulver
Petersilie
Ingwerwurzel
Curry/Maggi/Salz
Essig/Öl
3 Trockenpflaumen
Porree
2 Kartoffeln/2 Möhren
4 Lorbeerblätter
Gemüsezwiebel
1 l Gemüsebrühe
500 g Linsen

Zubereitung

Fleischstücke vom Fett und dem Knochen trennen und in bissgroße Stücke schneiden. Danach die Stücke in eine Schüssel geben.

Kräuter der Provence, Knoblauch, Nelken und Lorbeerblätter, Petersilie, Öl und Ingwer dazugeben und die Fleischstücke darin marinieren. Anschließend zwölf Stunden im Kühlschrank abgedeckt durchziehen lassen.

Linsen ins Wasser geben und über Nacht einweichen lassen.

Die eingeweichten Linsen abgießen und waschen. In einem großen Topf die gehackte Gemüsezwiebel mit dem Porree anschwitzen, mit Gemüsebrühe ablöschen, die Linsen dazugeben und ½ Stunde kochen. Danach das restliche Gemüse und die Fleischstücke dazugeben. Nach einer weiteren halben Stunde werden die Pflaumen und die Gewürze dazugegeben, und das Ganze wird noch eine Zeit gekocht, bis das Fleisch zart ist und die Linsen gar sind. Zum Schluss noch mal mit Essig und Salz abschmecken.

Guten Appetit!

Rezept 2

Lammkeule

Zutaten für 4 Personen:

1 Lammkeule (1,5 kg)
50 g Senf
30 g Kräuter der Provence
4–6 Knoblauchzehen
2 Nelken (ganz)
Alufolie

Zubereitung:

Die Lammkeule, falls gefroren, langsam im Kühlschrank auftauen. Anschließend gut waschen, abtrocknen und die Haut leicht einritzen. Dann mit den Nelken und den Knoblauchzehen spicken.

Die Keule mit Senf und Kräutern der Provence einreiben und in Alufolie wickeln. Das Ganze 12 Stunden oder länger im Kühlschrank durchziehen lassen. Anschließend die Folie öffnen und die Keule rundherum einsalzen.

Nun die Folie wieder um die Lammkeule schließen und das Lamm im Backofen auf einem Blech bei 170° 3 Stunden garen.

Herausnehmen, kurz liegen lassen und dann gegen die Faser aufschneiden.

Dazu kann man Kartoffelspalten (oder Pommes) und grüne Bohnen oder auch große weiße Bohnen reichen.

Guten Appetit!

Anton Schulte – ein leidenschaftlicher Koch

Margret Birkenfeld

Lieder- und Lebensgeschichten

Margret Birkenfeld – oder „Tante Margret", wie sie von vielen immer noch liebevoll genannt wird –, hat ganze Generationen mit ihren Liedern begleitet und geprägt. In diesem Buch gibt sie Einblicke in die Geschichten hinter diesen Liedern und lädt Sie ein, mit ihr in vergangene Zeiten einzutauchen.
Lassen Sie sich mitnehmen in die besondere Welt einer Liederwerkstatt und schauen Sie ein wenig hinter die Kulissen.

Gebunden, 224 Seiten
Best.-Nr.: 271.000
ISBN 978-3-86353-000-6

KEIN ABO.
KEINE RECHNUNG.
KEIN VERTRAG.

ICH
WILL
MEHR
LESEN:
**NEUES LEBEN-
MAGAZIN!**

AB SOFORT KOSTENFREI!

WWW.NEUESLEBEN.COM